Jasmin Böhm

Hallo Glück, dich gibt's ja doch!

kailash

JASMIN BÖHM

HALLO GLÜCK, DICH GIBT'S JA DOCH!

Wie ich mich nach einer Lebenskrise
zusammen mit meinem Sohn in ein
großes Abenteuer stürzte

kailash

Für meine liebe Mama

MIX
Papier | Fördert gute Waldnutzung
FSC® C083411

Penguin Random House Verlagsgruppe FSC® N001967

2. Auflage
Originalausgabe

Neumarkter Str. 28, 81673 München
Lektorat: Julia Becker
Umschlaggestaltung: ki 36, Daniela Hofner Editorial Design, München
Satz: Satzwerk Huber, Germering
Druck und Bindung: CPI books GmbH, Leck
Printed in EU
ISBN 978-3-424-63240-8

www.kailash-verlag.de

Inhalt

Vorwort von Lars Amend

Jasmin ist eine Frau, die man für ihren Mut und ihre Entschlossenheit einfach nur bewundern muss. In einer durch und durch formatierten Welt, die so viel von einem verlangt und einfordert und in der unser Lebensweg oftmals schon von der Gesellschaft vorgegeben wird, hat sie sich als junge und alleinerziehende Mutter entschieden, einen anderen Weg für sich und ihren Sohn zu gehen: Raus aus dem Hamsterrad und rein in die Welt. Raus aus der 9-to-5-Tretmühle und rein in das schönste Abenteuer ihres Lebens.

Als ich zum ersten Mal von Jasmin hörte, fand ich ihre Geschichte so besonders, dass ich sie direkt in meinen Podcast »Auf einen Espresso mit Lars Amend« eingeladen habe. Und selten habe ich so viel positives Feedback von meinen Hörerinnen und Hörern bekommen wie nach dieser Folge. Was Jasmin über ihre Trips durch Europa erzählt hat und was sie und ihr kleiner Junge dabei über sich, aber auch über den Sinn des Lebens gelernt haben, hat sofort die Herzen der Menschen berührt. Ich glaube, dass tief in uns allen diese Sehnsucht existiert, einfach mal das alte Leben hinter sich zu lassen, loszuziehen und Neues zu entdecken. Paulo Coelho hat einmal gesagt, dass Schiffe nicht dafür gebaut werden, um sicher im Hafen zu liegen, sondern um mit ihnen raus aufs Meer zu fahren und sich dort heldenhaft gegen die Wellen zu stemmen. Genau das macht Jasmin mit ihrem Sohn. Nur dass sie nicht mit einem Schiff, sondern mit einem Fahrrad durch die Welt fahren.

Beim Lesen ihres Buches musste ich immer wieder an meinen Vater denken, einen pensionierten Lehrer für Englisch und Französisch, der mir bereits früh folgende Worte mit auf meinen Weg gegeben hat: »In der Schule lernst du nicht sehr viel über das echte Leben. Ob ein Schüler eine 5 oder eine 1 hat, sagt nämlich nur wenig über die wahren Fähigkeiten dieses Menschen aus. Der einzige Ort, wo du wirklich etwas über das Leben lernst, ist das Leben selbst.«

In meinen Augen macht Jasmin ihrem Sohn mit all den gemeinsamen Abenteuerreisen das schönste Geschenk überhaupt: Sie verbringen Zeit zusammen, entdecken dabei fremde Kulturen, neue Länder und Menschen und können abends auf dem Zeltplatz mit Gewissheit sagen: »Das Wertvollste, was es gibt, kann man mit keinem Geld der Welt kaufen: Erinnerungen, die für immer bleiben.«

Ich kann mich vor Jasmin, die als alleinerziehende junge Mutter schon einige herbe persönliche Schicksalsschläge überstehen und u.a. den Tod eines geliebten Menschen verkraften musste, nur verneigen und mir wünschen, dass ihre Geschichte noch mehr Herzen auf der ganzen Welt erreicht.

In Liebe,
Lars

Prolog

Hätte man mir jedes Mal einen Euro überreicht, wenn ich den Satz »Du bist so stark« zu hören bekam, könnte ich heute an der Seite von Elon Musk ins Weltraum starten oder würde wie er Städte umbauen lassen, um mit meinem Luxusdampfer hindurchzuschippern. Okay, zugegeben ist das nun nicht gerade das Ziel meines Lebens, aber mit einem solchen Vermögen ließen sich ja noch ganz andere Dinge tun. Nur leider erhielt ich nie einen Euro für diese ständig wiederkehrende Aussage – vielmehr macht sie mich bis heute wütend. Meine Stärke wurde mir nicht etwa nachgesagt, weil ich einen Kampfsport ausübe, und auch nicht, weil ich immer im Armdrücken gewinne, nein, es ging vor allem um meine mentale Stärke. Die ist, so scheint es für alle, seit Jahren überdurchschnittlich ausgeprägt, eben wie die einer wahren Kämpferin. Doch mental stark zu sein und kämpfen zu können, hat in der Regel eine Geschichte, einen Grund. Oder sogar mehrere. Und die sind meistens alles andere als schön. Solche Gründe, die mich zum Kämpfen zwangen, gab es in meinem Leben so einige.

Das fing bereits in meiner Kindheit an, ohne dass mir dies zu damaliger Zeit auch nur annähernd bewusst gewesen wäre. Auf der einen Seite erlebte ich eine glückliche Kindheit, mit liebevollen Eltern, einem älteren Bruder, der für mich der Allergrößte war, einer Wohnung, in der es an nichts fehlte, vielen harmonischen Familienausflügen und glücklichen Sommerurlauben. Doch gleichzeitig gab es auf der anderen Seite die toxische Beziehung meiner Eltern. 21 Jahre lang gingen sie gemeinsam durch weit mehr Tiefen als Höhen, und ihre Beziehung stand jedes zweite Wochenende vor dem Aus. Immer wieder wurde uns die bevorstehende Trennung sonntagmorgens am Frühstückstisch aufs Brot geschmiert, aber umgesetzt wurde das Szenario Jahrzehnte nicht. Schon als ich noch keine acht Jahre alt war, klagten mir meine beiden Elternteile abwechselnd ihr Leid, ersparten mir kein Detail dieses Dramas. Anders als mein Bruder, der sich bei jedem Streit sofort zurückzog, war ich immer mittendrin, fungierte abwechselnd als Spielball, als tröstende Freundin oder Beschützerin. Viele Jahre waren überschattet von der großen Angst, dass sich meine Familie jederzeit in Luft auflösen könnte. Als ich 16 war, wurde diese Befürchtung dann schließlich Realität: Wenige Wochen nach dem Tod meines Opas zog meine Mutter plötzlich aus. Auch wenn es bereits all die Jahre zuvor angekündigt worden war, brach damals eine Welt für mich zusammen. Zur gleichen Zeit hörte meine Partnerin, mit der ich im Zweier ruderte und als erfolgreiches Athletinnen-Team bereits auf dem Weg zu einer großen Karriere war, ganz unerwartet mit dem Rudern auf. Ich konnte mir diesen Sport nicht ohne sie vorstellen und ließ meine Leidenschaft daher auch von einem auf den anderen Tag fallen. Von zehn Mal die Woche Training auf null war eine riesige Umstellung für mich und meinen Körper. Mein Vater kümmerte sich indes mit seinem gebrochenen Herzen um nichts anderes mehr, als eine neue Frau zu finden, so dass mein Bruder und ich ständig alleine zuhause blieben. Das alles fiel passenderweise in die Phase, in der für mich als Teenagerin die Welt ohnehin kopfstand, in der ich zwischen den Extremen lebte und unbedingt erwachsen sein wollte. Zu allem Überfluss bekam ich schließlich einen Tinnitus, gepaart mit Panikattacken und Migräne. Und das alles war nur der Anfang. Es folgten viele Jahre, in denen mich das Leben nicht schonte, in der die Trennung meiner Eltern, das Alleinsein, eine eigene toxische Liebesbeziehung, Krankheit und Tod mich auf die härteste Weise prüften und mich, wenn man so will, in Sachen Stärke bestens trainierten. Eines stand für mich nach all dem fest: Wenn ich später mal einen Partner haben und mit ihm eine Familie gründen würde, ich würde mich niemals trennen und meinen Kindern und mir damit ein solches Trauma zufügen. Ich würde alles anders machen.

1.

Ist jedes Ende ein Anfang?

12. Mai 2021, Offenbach

Ich will nicht zur Mama!

Vorsichtig hebe ich meinen rechten Fuß über den Rand der Badewanne, tauche ihn von oben ganz langsam in das Wasser. Gerade so weit, dass die Zehen unter der Wasseroberfläche verschwinden. Ich halte kurz inne, meine Hände umklammern den Wannenrand, das Wasser ist so heiß, dass es einen brennenden Schmerz an meinen Zehen auslöst. Ich setze den ganzen Fuß hinein und ziehe den nächsten hinterher. Ich stehe starr in der Wanne, das Wasser reicht mir bis kurz unter die Knie. Wenn ich mich nicht bewege, das Wasser ganz stillsteht, ist die Hitze gerade so auszuhalten. Ich warte, gefühlt eine Ewigkeit, still und ohne Bewegung, bis sich mein Körper an die Temperatur gewöhnt hat. Dann lasse ich meinen gesamten Körper in die Wanne gleiten. Die ersten Sekunden sind immer die schönsten. Die wohlige Wärme, die mich umhüllt, gibt mir für kurze Zeit das Gefühl, dass es mir gut geht, dass die Welt in Ordnung ist. Doch bevor ich dieses Gefühl zu fassen kriege, ist es schon wieder verflogen. Ich strecke meine Hand zum Wasserhahn, der sich kühl anfühlt unter meinen Fingern, und lasse noch ein bisschen mehr von dem kochend heißen Wasser in die Wanne prasseln. Es dauert nicht lange, und ich spüre, wie sich die Hitze einen Weg zu meinen Beinen bahnt. Doch egal, wie oft ich diesen Vorgang wiederhole, wie sehr ich die Temperatur auch erhöhe, die Wärme kann nur meinen Körper, aber nicht mein Inneres erreichen.

Meine Gedanken kreisen wieder, in rasender Geschwindigkeit, immer und immer weiter, lauter und lauter. Sie intensivieren dabei den Schmerz mit jeder neuen Umdrehung. Bevor ich es vor

Schwindel kaum ertrage, lege ich die Hände vor meine Augen. Ich halte kurz inne und lasse dann meine Finger mit großem Druck nach hinten durch mein Haar fahren. Laut atme ich ein und aus. Für einen kurzen Moment empfinde ich Wut. Wut auf mich selbst, aber vor allem auf mein beschissenes Leben. Ich bebe innerlich, die Unruhe ist kaum zu ertragen. »Warum?«, frage ich mich. Es ist wohl meine am häufigsten gestellte Frage. Ich könnte sie jeden Tag meines Lebens erneut stellen, wohl wissend, nie eine Antwort zu erhalten. Sie nimmt mir die Wut. Man könnte meinen, dass das gut wäre, aber das ist es nicht. Sie tauscht die Wut nur ein, gegen Trauer. Eine Trauer, deren Größe für mich kaum mehr zu messen ist. Der Kloß im Hals schmerzt unerträglich, er schnürt mir die Luft ab, und ich weiß, dass ich keine Chance mehr habe. Ich muss es zulassen und dieser Energie ihren Raum geben. Der Damm bricht, Tränen fließen meine Wangen herunter, finden ihren Weg weiter den Hals entlang, um sich schließlich im warmen Badewasser aufzulösen.

Ich weiß nicht, wie oft ich in meinem Leben schon in einer solchen Situation war, ich wünschte, ich könnte es noch zählen. Ich schäme mich für meine Gefühle, für all die negativen Gedanken, dafür, kein Glück zu empfinden, obwohl es mir doch eigentlich an nichts fehlt. Gleichzeitig weiß ich, dass auch meine negativen Empfindungen ihre Daseinsberechtigung haben. Ich weiß, dass dieser Zustand gerade temporär ist und morgen wieder besser sein kann, dass meine Gefühle nicht ich selbst sind, sondern kommen und gehen. Ich fühle mich allein gelassen mit alldem. Doch egal, wie viele Freunde mir ihre Hilfe anbieten, weiß ich doch: Es ist letztendlich mein Leben, und ich bin es, die aktiv werden muss, um etwas zu ändern. Doch wie viel Einfluss habe ich überhaupt auf mein Leben? Ich kann nichts daran ändern, alleinerziehend zu sein, es wird wohl kein Tag vergehen, an dem ich es mir nicht anders wünschte. Viel zu groß ist die Sehnsucht nach einer intakten Familie – bereits seit meiner frühen Kindheit. Ich wollte meinen Kindern das geben, was ich nicht hatte. Auf eine Weise habe ich meinen Sohn durch die

Trennung von seinem Vater sicher vor vielem bewahrt, was mich als Kind gejagt hat. Trotzdem sieht mein Leben so anders aus, als ich es mir gewünscht, ja, als ich es mir einmal selbst versprochen habe. Bin ich schuld daran, dass es nicht so kam? Habe ich die falschen Entscheidungen getroffen? Nein. Ich bin meinem Herzen gefolgt, und mein Herz hat mich schließlich zu meinem größten Glück dieses Lebens geführt, zu meinem Sohn. Für nichts auf der Welt würde ich das anders haben wollen, und all das, was ich dafür in Kauf nehmen musste, würde ich immer und immer wieder in Kauf nehmen.

Die Frage ist nur: Was mache ich jetzt? Wie gestalte ich jetzt unser Leben? Soll es für immer so weitergehen? Emil von 9 bis 17 Uhr in der Kita, im Anschluss bis abends bei meiner Oma und ich währenddessen innerlich aufgefressen von der Sehnsucht nach ihm und dem Versuch, all die Rollen auszufüllen, die mir das Dasein mit vier parallelen Jobs abverlangt? Wie lange kann ich noch in der Schule die liebevolle Klassenlehrerin, in der Galerie die versierte Assistentin, in der Hochschule die angesehene Dozentin und bei meiner Doktormutter die begabte Doktorandin sein? Dann, wenn ich Emil abhole, die geduldige Mutter und zu guter Letzt noch die gründliche Hausfrau? Wie soll ein einziger Mensch all das schaffen? Nebenbei noch ein bisschen was als Fotografin dazuverdienen, sich ehrenamtlich im Kinderhospizverein engagieren, Sport machen, sich gesund ernähren, Freunde treffen, mich um meinen Vater und um meine Oma kümmern. Ist es nicht vollkommen selbstverständlich, dass ein Körper bei so einem Pensum irgendwann kapituliert, das Innere »Stopp« schreit und sich die mühsam einstudierten Rollen nicht mehr spielen lassen?

Wie gerne hätte ich diesen Vollzeitjob im Museum. Eine Stelle, bei der ich 100 Prozent geben kann, anstatt meine Kräfte auf tausend Baustellen aufzuteilen. Doch es bleibt offenbar dem Schicksal überlassen, ob ich je einen Weg zu diesem Leben finde. All meine Mühen scheinen völlig zwecklos zu sein. Ich kann nur noch auf ein Wunder hoffen. Doch was soll bis dahin passieren? Soll ich so weitermachen, Jahre unglücklich leben, die besten Jahre meines Sohnes verpassen, weil ich ihn kaum zu Gesicht bekomme, um irgendwann endlich den Job zu kriegen, der mich glücklich macht? Ist es das wert? Was ist, wenn dieser Traumjob nie kommt? Lohnt es sich zu kämpfen, oder gebe ich auf, wenn ich einen anderen Weg einschlage? Was ist mit meinem Traum vom Reisen und Schreiben? Kann ich, wenn ich all meine Träume aufgebe, trotzdem glücklich sein?

Es sind seit Tagen die immer gleichen Gedanken, die nie verschwinden, weil ich einfach keine Lösung finden kann. Seit Wochen, nein Monaten, hat sich die Spannung aufgestaut. Es war klar, dass das alles irgendwann nicht mehr zu bewältigen sein würde. Und trotzdem habe ich weitergemacht, was hatte ich schon für eine Wahl? Und jetzt bekomme ich die Quittung! Und nicht nur eine. Viele. Unmengen an Denkzetteln. Täglich werden es mehr. Die Galeriechefin kommuniziert nicht mehr wie sonst mit mir, ich weiß gar nicht mehr, was in der Galerie überhaupt vor sich geht. Kein Wunder, musste ich doch so oft in den letzten Wochen meinen Dienst absagen, weil Emil krank war. Die Schule nimmt mich immer mehr ein, mein Leben dreht sich nur noch um die Schüler:innen, ihre Eltern und die Kolleg:innen, und dabei habe ich gar keine Kapazitäten, um all die Konflikte und Probleme zu lösen. In meinem Postfach waren heute früh gleich zwei Absagen von Museen auf meine Bewerbungen und ließen all die Hoffnung auf ein besseres Leben verpuffen. Und zu allem Übel wurde heute auch noch die Präsentation meiner Doktorarbeit abgesagt. Die Professorin fand mein Exposé nicht gut genug, was ich ihr nicht verübeln kann, habe ich es doch mitten in der Nacht geschrieben.

Bevor ich losfuhr, um Emil aus der Kita abzuholen, öffnete ich dann noch einen Brief von meinem Anwalt und erfuhr, dass der Unfallgegner und dessen Versicherung sich weigern, für den Schaden aufzukommen. Dieser Unfall vor fünf Monaten, bei dem mir jemand die Tür abgefahren hatte, während ich Emil anschnallte, hatte mir gerade noch gefehlt. Seitdem fahre ich täglich 30 Kilometer mit dem Fahrrad von der Kita zu meinen Jobs, wodurch noch weniger Zeit für mich und Emil bleibt. Der Anwalt fragte, ob wir vor Gericht gehen wollen. Ich dachte nur: Ich habe keine Ahnung, mir ist das zu viel. Alles entgleitet mir. Mein ganzes Leben.

Als ich dann gemeinsam mit Oma in der Kita stand, kochte ich innerlich vor Wut, und meine Anspannung war auf einem neuen Höhepunkt. Emil war nicht zu mir gerannt, wie er es sonst für gewöhnlich tat, wenn er als Letzter abgeholt wurde. Er kam dann überhaupt nur widerwillig in meine Nähe. Und schließlich weigerte er sich, mit mir mitzugehen. Er schrie sich die Seele aus dem Leib und rannte immer wieder vor mir weg in die Arme seiner Erzieherin. Er hasst mich, dachte ich. Ich hatte Mühe, meine Tränen zurückzuhalten. Nur unter größter Anstrengung schaffte ich es, ihn in das Auto von Oma zu setzen und anzuschnallen. Die ganze Fahrt über schrie er: »Ich will nicht zur Mama!«, so dass Oma anbot, ihn mit zu sich zu nehmen. Ich verneinte. Ich dachte nur: Das geht nicht, er ist doch der Einzige, der mir gerade überhaupt noch helfen kann. Ich brauche seine Liebe! Ich fühlte mich in diesem Augenblick, als würde man mir den Boden unter den Füßen wegreißen. Außerdem wollte ich Emil in diesem Zustand nicht gehen lassen. Doch sein Schreien wurde lauter und lauter, je mehr wir uns der Wohnung näherten. Meine Augen füllten sich bereits mit Tränen, die Schreie drangen geradewegs in mein Herz. Dann entschied Oma, dass er mit zu ihr kommt. Gegen meinen Willen. Sie hielt vor unserem Haus an. Rasend vor Wut stieg ich aus und rief:

»Dann nimm ihn halt zu dir, behalt ihn doch gleich, wenn hier eh niemand auf mich hört und ich so scheiße bin.«

Danach knallte ich die Tür zu und stürmte tränenüberströmt nach oben, wo ich mir die Badewanne einließ.

Ich lehne meinen Kopf nach hinten und tauche mit den Ohren und dem Mund unter Wasser. Meine Nase hat weiterhin die Möglichkeit, mich mit Sauerstoff zu versorgen. Meine Augen sind geschlossen. Ich spüre die kalte Badezimmerluft auf meinen Lidern. Ich frage mich, ob ich damals egoistisch gehandelt habe, als ich mich für Emil entschieden habe, obwohl ich bereits in diesem Moment wusste, dass wir zu zweit enden werden. Wird er später mal psychisch krank, weil er als Kind so viel fremdbetreut wurde, keinen Vater hatte und ständig für alles das Geld fehlte? Es ist doch absurd, dass sich auch heute noch so viele Menschen gegen Abtreibungen aussprechen, sich um das Wohl des Kindes sorgen, aber die Mütter dann, wenn sie das Kind behalten, oft völlig allein gelassen werden.

Wenn ich alles kündige, haben wir kein Geld mehr. Wenn ich alles so belasse, werde ich früher oder später schwer krank, weil kein Körper das auf Dauer durchstehen kann. Beide Szenarien scheinen für uns nicht gut auszugehen. Was für eine Wahl bleibt mir? Ist es nicht total unfair, dass ich vor solch einer Entscheidung stehen muss? Könnte es nicht mehr Unterstützung für Alleinerziehende geben? Wieso zahlen selbst kinderlose Paare weniger Steuern als ich? Wieso sitzt manch einer in seinem großen Büro, arbeitet weniger Stunden als ich, hat ebenso Kinder, aber jemanden, der sich ausschließlich auf den Haushalt und die Erziehung fokussiert, egal ob getrennt oder zusammen, und verdient dann auch noch das Zehnfache von dem, was ich bekomme? Kann das durch harte Arbeit und Fleiß gerechtfertigt werden? Ich war immer eine der Besten in der Schule, habe ein Stipendium für meine ausgezeichnete Masterarbeit erhalten und unzählige unbezahlte Praktika absolviert. Als faul kann ich mich nicht gerade bezeichnen. Würde es einem Mann in meiner Situation genauso ergehen? Geraten Männer überhaupt in eine solche Situation? Vielleicht liegt es auch daran, dass ich aus einer typischen Arbeiterfamilie komme, in der niemand geerbt hat und in der generationsübergreifende Traumata durchlebt und wiederholt wurden. Es scheint einfach keinen Ausweg zu geben. Ich fühle mich so ausgeliefert. Wie gelähmt. Und gleichzeitig kommen meine Gedanken nicht zur Ruhe.

Da schießt mir plötzlich diese Frage in den Kopf: Wenn ich jetzt sterbe, was wäre mein Wunsch? Mein Herz bebt, Energie durchströmt meinen gesamten Körper, möchte ihn dazu bringen, sich zu bewegen, aber das geht nicht, ich liege still und lausche nach innen. Was würde ich jetzt noch tun, wenn ich wüsste, dass ich heute sterben würde? Die Antwort ist eindeutig: Ich wünsche mir meinen kleinen Emil herbei, meine Familie und meine Freunde. Alle, die mir nahestehen. Ich will sie alle ein letztes Mal sehen, ich will sie alle umarmen, ihnen danken und sagen, wie wunderschön sie sind. Ich denke an meinen Vater und bereue es, den Großteil meines Lebens im Streit mit ihm gelebt zu haben. Ihm seit so vielen Jahren nicht mehr nahzustehen. Nie seinem Wunsch nachgekommen zu sein, ihm zu sagen, wie wichtig er für mich ist. Ich möchte ihm sagen, dass ich ihn all die Jahre immer nur vermisst habe. Ich denke an Emil, und es zerreißt mir das Herz, zu wissen, dass er ohne mich leben soll. Dass sein Leben von Schmerz geprägt sein wird und ich ihn nicht davor bewahren kann. Dass ich nichts von seinem Leben mitbekomme. Ihn nie mehr in die Arme nehmen kann. Nie mehr sein hübsches Gesicht küssen darf und nie mehr seinen kleinen Körper auf meinem Bauch schlafen spüre. Die Tränen fließen meine Wange herab. Es schmerzt so bitterlich, daran zu denken, ihn zurückzulassen. Ich will nicht ohne ihn sein. Er ist mein Leben. Und ich will leben. Ich will mit ihm leben. Es schnürt mir den Hals zu, und die Enge hinterlässt einen schmerzenden Stich. Dann frage ich mich: Wenn ich noch einen Monat Zeit hätte, was würde ich dann tun? Was würde ich mit meiner Zeit anfangen? Ich spüre Erleichterung in mir aufkommen und atme tief aus. Oh bitte, liebes Leben, schenke mir diesen Monat. Ich möchte alles anders machen! Ich würde kündigen. Sofort und ohne einen Zweifel. Ich würde meine Zeit Emil widmen. Meiner Familie und meinen Freunden. Ich würde glücklich sein. Draußen spielen, Skaten, die Natur genießen. Dinge tun, die mir Spaß machen. Tanzen, lachen, lieben. Dankbar sein, für alles, was ich habe. Ich habe alles, was ich brauche. Ich muss nur leben.

Ich öffne meine Augen, hebe den Kopf aus dem Wasser und richte mich auf. Morgen früh werde ich kündigen, und dann fahren wir im Sommer mit dem Fahrrad los. Ohne zeitliche Begrenzung. Egal, was passiert. Ich träume so lange schon von einer richtigen Reise mit Emil. Wir brauchen Zeit zusammen. Ein Abenteuer. Wir brauchen Raum zum Leben, jetzt und hier. Auch wenn ich kaum Geld habe. Ich schaffe das. Ich habe nur dieses eine Leben. Was nützen all meine Träume, wenn ich nicht versuche, sie in die Realität zu bringen? Ich ziehe den Stöpsel aus dem Abfluss, stehe vorsichtig auf, greife nach dem Handtuch, und dann laufe ich aus dem Badezimmer heraus in mein neues Leben.

Gehe mutig ins Unbekannte, denn was ist schlimmer: zu scheitern oder es nie probiert zu haben?

2.

Mut oder Angst: Ich habe eine Wahl!

13. Mai 2021, Maintal

Die richtige Richtung

Mit einem unruhigen Gefühl fahre ich am nächsten Tag in die Schule. Zum ersten Mal scheint der Weg mit dem Fahrrad wie im Flug zu vergehen. In meinen Gedanken fuhr ich normalerweise morgens als Jassy Ulrich bei der Tour de France mit und legte täglich einen grandiosen Sprint hin. Heute wünschte ich, der lange Feldweg am Main würde nie enden. Doch vor mir werden die Umrisse der Häuser immer deutlicher, bis ich sie schließlich klar vor mir habe und nach Maintal komme. Noch eine letzte Ampel. Wo ich sonst täglich ungeduldig auf das rote Männchen starre, erstrahlt es heute gut gelaunt in Grün, als wollte es mir zurufen: »Freie Fahrt. Viel Glück!« Glück kann ich heute gebrauchen. Mein Magen rumort laut. Typisch, wenn ich nervös bin. Noch einmal rechts abbiegen, und da kann ich es bereits sehen, das graue Schulgebäude der Werner-von-Siemensschule. »Hallo Frau Böhm!«, ruft Lara aus der 2b mir fröhlich zu. Sie trägt ein gelbes Blumenkleid und hat ihre lockigen braunen Haare zu zwei Zöpfen geflochten. »Guten Morgen Lara, ich hole euch gleich vorne ab«, antworte ich ihr, während ich mein Fahrrad abschließe und ihr noch ein großes Lächeln schenke. Ich kann in ihrem Gesicht sehen, wie glücklich sie das macht. Seit Wochen sagt sie mir täglich, dass ich ihre Lieblingslehrerin sei, und beschwört, wie sehr sie mich möge. Ich würde lügen, wenn ich behaupten würde, dass mich das nicht genauso glücklich und auch ein bisschen stolz macht. Ein Gefühl von Schuld macht sich in mir breit, wissend, dass ich heute kündigen werde. Es fühlt sich seltsam an, das Schulgebäude mit dem Vorhaben zu betreten, das Ganze hier schon bald hinter mir zu lassen. Alles kommt mir an diesem Morgen schon fremder vor. Dabei ist doch nichts anders an den Mengen lauter Siebtklässlern, die sich in lachenden Gruppen Videos auf dem Handy ansehen, während ich mich wie jeden Morgen an ihnen vorbeischlängeln muss, dann vorbei an den bunten Bildern vom Malwettbewerb, den ich letztes Jahr in der Schule organisierte und dessen Ergebnisse seitdem in der Aula aushängen, dann rein in das weitläufige Lehrerzimmer, in dem sich meine Kolleg:innen am Kopierer tummeln. Aber ist hier heute nicht doch irgendetwas anders als sonst? Hing die Uhr da über den Regalen auch gestern schon schief? Irgendwie riecht es hier doch heute komisch. Möglichst unauffällig stelle ich mich in der Reihe meiner Kolleg:innen an, kopiere schnell die Aufgaben für den heutigen Tag, während bereits die schrille Klingel zum Schulstart ertönt. Schnell werfe ich mir den Rucksack über die rechte Schulter, klemme mir den Blätterstapel unter den linken Arm und laufe großen Schrittes aus dem Zimmer, durch die Aula, raus in den Pausenhof, um meine Klasse abzuholen. Ich fühle mich mies gegenüber meiner Lieblingsklasse, als würde ich sie im Stich lassen. Meine große Challenge mit den Schüler:innen ist immer, eine Bindung zu jedem Einzelnen aufzubauen, und das habe ich geschafft. Das ist so viel wert. Und im Prinzip die Aufgabe, die mir an der Schule am meisten Spaß macht. Der Unterricht ist im Grunde nebensächlich für mich. Ich liebe es, mit den Kindern gemeinsam Konflikte zu lösen. Mit ihnen ihr eigenes Verhalten zu analysieren. Und es bewegt mich jedes Mal, wenn sie es schaffen, sich eigene Fehler einzugestehen und sich dafür zu entschuldigen. Ihnen vor Klausuren Mut zuzusprechen und nach schlechten Noten ihr Selbstbewusstsein aufzubauen, macht mich froh. Mein Ziel war es immer, ihnen in dieser kurzen Zeit, die ich sie in ihrem Leben begleiten darf, die richtigen Werte näherzubringen und zu zeigen, worauf es im Leben wirklich ankommt. Ich möchte, dass Schule ein Ort ist, an dem sich Kinder wohl fühlen, der vielleicht sogar eine Zuflucht vor ihrem Zuhause ist. Ein Ort, an dem es darum geht, wie man zu guten und glücklichen Erwachsenen wird und der Lehrinhalt eher nebenbei aufgenommen wird. Natürlich wurde ich in diesem Vorhaben immer wieder gestoppt, denn unser Schulsystem stellt ganz andere Faktoren in den Mittelpunkt des Schulalltags.

Die zwei Stunden mit der 2b vergehen wie im Flug. Sie arbeiten ruhig und konzentriert mit, und Moritz hat sich dermaßen gesteigert, dass es mich richtig glücklich macht. Es mangelt ihm einzig an Selbstbewusstsein, was mich kein bisschen mehr wundert, seit ich seinen Vater und dessen Erwartungshaltung an ihn kennengelernt habe. Ich habe den Eindruck, als würden viele Moritz' Talent nicht sehen und seine Unsicherheit mit Desinteresse verwechseln. Es ist schon sehr auffallend, dass ich in jeder Klasse besonders an den als schwierig bekannten Schüler:innen Gefallen finde. Die, die keiner mag, die liebe ich. In meiner Lieblingsklasse brauchen ganz viele Kinder einfach mehr Sicherheit und Vertrauen in sich und die Welt. Wir alle kommen als reine Seelen hier an, aber das, was wir die Jahre darauf erfahren, bestimmt unser gesamtes weiteres Leben. Was können diese Kinder dafür, in ungünstige Lebensverhältnisse hineingeboren worden zu sein? Was wohl aus ihnen werden wird? Sie sind mir inzwischen so sehr ans Herz gewachsen, dass der Abschied einfach schmerzt. Ich weiß dennoch, dass es richtig ist zu gehen. Nichts steht über Emil und unserem Leben.

Vor dem großen Schritt der Kündigung hier in der Schule werde ich heute gleich noch den kleineren machen: In der Pause telefoniere ich mit der Galeriechefin. Ich sage ihr, dass ich mich in den letzten Wochen, als ich an dem Ausstellungskatalog arbeitete, ein bisschen außen vor fühlte, aber dass genau das auch zu einer Klarheit beitrug. Sie versichert mir, dass sie mich gar nicht bewusst aus dem Geschehen herausgehalten habe, und gibt mir zu verstehen, dass sie mich sehr gerne im Team behalten möchte. Sie kann bereits ahnen, was nun kommt, schließlich habe ich bereits letztes Jahr versucht zu kündigen, woraufhin sie umgehend versucht hatte, mich durch ein neues, sehr gutes Angebot doch zu halten. Heute ist es anders. Als ich sage, ich muss etwas ändern, reagiert sie verständnisvoll. Auf persönlicher Ebene kann sie das nachvollziehen, sie ahnt, was ich zu wuppen habe, als Alleinerziehende mit so vielen Jobs. Sie ist selbst Mutter und weiß, was das bedeutet. Daher bietet sie mir erneut an, weniger zu arbeiten. Ihr Bemühen ehrt mich. Aber dieses Mal möchte ich keine Kompromisse mehr eingehen. Jetzt oder nie, egal, wie sehr ich sie als Chefin leiden kann, egal, wie sehr mir die Arbeit Spaß macht, ich muss diesen Job beenden. Ich nehme all meinen Mut zusammen, stelle die Angst hintenan und spreche schließlich die erlösenden Worte aus: »Ich kündige.« Halleluja. Endlich. Dem hat sie nichts entgegenzusetzen. Wir verabschieden uns dann auch recht schnell voneinander. Es ist ja alles gesagt. Nach dem Telefonat atme ich erleichtert auf, und eine riesige Last fällt von meinen Schultern. Eine Sorge weniger. Dieses Kapitel ist nun beendet. Jetzt ist das nächste dran.

In der zweiten Pause mache ich mich hochnervös auf den Weg zur Schulleiterin. Ich vermeide den Weg durch das Lehrerzimmer und laufe lieber vom Schuleingang kommend in den Flur, der zum Büro der Direktorin führt. Zum Glück ist hier alles gerade wie leergefegt. Umso besser, ich möchte jetzt bloß niemanden mehr treffen, der mich in ein Gespräch verwickelt. Den Blick konzentriert nach unten gerichtet, hechte ich möglichst unauffällig an den offenen Türen der stellvertretenden Direktorin und des Konrektors vorbei, bis ich schließlich vor dem Büro von Frau Stiglitz stehen bleibe. Melanie scheint noch mit ihr in einem Gespräch zu sein. Ich kann ihre Stimmen von draußen hören, auch wenn ich ihre Worte nicht verstehe. Ungeduldig laufe ich zwei Meter nach rechts und wieder zurück, streiche meine Haare hinters Ohr und doch wieder nach vorn. »Du schaffst das, Jasmin«, spreche ich mir innerlich Mut zu, während ich von einem auf den anderen Fuß wechsle und meine schweißigen Hände an meiner Hose abwische. Man könnte meinen, ich stünde gerade vor dem Altar und würde gleich vor versammelter Mannschaft das Jawort sprechen müssen. »Es ist nur eine Kündigung, beruhige dich. Das machen Leute tagein, tagaus, und daran ist noch keiner gestorben«, versuche ich einen erneuten Anlauf, um meine extreme Nervosität zu mildern. Da kann ich die Stimme von Melanie bereits lauter und deutlicher hören, sie kommt näher, mein Herz bebt, es ist so weit, die Tür öffnet sich, Melanie kommt heraus und lächelt mir zu. Durch die halboffene Tür sehe ich die Schulleiterin an ihrem Schreibtisch sitzen, auf dem sich jede Menge Ordner und Bücherstapel türmen. Das sieht nach Arbeit aus. Klar, die Zeugnisse stehen an. Und ohnehin, das wusste ich ja, sie hat wie immer viel zu tun. Aber als sie aufschaut und mich sieht, lächelt sie, vielleicht merkt sie, wie wichtig es mir ist, und winkt mich direkt in ihr Zimmer. Da sitzen wir uns nun mit viel Abstand und weißen FFP2-Masken gegenüber, und meine Anspannung lässt sich kaum ertragen. Frau Stiglitz hingegen wirkt ruhig wie immer. Der Blick aus ihren braunen Augen ist trotz ihrer pink verzierten Brillengläser durchdringend. Obwohl sie einen Kopf kleiner als ich ist, wirkt sie vollkommen präsent und selbstbewusst in ihrem großen braunen Lederstuhl. Erwartungsvoll schaut sie zu mir herüber und sagt in ihrer lockeren Art: »Sie wollten mit mir sprechen, Frau Böhm?«

Oh Gott, wie kann ich meine Sache nur genauso locker rüberbringen? Es ist unmöglich. Das, was ich gleich sagen werde, wird auch ihre Lockerheit umgehend zunichtemachen und den Druck von mir zu ihr lenken. Ich habe unheimliche Angst vor dem, was jetzt kommt, und möchte sie nicht enttäuschen. Ich kann sie wirklich gut leiden, auch wenn ich nicht immer einer Meinung mit ihr war, hat sie etwas an sich, das mir gefällt, und ich glaube, diese Sympathie beruht auf Gegenseitigkeit. Wird sich das durch meine Worte gleich komplett ändern? Werden die nächsten Monate dann eine Qual für mich? Ist das Knarzen meines Stuhls wirklich so laut, oder kommt es mir nur so vor? Sieht sie mir die Nervosität an? Genug jetzt, komm zur Sache, Jasmin. Ich nehme all meinen Mut zusammen und sage: »Ja, ich wollte mit Ihnen reden«, dann muss ich erneut stocken, aber jetzt gibt es kein Zurück mehr, ich hole tief Luft und spreche weiter, »ich wollte Ihnen mitteilen, dass ich kündigen möchte.« Es ist raus. Voller Spannung blicke ich in das verblüffte Gesicht der Schulleiterin. Der Raum scheint so still zu sein, dass ich schwören könnte, dass sie meinen schnellen Herzschlag hören kann. Warum kann ich nicht stillsitzen? Meine Nervosität steigt ins Unermessliche. Damit hat sie ganz offensichtlich nicht gerechnet, und ich kann ihr förmlich ansehen, wie sie nach Worten sucht. Dann, nach einer gefühlten Ewigkeit, entgegnet sie: »Oh okay, das hatte ich jetzt nicht erwartet. Wie kommt's, Frau Böhm? Das finde ich jetzt aber sehr schade.«

»Ich weiß, ich auch«, sage ich wahrheitsgemäß und spüre mein schlechtes Gewissen. »Es hat auch nichts mit der Schule, Ihnen oder der Klasse zu tun, sondern mit meinen persönlichen Umständen.« Ich zögere kurz, und dann ist sie wieder da, meine Klarheit, die ich gestern in der Wanne fand. »Ich möchte einfach mehr Zeit mit meinem Sohn verbringen«, sage ich mit fester Stimme, »ich weiß noch nicht, wie ich alles genau mache, aber ich habe auch in der Galerie gekündigt. Momentan ist es einfach alles zu viel.«

Sie schaut mich nachdenklich an und sagt: »Das verstehe ich. Und bedaure es trotzdem sehr. Sie haben das wirklich gut gemacht und werden uns hier sehr fehlen. Vielleicht kommen Sie ja doch irgendwann noch mal an die Schule zurück. Hier stehen Ihnen die Türen offen«, sie lächelt mir jetzt zu. So eine liebe Reaktion von ihr, die mir im Augenblick so guttut, hätte ich nicht erwartet.

»Ja. Danke«, ich atme tief ein und aus. »Wissen Sie, ich finde, hier in der Schule gibt es keine halben Sachen, entweder man lebt dafür, oder man lässt es. So wie ich das probiert habe, mit zwei weiteren Jobs und einer Doktorarbeit, geht es jedenfalls nicht, das ist mir bewusst geworden.«

»Ja, da haben Sie wohl recht«, sagt sie und nickt. »Dennoch: Ihre Klasse wird Sie sehr vermissen und wir, und da spreche ich sicherlich im Namen aller Kollegen, ebenso. Wir mögen zwar auch nicht immer einer Meinung gewesen sein«, sie zwinkert mir zu, »aber Sie haben immer offen und vor allem sachlich kommuniziert, und das schätze ich wirklich sehr an Ihnen.«

Ich spüre schon jetzt, wie sich eine große Erleichterung in mir ausbreitet und wie gut mir ihr Feedback tut. »Danke«, antworte ich, »das weiß ich sehr zu schätzen. Es gab sicherlich die ein oder andere Sache, die ich anders gemacht hätte. Aber ich bin ganz ehrlich, ich hätte in den letzten Jahren mit dem ganzen Corona-Wahnsinn auch nicht in Ihrer Haut stecken wollen. Man kann viel meckern, aber solange man nicht in der Führungsrolle steckt, hat man leicht Reden. Ich finde, Sie haben das wirklich gut gemeistert, und danke Ihnen, dass Sie immer ein offenes Ohr, auch für Kritik, hatten. Das ist nicht selbstverständlich, finde ich.«

»Ach Frau Böhm«, winkt sie beschämt ab, und doch kann ich sehen, wie gut ihr diese Worte tun. »Kommen Sie gerne als Quereinsteigerin zu uns zurück. Sie sind hier jederzeit willkommen.«

Genau das ist es, was sie so selten zeigt, ihre menschliche Seite, vielleicht als Schulleiterin auch nachvollziehbar. Aber das ist es, was sich die meisten Kolleg:innen von ihr wünschen. Wir verabschieden uns, und ich verlasse erleichtert und mit heiterem Gemüt das Zimmer. Ich habe es getan, ich habe gekündigt, und es war gar nicht schlimm, im Gegenteil, es war befreiend und schön. Noch am gleichen Tag verkünde ich es den Kolleg:innen, mit denen ich am meisten zu tun habe, wobei es mir bei Stefanie besonders schwerfällt. Sie hat mir so unglaublich geholfen, mich unterstützt, wo es nur ging. Sogar das Auto ihrer verstorbenen Mutter lieh sie mir nach meinem Unfall für zwei Wochen und erleichterte mir damit meinen Alltag ungemein. Sie ist solch eine liebe Seele, gefangen in ihrem eigenen Ehrgeiz, der ihr großes Helferherz antreibt. Das führt bei ihr zu etlichen Überstunden und lässt der Trauer um ihre Mutter kaum Raum. Zudem verdrängt die viele Arbeit auch die große Sehnsucht danach, mehr Zeit mit ihren beiden Zwillingstöchtern zu verbringen, die gerade mal ein Jahr alt sind. Sie hat volles Verständnis für meine Kündigung, auch wenn sie natürlich ebenfalls die blöde Situation für die Klasse sieht, die sich gerade so sehr an mich gewöhnt hat. Doch das ist nebensächlich, sie weiß genau so sehr wie ich, dass es die richtige Entscheidung für mich ist, und wir beide wissen auch, dass sie eigentlich ebenso kürzertreten müsste. Aussprechen wird es allerdings keine von uns.

13. Mai 2021, Frankfurt

Wohin jetzt?

Was für ein wunderschöner Tag! Passend zu meiner Laune scheint heute nach gefühlt jahrelangem Regenwetter endlich wieder die Sonne. Am Nachmittag schnappe ich mir Emil und fahre mit ihm und Maria mit dem Rad zum Skatepark. Die neben dem grünen Park liegenden Rampen sind noch leer, ein Wunder bei diesem Wetter. Schnell schnalle ich Emil aus seinem Anhänger, reiche ihm sein kleines Fahrrad, hole mein Skateboard vom Gepäckträger und fahre los. Was für ein Gefühl! Der Fahrtwind weht mir die Haare aus dem Gesicht und kühlt angenehm den Schweiß vom Fahrradfahren. Ich drehe zwei große schnelle Runden um den Park herum. Noch nie hat sich Skateboardfahren so leicht und frei angefühlt. Heute ist mir alles egal. Ob jemand blöd guckt, weil ich als Mama mit dreißig auf dem Skateboard rumfahre, ob ich vielleicht falle und mir irgendwas breche, es ist alles egal. Heute bin ich einfach glücklich.

»Es ist so krass«, bemerkt Maria lachend, während sie einen Kickflip übt und ihr das Skateboard schon wieder unter den Füßen wegfliegt. »Ich hab dich seit Ewigkeiten nicht mehr so gesehen. Und das nach einer Kündigung und wo du jetzt quasi ohne Sicherheiten dastehst.«

»Ja, ich fühle mich so dermaßen erleichtert!«, gebe ich zurück und spüre mein eigenes Strahlen im ganzen Körper. Der scheint heute wie mit dem Board verbunden zu sein. Es ist einer dieser Tage, an denen all das, was man über Monate verzweifelt geübt hat, endlich gelingt. »Es ist so befreiend zu wissen, dass bald alles vorbei ist und dieser ganze Stress endlich ein Ende hat«, rufe ich Maria zu und mache einen Shuvit und direkt im Anschluss einen Ollie. »Und dann noch diese Sonne heute und der leere Park, es ist so absurd, wie einfach eigentlich alles sein könnte.« Ich nehme Anlauf zur Rampe, gehe leicht in die Knie und drehe das Board oben auf den Hinter-Rollen, um mit Schwung wieder zurückzufahren. »Ich hab zwar keine Ahnung, was ich dann mache oder wovon ich lebe, aber heute interessiert mich das nicht, heute genieß ich einfach nur.« Ich lache.

»Ja, eins nach dem anderen«, entgegnet Maria und übt geduldig im sicher zwanzigsten Anlauf, ihr Board in der Luft zu drehen.

Einen so befreiten Nachmittag hatte ich Jahre nicht mehr. Auch Emil scheint die Stimmung zu spüren. Vergnügt rast er mit seinem Fahrrad über die Rampen und imitiert dabei laut die Feuerwehr. Die Dinge scheinen sich in eine neue, eine gute Richtung zu bewegen. Alles ist mit einem Mal so leicht.

Nur leider soll mir dieses Gefühl nicht lange erhalten bleiben. Bereits wenige Tage später ist die Stimmung nicht mehr ganz so ausgelassen. Etwas leichter als in der Zeit direkt vor der Kündigung fühle ich mich zwar immer noch, schließlich ist viel Druck von mir abgefallen. Doch jetzt, wo ich mich immer mehr von der mir selbst aufgeladenen Last befreie, rückt die Frage in den Vordergrund, wie es jetzt konkret weitergehen soll. Bewerbe ich mich weiter in Museen? Versuche ich mein Glück in der Verlagswelt? Mache ich parallel dazu mit Emil, so wie ich es mir an dem Tag in der Badewanne vorgenommen habe, eine Fahrradreise mit offenem Ende? Wenn ja, von welchem Geld, und wenn wir von Geld sprechen, wovon werde ich überhaupt leben, wenn ich mit der Schule in zwei Monaten aufhöre? Als ich noch kinderlos war, hätte mir so eine Situation nicht besonders viel Angst bereitet. Ich hätte einfach mein WG-Zimmer untervermietet, wäre losgereist und hätte mal hier und mal dort gejobbt, so wie ich es eben früher während meiner Semesterferien immer gemacht habe. Heute sieht meine Welt jedoch anders aus.

Es war allein schon ein knallharter Kampf, als Alleinerziehende diese Wohnung zu finden. Nur mit ihr konnte ich den Kitaplatz überhaupt annehmen, und nur mit einem Kitaplatz konnte ich mich für einen Job bewerben, denn ohne Betreuung lässt es sich eben auch nicht arbeiten. Doch für eine Wohnung brauchte ich wiederum einen Job und dafür die Betreuung, es war ein ewiger Kreislauf, und ich habe acht Monate gebraucht, bis ich ihn tatsächlich durchbrechen konnte. Durch Beziehungen kam ich an die Wohnung, deren Vermieter keinen Gehaltsnachweis verlangte. Zur gleichen Zeit hatte ich einfach viel Glück, weil an der Schule einer guten Freundin mehrere Lehrerinnen gleichzeitig in Mutterschutz gingen und dringender Bedarf an Lehrpersonal bestand. So konnte ich auch ohne Erfahrung dort als Lehrerin für Kunst starten, bekam mit der Zeit jedoch immer mehr Verantwortung und auch Arbeit, so dass ich nach einem Jahr schließlich als vorübergehende Klassenlehrerin eingesetzt wurde. Gleichzeitig erhielt ich noch den Job als Galerie-Assistentin und als Dozentin an der Hochschule. Dadurch war ich finanziell erst einmal abgesichert und konnte an meiner Promotion arbeiten.

Die Jobs wieder aufzugeben, ist das eine, die Wohnung ein ganz anderes Thema, ist es doch unser liebevoll eingerichtetes Zuhause, das mir nach all den Jahren unterwegs und ohne Halt so viel Sicherheit gab und immer noch gibt. Aber wie soll ich die Miete zukünftig bezahlen? In jedem Falle werde ich bald weitere Entscheidungen auf verschiedenen Ebenen treffen müssen.

Es macht mir Angst, mich nun wieder dem Ungewissen hinzugeben. Ich beschließe, mir Unterstützung zu suchen, und buche eine Coaching-Session mit Kari. Sie ist eine enge Freundin aus Norwegen, die ich vor ein paar Jahren in Portugal kennengelernt habe. Wir stehen noch immer in Kontakt. Momentan arbeitet sie an einem neuen Coaching-Programm, das sie »Soul Purpose« nennt, und sucht dafür Testpersonen. Vielleicht kann sie mir irgendwie weiterhelfen oder mich in meinem Traum bestärken.

Als ich zwei Tage später am Abend mit ihr zoome und ihr von meinen Kündigungen und der Zukunftsangst berichte, fragt sie mich nachdenklich: »Wie würde dein Traumleben jetzt aussehen?«

Ich überlege kurz und entgegne dann: »Ich würde jetzt in den Sommerferien mit dem Fahrrad losfahren und ein paar Monate mit Emil durch Europa reisen, hätte vorher schon einen Buchvertrag und würde, wenn ich wiederkomme, dann erstmal von dem Geld für das Buch leben.« Wow, eigentlich habe ich doch schon einen genauen Plan, wundere ich mich selbst über meine Antwort.

»Und was hält dich davon ab?«, fragt Kari.

»Ich weiß nicht, vor allem Geld. Also, ich glaube, die Reise werde ich schon irgendwie machen, aber ich weiß ja nicht, ob es was mit dem Buchvertrag wird, und wenn nicht, stehe ich danach ganz ohne Geld da. Und vielleicht sollte ich mich auch lieber weiter für einen Job im Museum bewerben. Vielleicht verbaue ich mir sogar den Weg ins Museum, wenn ich jetzt diesen Weg mit dem Bücherschreiben einschlage, und gebe irgendwie den anderen Traum damit auf. Ach Kari, ich weiß es doch auch nicht«, sage ich lachend.

»Also hast du eigentlich ein Dilemma, weil du zwei Leben vor dir siehst. Einmal das Leben, in welchem du deine Doktorarbeit beendest und im Museum arbeitest, und einmal das Leben, wo du viel herumreist und Bücher schreibst. Wieso, glaubst du, ist dein Buch wichtig? Was willst du den Menschen sagen?«, fragt sie mich.

»Ich will zeigen, dass man auch als Alleinerziehende noch Abenteuer erleben kann«, erzähle ich. »Dass das Leben als Mama nicht aufhört und dass es auch andere Wege gibt, um mit dem eigenen Kind glücklich zu werden. Ich will anderen Mut machen, auf ihr Herz zu hören.«

»Und was willst du im Museum bewirken?«, fragt Kari daraufhin.

Ich zögere keine Sekunde: »Ich möchte auf Ungerechtigkeiten in der Welt aufmerksam machen. Auf andere Weise, als man in der

Politik in der Lage dazu wäre. Ausstellungen können so viele Emotionen in den Besucher:innen wecken. Ich möchte Menschen in bestimmten Themen bilden und durch die Kunst für wichtige Sachverhalte sensibilisieren. Mit meiner Doktorarbeit möchte ich zum Beispiel über die Situation im Iran berichten und den iranischen Künstler:innen, vor allem den vielen Frauen, die sich seit Jahren gegen das Regime einsetzen, Gehör verschaffen. Sie Teil von der Kunstwissenschaft werden lassen.«

»Okay, also hast du auf der einen Seite insbesondere Eltern oder auch Alleinerziehende, vor allem Frauen, denen du helfen möchtest, und auf der anderen Seite möchtest du die Gesellschaft für politisch wichtige Themen sensibilisieren, um Menschen zu helfen, so zum Beispiel den Frauen im Iran. Richtig?«, fasst Kari präzise zusammen.

»Ja, genau«, sage ich.

»Also, irgendwo sind sich deine beiden Berufsmodelle dann doch im Kern ähnlich, auch wenn sie so unterschiedlich erscheinen. In beiden Fällen möchtest du anderen Menschen helfen.« Wieder einmal bin ich begeistert von Karis erhellendem Blick auf die Dinge.

»Ja, stimmt«, lache ich, »darüber habe ich noch nicht nachgedacht. Aber ich weiß trotzdem nicht, wofür ich mich entscheiden soll. Ich weiß ja auch gar nicht, ob ich die Wahl habe, schließlich kam ich jetzt schon seit Jahren nicht ins Museum, und ob's in der Verlagswelt besser aussieht, sei dahingestellt.«

»Kann es sein, dass Reisen und Bücherschreiben dein innerer Wunsch ist und die Promotion mit der Museumsarbeit das, was du glaubst, was von dir erwartet wird?«, fragt Kari mich.

»Nein. Ich will das wirklich mit dem Museum. Mir macht das Spaß«, entgegne ich bestimmt.

»Okay, und was, glaubst du, bringt mehr Ansehen?«, bleibt Kari am Ball und lächelt dabei, als würde sie bereits wissen, wie meine Antwort ausfällt. Erwartungsvoll schaut sie mich mit ihren blauen

Augen, die durch ihre gebräunte Haut noch mehr zum Strahlen kommen, von meinem Bildschirm aus an.

»Ja, okay, ich denke schon, dass man im Museum mit einem Doktortitel kultivierter erscheint, als wenn man herumreist und Bücher schreibt«, lenke ich lachend ein, »aber ich weiß nicht, ich mach das doch nicht für die Anerkennung. Mir macht das Spaß, das Ansehen ist vielleicht ein schöner Nebeneffekt. Allerdings nervt es mich eher, dass im Museum die Sprache immer so hochgestochen sein muss und alles so spießig ist.«

Wir sprechen noch eine ganze Weile über Geld und darüber, dass die Fahrradtour an sich gar nicht mein größter Traum ist, sondern das, was es mit sich zieht, das freie Leben und die Zeit mit Emil, danach vielleicht selbstständig zu arbeiten und weitere Jahre mit ihm zu reisen und dass die Tour vielleicht einfach der Anfang von etwas Großem ist. Letztendlich hinterlässt das Gespräch mit Kari jede Menge Fragen, aber auch ein Gefühl von Klarheit und vor allem Lust, mich dem Unbekannten zu stellen. Ich fühle mich, als wäre jetzt der Moment gekommen, mich einem neuen, noch unbekannten Weg zu öffnen.

Am gleichen Abend schicke ich mein Exposé an einen Literaturagenten, der mir empfohlen wurde, und entschließe mich, voller Vertrauen für diesen neuen Weg zu kämpfen. Schließlich ist am Ende nicht das Wichtigste, welchen Weg ich einschlage, Hauptsache, ich gehe. Ich kann doch nicht ewig an der Weggabelung stehen bleiben, unzufrieden, weil ich nicht vorankomme, dann dauernd in die gleiche Sackgasse laufen, wo ich bisher nur Absagen erhalten habe, wieder zurück zur Weggabelung pilgern und Trübsal blasen. Wenn der eine Weg nicht funktioniert, dann muss ich eben einen anderen finden, vielleicht führt er ja auch irgendwann in großem Bogen zu dem Ziel, zu dem ich anfangs wollte. Vielleicht führt er aber auch in eine völlig andere Richtung, die mir letztendlich viel besser gefällt und besser in mein Leben passt. In eine Richtung zu gehen, heißt auch nicht, dass ich nicht mehr die Möglichkeit habe, mich immer wieder für etwas anderes zu entscheiden. Das Leben ist noch so lang, und es wird noch so viel passieren, viele Dinge, auf die ich gar keinen Einfluss haben werde. Doch heute hier, da habe ich Einfluss und kann entscheiden, endlich loszugehen. Loszugehen in eine mir völlig unbekannte Welt. Es mag sich zwar beängstigend anfühlen, weil ich den Ausgang nicht kenne, aber gleichzeitig macht gerade dieser Aspekt das Leben doch so aufregend und lebenswert. Was wäre es für ein Leben, in dem wir jedes Ziel bereits vorher kennen würden?

18. Juli 2021, Offenbach

Kann ich wirklich gehen?

Die Schule ist endgültig vorüber, zumindest für mich, der Rest befindet sich in den Sommerferien. Wie zu erwarten, waren die letzten Wochen der pure Stress. Versetzungsgespräche mussten geführt, neue Förderpläne geschrieben, auf den letzten Drücker noch Klausuren konzipiert und anschließend korrigiert werden, sämtliche Zeugnisse mussten erstellt und Zeugnistexte geschrieben und zu guter Letzt noch Abschiedsgeschenke für das gesamte Kollegium und meine Klasse gebastelt werden. Doch neben all dem Stress war es auch besonders schön, vor allem mit meiner Lieblingsklasse, die mir die schönsten Bilder malte und die herzerwärmendsten Worte zum Abschied mitgab. Als ich ein paar der Kinder weinen sah, konnte ich nicht umhin, auch die ein oder andere Träne zu verdrücken. Sie waren mein ganzer Halt in dem vergangenen Schuljahr und haben dafür gesorgt, dass ich mich täglich auf etwas in diesem Job freuen konnte. Zu wissen, dass ich sie nicht mehr sehen werde und mich nicht mehr um sie kümmern kann, macht mich wehmütig, doch zum Glück bleibt kaum Zeit, darüber nachzudenken.

In fünf Tagen möchte ich meine Fahrradtour starten. Ein klares Ziel habe ich immer noch nicht, Marokko wäre cool. Mit dem Fahrrad auf einen anderen Kontinent fahren, wo uns eine völlig andere Kultur erwartet, fremde Gerüche, eine unbekannte Sprache, gastfreundliche Menschen, interessante Architektur und atemberaubende Landschaften, das wäre absolut magisch. Aber ob wir es wirklich so weit schaffen, ich weiß ja gar nicht, ob Emil Spaß an so einer riesigen Fahrradtour hat? Die im letzten Jahr, auf der wir fast vier Wochen durch Deutschland fuhren, war eine andere Nummer. Das war vertrautes Terrain. Der Zeitpunkt der Rückkehr war fix. Und wir hätten jederzeit in einen Zug steigen und in wenigen Stunden zu Hause sein können. Das war nicht mit einer Tour nach Marokko zu vergleichen, in der wir uns über Monate einfach mit offenem Ende treiben lassen können. Emil spricht oft von unserer Fahrradtour im letzten Jahr. Er möchte wieder »ein Zelt bauen« auf dem »Kämpiplatz«. Aber ob er glücklich sein wird, für so lange Zeit weit weg von seiner gewohnten Umgebung zu sein, werde ich erst dann sehen. Außerdem könnte sich die Pandemie jeden Tag wieder zuspitzen und unsere Tour blockieren. Ich habe es daher aufgegeben, die Route komplett durchzuplanen, darum geht es schließlich auch nicht. Auf Instagram habe ich eine junge Frau gesehen, auch um die 30, die ganz allein mit dem Fahrrad in Marokko unterwegs war. Sie war sogar wild campen, mitten in der Wüste und auf Bergen unter einem gigantischen Meer von Sternen. Die Bilder sahen umwerfend aus, aber das würde ich mich, vor allem mit Emil, nicht trauen. Ich sehe uns eher von Hostel zu Hostel fahren, und auch davor habe ich bereits Respekt. Denn laut den Erzählungen der Instagrammerin können wir uns auch in Marokko auf eine Aufmerksamkeit gefasst machen, wie ich sie aus kleinen Dörfern in Indien kenne. Sie erlebte zwar größte Gastfreundlichkeit, aber wurde auch alle paar Kilometer angehalten, weil es für die Menschen einfach völlig fremd ist, eine Frau allein mit dem Fahrrad durch ihr Land fahren zu sehen. Mit Anhänger und Kind werde ich wohl kaum mit weniger Interesse rechnen können, wahrscheinlich eher im Gegenteil.

Da Fahrrad fahren ohnehin schon anstrengend ist und diese ständige Aufmerksamkeit dann umso ermüdender sein kann, habe ich meinen Vater gefragt, ob er uns nicht auf den letzten Kilometern durch Marokko begleiten möchte. Er ist zuvor an der Algarve in Portugal, und unsere Ankunft an der Fähre im Süden Spaniens wäre ungefähr zeitgleich mit dem Ende seines Urlaubs. Er hat sich bisher noch nicht entschieden. Aber das macht auch nichts. Dann lassen wir uns einfach mal treiben und schauen, wo wir landen. Doch bis dahin muss ich erst einmal meine Liste mit Erledigungen abarbeiten. Es steht, wie üblich für mich vor einer Abreise, noch einiges an, und ich weiß mal wieder nicht, ob ich es alles in den letzten fünf Tagen schaffen kann. Vorher hätte ich dafür allerdings auch keine Zeit gehabt, da ich noch mit der Schule und dann mit dem Korrigieren der letzten Hausarbeiten meiner Student:innen beschäftigt war.

Aber das Wichtigste ist immerhin geschafft: Ich habe meine Wohnung inseriert und konnte sie für einen Monat untervermieten. So spare ich mir die teure Miete und kann das Geld für die Campingplätze ausgeben. Die Reisekasse ist auch durch eine andere glückliche Fügung jetzt voller als gedacht: An meinem vorletzten Tag in der Schule rief mich die Schulleiterin noch einmal zu sich ins Büro und teilte mir mit einem großen Lächeln im Gesicht mit, dass sie sich dafür eingesetzt habe, dass ich in den Sommerferien noch ausbezahlt werde. Das hätte ich mir mit meinem großen Engagement verdient. Damit habe ich absolut nicht gerechnet, war ich doch letztes Jahr in den Sommerferien sechs Wochen lang arbeitslos und musste mich mit Erspartem über Wasser halten. Durch dieses Geld bin ich jetzt für zwei Monate definitiv sicher. Dann sollte ich noch irgendwann meine Steuerrückzahlung erhalten, und mit etwas Glück bekomme ich rechtzeitig, bevor ich wieder zuhause bin, meinen Vorschuss für ein Buch und kann den Rest des Jahres mit Schreiben verbringen. Das wäre ein Traum.

Oma habe ich erst einmal nichts von meinem Vorhaben erzählt. Sie würde sich zu große Sorgen machen. Für sie war die vierwöchige Fahrradreise letztes Jahr schon nervenaufreibend genug. Ich habe ihr gesagt, dass wir versuchen, mit dem Rad nach Frankreich ans Meer zu kommen. In gewisser Weise stimmt das ja auch, nur geht es danach noch weiter. Wenn es so weit ist, wird sie sehen, dass alles gut klappt, und es besser aufnehmen können. Ich will sie nicht unnötig in Sorge versetzen. Papa versteht mein Vorhaben sowieso nicht. Er fand die Tour letztes Jahr bereits waghalsig, wäre aber gleichzeitig gern dabei gewesen, wie er sagte. Ihn zu bitten, mich in Marokko zu begleiten, hat die Wogen ein bisschen geglättet. Seine Sprüche, wie naiv und verantwortungslos die Tour sei, sind dadurch allerdings nicht weniger geworden. Doch diese Worte sind mir bereits vertraut. Seine Sorge scheint so groß, dass er bisher jeden meiner Reisepläne schlechtredete. Wäre es nach meinem Vater gegangen, wäre ich damals nicht allein nach Australien geflogen, wo ich seiner Meinung nach im großen Outback entführt und nie wieder gefunden werden würde. Dann wäre ich nie nach Indien gereist, wo ich in seiner Vorstellung vergewaltigt und in einen Graben geworfen werden würde. Ich wäre nie in Kolumbien gewesen, wo ich nach seiner Prophezeiung ausgeraubt und anschließend erschossen werden würde. Auch Marokko, Nicaragua, Kambodscha, Sri Lanka und all die anderen Länder hätte ich nie zu Gesicht bekommen, wenn ich auf seinen Rat gehört hätte.

Meinem Bruder Jonas kann ich die Sorge ebenso anmerken, allerdings würde er mir das nie sagen, er steht hinter mir und unterstützt mich wie immer. Auch wenn er selbst niemals zu solch einer Tour aufbrechen würde, will er mich nicht davon abhalten, weil er weiß, dass es mir guttun wird. Meine Freunde kennen mich am besten. Sie freuen sich einfach nur für mich und wissen, wie wichtig die Tour für uns sein wird. Von ihnen habe ich auch nichts anderes erwartet. Mein großer Freundeskreis steht immer hinter uns und unterstützt uns, wo sie nur können. Die Sorgen meiner Familie versuche ich zu ignorieren, um mich von ihrer Nervosität nicht anstecken zu lassen. Das ist gar nicht so einfach, und ich wünsche mir, wie so oft, meine Mama herbei, die in der Familie stets den unterstützenden, ermutigenden Part einnahm. Doch auch wenn sie nicht da ist, tief in meinem Inneren weiß ich, was sie mir gesagt hätte. Sie hätte das Vorhaben gefeiert und mir gesagt, dass ich nur dieses eine Leben habe. Ich bin mir absolut sicher in meinem Plan. Es wird schon alles gut werden, das habe ich im Gefühl.

18. Juli 2021, Mühlheim

Wiederholt sich die Geschichte?

Als ich in die Tulpenstraße einbiege, sehe ich bereits den blauen Volvo von Tante Sabine vor dem Hoftor stehen. Warum ist sie hier bei Oma? Habe ich mich im Datum geirrt? Sie wollten doch erst morgen zurück sein. Nachdenklich bleibe ich mit Omas Toyota, den ich mir während ihres Urlaubs ausgeliehen habe, hinter Tante Sabines Wagen stehen. Ich nehme die Blumen vom Beifahrersitz, hole die Einkaufstüte mit dem Essen aus dem Kofferraum und öffne das Hoftor. Eigentlich sollte das ein schneller Stopp hier werden. Ich wollte nur ein paar Dinge bereitstellen, damit Oma, wenn sie morgen zurückkommt, einen schönen Empfang zuhause hat. Ich laufe die Einfahrt hoch zum Haus. Eine merkwürdige Ahnung steigt in mir auf. Irgendetwas stimmt hier nicht. Ich bleibe an der Haustür stehen und klingele. Tante Sabine erscheint umgehend an der Tür. Ihre Stirn liegt in Falten, ihre Augen wirken besorgt: »Oma ist krank«, sagt sie. Ihre Stimme ist voller Anspannung. Sie seien deshalb früher zurückgefahren. Ihr Zustand habe sich auf der Heimfahrt dann massiv verschlechtert. Tante Sabine wirkt angegriffen. Gemeinsam laufen wir die alte Holztreppe nach oben, die bei jedem Schritt unter unseren Füßen knarzt. Oben angekommen, betrete ich mit schwerem Herzen das Schlafzimmer, wo Oma im Bett liegt. Die Rollläden sind unten, im weißen Licht der Nachttischlampe wirkt Omas Gesicht noch bleicher, und ihre Wangen scheinen zu glühen. Dafür braucht es kein Fieberthermometer, die hohe Temperatur sieht man mit bloßem Auge. Mit erschöpftem Ausdruck schaut sie mich an: »Ach, hallo Jasmin«, sagt sie mit schwacher Stimme, »so ein Mist, ich glaube, ich habe Fieber.«

Allein aufsetzen kann sie sich nicht, also helfen wir ihr, und ich halte ihr anschließend das Fieberthermometer unter dem Arm, während Tante Sabine sie festhält, so dass sie nicht zur Seite kippt. 38,6 °C. Wir legen sie wieder hin und gehen nach unten. Ich lese im Netz nach, was älteren Menschen mit Fieber empfohlen wird. Wasser trinken. Wow, so viel hätte ich auch ohne mein Handy gewusst. Danke, Sherlock. Bei hohen Temperaturen am besten ein Krankenhaus aufsuchen. Was genau sind denn hohe Temperaturen? Bei älteren Menschen muss ein Grad Celsius zur gemessenen Temperatur dazugerechnet werden. Okay, dann hätte sie nicht 38,6 °C, sondern 39,6 °C Fieber. Das wäre eine andere Hausnummer. Wadenwickel, fiebersenkende Mittel, hier werde ich nicht wirklich schlauer. Aber immerhin steht hier nicht, dass sie gleich stirbt, so wie es Google einem sonst bei jeglichen Symptomen voraussagt. Sie weisen nur darauf hin, dass mit Fieber bei älteren Menschen nicht zu spaßen sei. Das hatte ich mir gedacht.

Mit einer Wasserflasche unter dem Arm und einem Glas in der Hand, gehe ich wieder zu Oma nach oben, vorbei an den vielen eingerahmten Fotografien von ihren vergangenen Reisen, die das Treppenhaus schmücken. Thailand, Marokko, Südafrika, gefühlt war meine Oma schon überall auf der Welt. Früher mit meinem Opa, dann, als er starb, allein mit Reisegruppen. Ich habe sie schon immer für ihren Mut bewundert. Dafür, dass sie einfach alles allein machte, immer unterwegs war und ihr Leben in vollen Zügen genoss. Nervös betrete ich erneut das Zimmer und versuche sie aufzurichten, so dass sie etwas trinken kann. Doch so sehr ich mich auch bemühe und so sehr sie auch versucht, sich mit ihrem Arm aufzustützen, wir schaffen es nicht. Tante Sabine kommt gerade im richtigen Moment dazu. Mit einem Ruck ziehen wir sie nach oben, Tante Sabine stützt sie, während ich ihr das Glas Wasser reiche.

Als wir wieder unten sind, sagt Tante Sabine: »Ich verstehe das nicht, sie war heute Morgen einfach nur ein bisschen erkältet, und deshalb sind wir ja auch einen Tag früher los, aber sie war ganz entspannt. Sie meinte sogar noch, ob wir auf dem Heimweg einen Abstecher nach Bad Orb machen wollen. Dazu kam es dann nur nicht mehr, weil es ihr plötzlich so schlecht ging. Als wir ankamen, konnte sie nicht mal mehr allein aus dem Auto steigen und …«

Tante Sabine hält mitten im Satz inne. Was war das für ein lautes Geräusch? Wir schauen uns erschrocken an und lauschen. Ein Knarzen durchbricht die Stille. Wir stehen schnell auf und laufen nach oben, wo Oma schwankend auf der Treppe steht.

»Oma, was machst du? Du musst ins Bett!«, rufe ich ihr ängstlich zu und nehme große Schritte, um schnell bei ihr zu sein und sie vor dem Herunterfallen zu bewahren.

»Nein, beim Eiscafé Costa ist schon alles voll«, erwidert Oma.

Ich bekomme Gänsehaut am ganzen Körper und fühle mich sofort in die schlimmste Zeit meines Lebens zurückversetzt. Ich schaue mich nach Tante Sabine um, die, nach ihrem Gesichtsausdruck zu urteilen, meine Gedanken lesen kann, und wir helfen Oma wieder zurück zu ihrem Bett. Sie kann kaum eigenständig ihre Füße bewegen, ich weiß nicht, wie sie es allein aus dem Bett und bis zur Treppe geschafft hat. Das hätte schiefgehen können. Als wir wieder unten sind, rufe ich die 116 117 an, wo ich durch die momentan so vielen Anrufe wegen Corona natürlich nicht durchkomme. Ich probiere es wieder und wieder. Drei ganze Stunden lang. Zwischendurch fragt Oma, ob Tante Sabine sie zu mir und Emil fahren könne. Sie hat offenbar total vergessen, dass ich anwesend bin. Ist das ein Notfall? Sollten wir den Krankenwagen rufen? Sie hat so viele Vorerkrankungen, dass ich mich frage, ob wir die Situation ernst genug nehmen. Doch geht man bei Fieber gleich ins Krankenhaus? Muss dafür extra ein Krankenwagen kommen? Ist das nicht völlig übertrieben?

»Ärztlicher Bereitschaftsdienst, bitte nennen Sie mir Ihre Postleitzahl«, meldet sich endlich eine weibliche Stimme am anderen Ende des Hörers.

Nachdem ich zum zuständigen Gesundheitsamt weitergeleitet worden bin, beschreibe ich Omas Symptome. Man würde sich baldmöglichst wieder bei uns melden, heißt es, dann ist das Telefonat auch schon beendet. Nach einer halben Stunde ruft tatsächlich ein Arzt bei uns an, dem ich erneut von Omas Zustand berichte. Er versichert mir, um sieben Uhr vorbeizukommen und nach ihr zu sehen. Ich schaue auf die Küchenuhr, das ist in eineinhalb Stunden.

Gemeinsam gehe ich mit Tante Sabine noch einmal zu Oma nach oben und versuche, sie zum Trinken zu animieren.

»Ich habe mir überlegt, dass wir jetzt doch in die Alte Wagnerei gehen«, sagt Oma zu uns und schaut mich dabei verwirrt an. Ich bekomme erneut Gänsehaut. Alles ist wie damals. Mit Mama. Dasselbe Haus. Die gleiche Situation mit Tante Sabine und mir. Die Verwirrung. Nur dass es heute Oma ist. Sie ist nicht mehr sie selbst, und das fühlt sich zutiefst unheimlich an. Ihr Körper ist vertraut, aber ihr Inneres, ihre Stimme, ihr Blick, ihre Worte haben nichts mit ihr gemein. Als wäre ein anderes Wesen in ihre Körperhülle geschlüpft. Eben genau wie es damals war, mit Mama.

Um kurz nach sieben kommt eine Ärztin vorbei, sie kann Omas Herz nicht hören, misst dann den Puls, der rasend schnell ist, dann das Fieber, das bei 39 °C liegt, dreht sich schließlich zu uns um und sagt nüchtern: »Ich tippe auf eine Lungenentzündung. Das sieht nicht gut aus. Sie muss sofort ins Krankenhaus. Ich rufe den Rettungsdienst an.« Dann steht sie auf, packt zusammen und sagt beim Hinausgehen: »Vielleicht ist es aber auch Corona, das kann ich nicht einschätzen. Halten Sie besser Abstand.«

Witzig, dieser Hinweis bringt jetzt auch nichts mehr. Und wie sollte das auch gehen?

Kurze Zeit später klingelt es erneut. Zwei Rettungssanitäter steigen aus einem weißen Kombi. Immerhin kein Krankenwagen, denke ich noch. Sie gehen mit ihren schweren Taschen vor mir die Treppe nach oben. Gemeinsam heben sie Oma unter den Armen auf ihre Beine und laufen mit ihr zum Bettende, wo sie sich wieder hinsetzen darf. Dann soll sie ihre Arme nach vorne strecken und die Handflächen nach oben drehen. Doch Oma hat schon Schwierigkeiten beim Sitzen und kippt bei jedem Versuch erneut zur Seite. Ihr Geburtsdatum kann sie sagen, immerhin, sie scheint bei klarem Verstand zu sein. Einer der Sanitäter dreht sich zu mir um und teilt mir mit, dass Oma eventuell einen Schlaganfall erlitten hat. Dass es ihr auf der Heimfahrt plötzlich derart schlecht ging, spräche ebenso dafür, wie das ständige Zur-Seite-Kippen. Er greift zum Handy und ruft einen Krankenwagen, der schon ein paar Minuten später mit lauter Sirene unten vor dem Haus hält. Tante Sabine läuft nach unten, um die Tür zu öffnen. Ich bleibe starr im Raum stehen. Ich fühle mich, als würde sich vor meinen Augen ein Film abspielen.

Eine Ärztin betritt den Raum und misst noch einmal Omas Temperatur, während ihr die beiden Sanitäter von ihrem Verdacht des Schlaganfalls berichten. Ihr Fieber liegt inzwischen bei 40,1 °C. Zwei weitere Sanitäter betreten das Schlafzimmer, schnallen Oma auf einen Stuhl und tragen sie die Treppe nach unten. Ich folge ihnen wie ferngesteuert. Sie laufen mit Oma vor zum Krankenwagen, der vor der Einfahrt bereits wartet. Als sie davongetragen wird, treffen sich Omas und mein Blick für einen kurzen Moment. Es fühlt sich an, als wäre die Welt auf Pause gestellt, als würde sich die Erde nicht weiterdrehen und sämtliches Leben pausieren. Alles steht starr, außer meiner Oma und mir. Wenn ihre Augen sprechen könnten, würden sie »Hilf mir« schreien. Dann schaut sie weg, und die Welt dreht sich weiter.

Ich kenne diesen Blick. Ich kenne ihn von meiner Mutter, wenige Tage vor ihrem Tod im Hospiz. Dieser Moment, als sie weggetragen wurde, als sich unsere Augen trafen und ich den Schmerz sah, der förmlich in ihren Blick geschrieben war, diese Sekunden haben sich tief in mein Gedächtnis eingebrannt. Der Weg nach vorne zum

Krankenwagen ist an diesem Tag heute genau derselbe wie damals, und ich fühle mich, als würde ich den größten Schrecken meines Lebens noch einmal erleben müssen. Damals, vor fünf Jahren, als ich schon nach einer Woche in Portugal, anstatt in der Vorlesung für meinen Master zu sitzen, wieder in den nächsten Flieger Richtung Deutschland stieg. Es war ein so großer Schritt gewesen, den Umzug nach Portugal zu wagen, während meine Mutter so schwer krank war. Aber wir trafen die Entscheidung gemeinsam, und ich glaubte wirklich, dass sie noch eine Weile leben und mich sogar besuchen würde. Sie wollte doch noch miterleben, wie ich das tat, was mich von Herzen glücklich machte: reisen, surfen, neue Leute aus der ganzen Welt kennenlernen. Sie wollte nicht, dass ich noch mehr Jahre meines Lebens damit verbrachte, auf ihren Tod zu warten. Ich glaubte ihr das, und trotzdem habe ich heute das Gefühl, dass sie in dem Moment aufgab, in dem ich die Wohnung verließ. Mit meinem Auszug war kein Kapitel vorüber, sondern ihr Leben. Es war das letzte Mal, dass ich sie als meine mir vertraute Mama sah. Nie hätte ich gedacht, dass dieser Abschied für immer sein würde. Als ich nach nur einer Woche zurückkam, erkannte ich sie nicht wieder. Sie lag oben im Bett, wie heute Oma, und erzählte wirres Zeug, von irgendwelchen Menschen, die mir in Portugal Böses wollten. Waren Oma, Sabine und ich unten im Haus, geisterte sie oben auf der Treppe herum, nicht wissend, wo sie war oder wohin sie wollte. Ihr Wesen war verschwunden, es gab nur noch ihre Hülle, die durch den Krebs bereits stark in Mitleidenschaft gezogen worden war. Abgemagert wie ein Skelett, der Tumor in der Größe eines Fußballs ragte aus ihrem Bauch heraus, der Stomabeutel ihres künstlichen Darmausgangs hing an ihrem Hosenbund. Aber nicht ihr Anblick war das Beängstigende. Auch wenn von dieser wunderschönen Frau für Außenstehende nicht mehr viel übrig war, in meinen Augen sah sie aus wie immer. Rührend und schön wie eh und je. Hatte sie mir anfangs noch die Anblicke im Krankenhaus ersparen wollen, stellte sie später fest, dass ich mit Tante Sabine zu den wenigen gehörte, die sie immer noch als die sahen, die sie war, die ganzen Schläuche und Geräte ausblendend. Wir begegneten ihr, ohne dass uns der Schrecken im Gesicht stand. Doch nun bekam ich es mit der Angst zu tun. Es war ihre Verwirrung. Das war nicht mehr sie, es war, als wäre ihr Wesen bereits gegangen. Und das, obwohl sie vor einer Woche bei meinem Abschied nach Portugal geistig noch völlig normal gewesen war. Ich hätte nicht gehen dürfen, dachte ich immerzu. Doch ich erinnerte mich an ihr Drängen. Und man konnte die Zeit nicht zurückdrehen.

Ich war dieses mögliche Szenario mit meiner Therapeutin zuvor oft genug durchgegangen, aber es nun tatsächlich zu erleben, war anders als die Theorie. Niemand wusste, wie mit dieser Situation nun umzugehen war. Tante Sabine und Oma wollten, dass sie ins Hospiz gebracht wird. Ich war dagegen, weil Mama dagegen war. Sie wollte nichts weiter, als ihre letzten Tage zuhause bei uns zu verbringen. Sie wollte in kein fremdes Haus mehr und nach all den Klinik-Aufenthalten erst recht nicht mehr in ein Krankenhaus und flehte mich weinend, ja, panisch schreiend an, sie bitte nicht abholen und ins Hospiz bringen zu lassen. Es war der schmerzhafteste Moment meines Lebens. Tante Sabine und Oma beteuerten, keine Kraft mehr zu haben, und ich konnte es ihnen nicht verübeln. Ich konnte mir nur zu gut vorstellen, wie die letzte Woche mit Mama abgelaufen sein musste und die beiden an ihre Grenzen gebracht hatte. Ein Jahr lang lebte ich zu zweit mit Mama, musste nachts aufstehen und Medikamente holen oder nach ihrem Puls schauen, ganz abgesehen von der psychischen Belastung – wenn sie in meinen Armen weinte oder aus Angst Panikattacken erlitt. Dass die beiden das nun mit Mamas derart schlechtem Zustand rund um die Uhr erlebt hatten, hatte an den beiden gezehrt. Sie waren nicht mehr 25, so wie ich damals. Ich wollte Mama dennoch unbedingt zuhaue weiter pflegen. Tante Sabine und Oma bezeichneten mich als unvernünftig. Wir könnten sie nicht mehr allein versorgen, sagten sie. Ich meinte, dass es doch dafür Hilfe gäbe, aber sie waren der Meinung, dass es zu lange dauern würde, bis man diese bekam, und wir keine Zeit mehr hätten. Wenn ich sie hierbehalten wolle, dann müsse ich das allein machen. Allein, das konnte ich nicht. Ich brauchte Hilfe, das war klar, und damit war ich überstimmt.

Ich werde diesen Tag nie vergessen. Ich weiß noch genau, wie mir direkt übel wurde, als es klingelte. Die Sanitäter waren da und wollten sie nach unten holen. »Jasmin, bitte. Bring mich nicht weg«, weinte meine Mama laut und griff nach meiner Hand. »Ich will nicht gehen! Bitte, Jasmin, ich will hierbleiben!«

»Mama, ich bleibe bei dir«, sagte ich und versuchte, eine möglichst feste Stimme zu haben, stark zu sein. »Ich ziehe mit ins Hospiz und bleibe für immer da. Du bist nicht allein. Ich lass dich nie allein, ich verspreche es dir«, antwortete ich ihr, während mir dann doch die Tränen über das Gesicht strömten.

Dann lief sie, auf den Arm des Sanitäters gestützt, nach unten, wurde auf die Trage gelegt und nach vorne zum Krankenwagen getragen. Ich lief schweigend neben ihr her und dachte daran, dass sie nie wieder hierher zurückkehren würde. Nie wieder das Haus sehen würde, in dem sie groß geworden war. Nie wieder mit mir an den See gehen würde. Nie wieder mit mir nach Mallorca fliegen würde, um auf der Luftmatratze übers Meer zu treiben. Nie wieder meinen Geburtstag mit mir feiern würde. Nie mehr Weihnachten. Ich würde nie mehr meine Mama haben, mein Ein und Alles. Sie war auf dem Weg zum Sterben, und ich konnte nichts daran ändern. Ich konnte ihr nicht einmal ihren letzten Wunsch erfüllen. Ich konnte nichts für sie tun. Ab diesem Augenblick war das Leben, so wie ich es kannte, für immer vorüber.

Und jetzt, fünf Jahre später, erlebe ich das alles fast genauso noch einmal? Und erneut in dem Moment, wo eine große Zeit im Ausland auf mich wartet. Ich will es einfach nicht glauben. Als der Krankenwagen mit Blaulicht davonfährt und Tante Sabine und ich wieder ins Haus gehen, breche ich zusammen und kann nicht aufhören zu heulen. Und obwohl wir seit der Beerdigung von Mama wegen eines Streits um die Kosten keinerlei Kontakt mehr hatten, nimmt mich meine Tante fest in den Arm und gibt zu, dass auch sie das Gefühl habe, dass alles wie damals sei.

Als ich später wieder in meiner Wohnung bin, lassen mich die Sorgen um Oma nicht los. Bin ich daran schuld? Sie hat letzte Woche täglich Emil in die Kita gebracht. Ich hatte wie immer keine Zeit, weil ich arbeiten gehen musste, und somit war nur noch sie da. Hat sie sich in der Kita angesteckt? Sie hatte noch erwähnt, dass eines der Kinder ständig hustete und sie sich gewundert habe, wieso es während Corona mit diesen Symptomen überhaupt kommen durfte. Hat sie nun auch Corona? Nur weil ich arbeiten musste und sie deshalb mit ihren über 80 Jahren im Kindergarten sein musste? Google, mein Freund und Helfer in solchen Situationen, macht, wie für gewöhnlich, die Lage nur noch schlimmer, denn die Mortalität bei Lungenentzündungen über 65 Jahren liegt bei dreißig Prozent. Wie sieht sie denn dann bei über 80 nach zwei Krebserkrankungen aus? Wird Oma jetzt sterben müssen? Allein der Gedanke versetzt mich in pure Panik. Mein Puls steigt, ich kann meinen eigenen Herzschlag hören, und meine Hände sind schweißnass. Diese Unruhe in mir macht mich wahnsinnig. Ich kann nicht still sitzen bleiben, wenn mein Körper innerlich tobt. Durch die Wohnung zu tigern macht es nicht besser. Wie gerne hätte ich Emil jetzt bei mir, er würde mich garantiert ablenken, aber er ist dieses Wochenende bei seinem Opa. Ich versuche tief ein- und auszuatmen, um die Unruhe zu stoppen, aber es hilft alles nichts. Ich kreise immer wieder um denselben Gedanken: Wie soll ich es ertragen, wenn nun auch sie stirbt und uns allein lässt? Meine Oma ist mein größter Halt, denke ich, sie hilft mir und Emil, wo sie nur kann. Ohne sie wären die letzten Jahre so nie möglich gewesen. Sie hat uns bei sich wohnen lassen, als ich keine Wohnung und keinen Job gefunden habe. Sie hat so oft auf Emil aufgepasst, ihn in die Kita gefahren und auch wieder von dort abgeholt. Er hat bei ihr geschlafen, wenn ich zu einer Vernissage musste, er war dort, wenn ich krank war. Sie nahm ihn, so oft sie konnte. Sie würde alles für uns tun, und sowohl Emil als auch ich lieben sie über alles. Was soll ich ohne sie nur tun, und was wird jetzt aus meiner Reise? Habe ich alles gekündigt, nur um jetzt meine Oma zu beerdigen? Ständig ist irgendetwas in meinem Leben, dauernd passiert etwas Schlimmes, denke ich. Und während ich erkenne, wie destruktiv diese Gedanken sind, kann ich sie dennoch nicht abschalten.

Immer wieder bringe ich den Mut auf, meinen Träumen zu folgen, arbeite darauf hin, spare ewig, kündige und wage mich ins vollkommen Unbekannte, nur um dann wieder vom Leben ausgebremst zu werden! Immer und immer wieder das Gleiche! Ich kann nicht mehr. In fünf Tagen soll es losgehen, aber meine Oma liegt im Krankenhaus und kämpft ums Überleben. Ich hasse diese Welt, das Leben und alle, die meinen, man müsse nur hart für seinen Traum arbeiten. Das ist doch einfach alles Bullshit.

Haben wir wirklich einen Einfluss darauf, was in unserem Leben passiert, oder können wir lediglich die Richtung bestimmen?

3.

Aufbruch in eine neue Zeit

13. August 2021, Chalon-sur-Saône

Im Land der Liebe

Es ist ein absoluter Traum. Hier sitzen wir auf dem Place Saint-Vincent in Chalon-sur-Saône, einer urigen Stadt mitten im französischen Burgund, und ich möchte mich immer wieder selbst kneifen, weil ich kaum glauben kann, dass wir nach allem, was war, tatsächlich hier sind. Es grenzt ja auch schon fast an ein Wunder, dass Oma die Lungenentzündung so schnell hinter sich gelassen hat und bereits nach zwei Wochen aus dem Krankenhaus entlassen wurde. Dennoch war es für mich emotional fordernd und stressig, da ich die letzten Vorbereitungen für die Reise ständig nach hinten geschoben habe und dann plötzlich alles ganz schnell gehen musste. Ich konnte es kaum abwarten, endlich loszufahren. Doch von diesem Stress ist heute nichts mehr zu spüren. All das scheint weit weg. Sogar der Fakt, dass ich arbeitslos bin, spielt aktuell absolut keine Rolle. Schließlich reicht das Geld noch, und es fehlt mir in diesem Moment an nichts. Ich greife zum Glas auf dem Tisch vor mir und nehme einen großen Schluck von meinem kühlen Radler, lehne mich entspannt zurück und beobachte Emil, wie er zufrieden neben mir seine zwei neuen Flugzeuge als Raketen in die Luft schießt. Er konnte sein Glück kaum fassen, als ich ihm die Packung mit den beiden Flugzeugen vorhin im Supermarkt gekauft habe. Er hatte sich tatsächlich bisher noch nicht einmal beklagt, dass er sein Spielzeug zuhause lassen musste. Umso überraschender und schöner war das Geschenk für ihn.

Mein Blick schweift über den Platz. Die weiße Kathedrale mit ihren beiden hohen seitlichen Kapellen, der neugotischen Fassade und der riesigen Fensterrose mittig über dem Eingang beeindruckt mich sehr. Davor der Brunnen, in dem aus einer goldenen, in der Mitte gespaltenen Kugel Wasser fließt. »Le chemin de la vie« heißt er, der Weg ins Leben. Ringsherum alte Fachwerkhäuser, von denen Seile mit bunten Wimpeln kreuz und quer über den Platz gespannt sind. Es ist so idyllisch hier. Wir stolpern momentan Tag für Tag in immer neue Städte hinein, nie wissend, was uns dort erwarten wird. Umso schöner, wenn wir dann, so wie heute, an einem so bezaubernden Ort stranden. Der Platz, auf dem wir sitzen, wird als Außenbereich der vielen Cafés und Restaurants genutzt, ist nicht zu groß, nicht zu überladen, sondern genau richtig, einfach gemütlich. Ein Straßenmusiker, der vor einer orangefarbenen Häuserfassade eines Antiquitätenladens gegenüber steht, beginnt auf dem Akkordeon zu spielen: »La Valse d'Amélie«. Die Musik gibt der ganzen Kulisse das letzte gewisse Etwas. Die Melodie trägt mich fort, alles scheint vollkommen leicht. Noch französischer und kitschiger geht es wohl kaum, denke ich mir und muss dabei schmunzeln. Frankreich ist eben nicht ohne Grund das Land der Liebe. Die Sonne macht sich indes langsam auf den Weg zum Horizont und kleidet die gesamte Szenerie in warme Töne. Es fühlt sich wirklich surreal an, als seien wir Teil eines unglaublich romantischen Films. Ich muss lachen. Selbstverständlich haben wir dabei nur Nebenrollen. Denn von Romantik fehlt in meinem Leben seit Jahren jede Spur. Zum Glück ist mir auch das heute egal. Ich vermisse gerade nichts.

Dass wir viel später an diesem Ort angekommen sind als gedacht, weil ich die Abfahrt wegen Oma ein paar Tage nach hinten schieben musste, ist genauso unwichtig in diesem Moment. Die Extra-Woche hätte ich sowieso gebraucht. Für den Untermieter musste die Wohnung komplett auf Vordermann gebracht werden. Alle persönlichen Gegenstände und Kleider mussten in Kisten verpackt und in den Keller getragen werden. Allein dafür gingen einige Tage drauf. Dann kaufte ich mir noch ein neues Fahrrad auf Raten, weil ich nicht sicher war, ob mein altes, gebraucht gekauftes noch solch eine weite Strecke schaffen würde. Der Fahrradkauf entpuppte sich allerdings als weitaus schwieriger und zeitaufwendiger als erwartet. Eigentlich wollte ich mir ein Gravelbike zulegen, also ein geländegängiges Rad. Oder, noch treffender gesagt: ein Querfeldeinrad. Aber im Laden wurde mir stattdessen ein Damen-Citybike nach dem nächsten angeboten. Immer wieder betonte der Verkäufer, dass ein Damenfahrrad »super-praktisch ist, wenn man dann im Sommer doch mal mit Kleid zur Arbeit fahren möchte«. Als ich irgendwann lauter und bestimmter wiederholte, dass ich nicht im Kleid zur Arbeit, sondern mit einem Anhänger und knapp 60 Kilogramm Gepäck nach Marokko fahren möchte und daher kein Citybike, sondern auch etwas fürs Gelände und überhaupt etwas Sportliches und nichts für Blumenkleider benötige, machte der Mann große Augen und sagte: »Ach so, das war ernst gemeint, ich dachte, das wäre ein Scherz gewesen.« Danke auch, ich liebe es, über Stunden gegen eine Wand zu reden.

Es ist erschreckend, wie sehr die Fahrradindustrie auch 2021 noch auf Männer ausgelegt ist. Für Fahrradhändler scheint unsere Spezies ausschließlich gemütlich mit flatternden Sommerkleidern durch die Stadt zu tändeln, auf dem Gepäckträger ein Kindersitz, vorne ein Bastkorb mit Einkaufstasche, vielleicht noch ein süßer Blumenstrauß darin, einfach hübsch anzusehen. Nicht, dass ich irgendetwas gegen dieses Bild hätte. An alle Mütter, die gerne so durch die Stadt fahren: Go for it, habt Spaß, genießt die Fahrt!

Mich störte einzig die beschränkte Wahrnehmung des Verkäufers, den ich bei meinem Kauf vor mir hatte. Ihm schien einfach komplett entgangen zu sein, dass es tatsächlich auch Frauen gibt, die Sport, ja vielleicht sogar Extremsport, machen. Genauso wie es eben bei Männern sportliche und gemütliche Typen gibt. Manche brauchen das Rad für den Weg zur Arbeit oder um sonntags mit der Familie mal eine kleine Runde zu drehen, andere wollen im Gelände springen und wieder andere asphaltierte Straßen entlangrasen. Würde der Verkäufer auch einem Mann, der ein Dirtbike sucht, ein Citybike andrehen? Ich ertappte mich dabei, wie ich mir selbst Vorwürfe machte, mich zu dieser Unternehmung des Fahrradkaufs nicht sportlicher gekleidet zu haben. Vielleicht lag's ja an mir, dachte ich, meine Wimpern sind getuscht, die Haare offen, ich sah nicht aus, als würde ich gleich Sport machen wollen. Wollte ich ja auch nicht, ich wollte nur ein Fahrrad kaufen. Vielleicht hätte ich direkt vom Downhill-Cup in den Laden kommen müssen, um dann dort in nass geschwitzter Sportkleidung mit ordentlich Matsch im Gesicht die Crossroad-Bikes testen zu dürfen – und schließlich auf mein neues Geländerad zu springen, zur Tür herauszudüsen und meinen nächsten Triathlon zu absolvieren. Scheinbar braucht es das beim Fahrradkauf als Frau. Aber ganz im Ernst, wieso muss überhaupt mal wieder in Geschlechterkategorien gedacht werden? Es gibt verschiedene Typen und Vorlieben, unterschiedliche Körper und Anlässe, und jeder Mensch sollte doch einfach das für seine Größe und sein Vorhaben passende Modell angeboten bekommen. Was hat das letztendlich mit dem Geschlecht zu tun? Es regte mich wirklich auf, dass ich in diese »Blumenmutti-Schublade« gesteckt wurde, obwohl ich immer wieder mein Vorhaben betonte. Er wollte und konnte mich einfach nicht ernst nehmen. Tatsächlich war es nicht das einzige Geschäft, in dem die Beratung so ablief. Ich brauchte daher mehrere Tage und Anläufe in verschiedenen Läden, bis ich endlich die passende Beratung und ein geeignetes Fahrrad für die Tour gefunden hatte. Als das erledigt war, war dann noch einiges an Kleidung anzuschaffen, was letztes Jahr bei unserer Deutschlandtour gefehlt hatte – ich profitierte schließlich von der bereits gemachten Erfahrung. Zusätzlich mussten alle Unterlagen zuhause erledigt werden, so dass ich auch getrost für längere Zeit wegbleiben konnte. Es war extrem viel in kürzester Zeit zu tun, und zwischendurch wollte ich natürlich auch immer wieder nach Oma schauen. Letztendlich kamen wir am Tag der Abreise erst am späten Nachmittag los und schafften es nur bis zu Sandra und Michael ins 30 Kilometer entfernte Darmstadt.

Weiter hätte ich jedoch an unserem ersten Tag ohnehin nicht fahren wollen. Sandra ist seit vielen Jahren eine meiner besten Freundinnen, mit der ich nur zu gerne den Start in diese abenteuerliche Reise bei Pizza und Bier in ihrem schönen Garten gefeiert habe.

Am zweiten Tag ging es für uns dieses Mal nach Mannheim. Der Weg dahin war schrecklich. Es waren fast 50 Kilometer, und ich war schon nach der Hälfte komplett platt. Zwar haben die täglichen 30 Kilometer Arbeitsweg, die ich seit einem Jahr fuhr, etwas gebracht, und ich war mit Sicherheit fitter als letztes Jahr beim Start. Dennoch ist der Anfang einer solchen Tour immer wieder die reinste Hölle. Körperlich gesehen. Für meinen Geist war es nämlich so, als hätte die wunderbare Reise letztes Jahr nie aufgehört. Es war erstaunlich, obwohl ich mich noch immer kurz vor der Haustüre befand, fühlte es sich bereits so an, als wäre ich schon ewig unterwegs in unbekannten Gefilden. Die Wälder, die Blumenwiesen, die ständigen Bewegungen der Wolken am Himmel, alles erfüllte mich mit Euphorie.

In Mannheim schliefen wir bei Britta, die unser Vorhaben kaum fassen konnte und sagte: »Also nach Marokko seh ich euch beide noch nicht fahren.« Ich musste lachen, denn zu diesem Zeitpunkt sah ich uns auch nicht weiter als bis an die deutsche Grenze kommen. Aber siehe da: Wir sind in Frankreich. Und es lag nicht an uns, dass wir recht langsam vorankamen. Die Überflutung des Rheins, die in den letzten Wochen ganze Landstriche unter Wasser gesetzt hatte, war auch bis nach Straßburg zu spüren, so dass wir ständig riesige Umwege fahren mussten. Der idyllische Weg am Fluss, auf den ich mich so gefreut hatte, war leider auch komplett überschwemmt. Als wäre da nicht überall schon genug Wasser, regnete und vor allem gewitterte es zudem täglich. Ich musste dauernd die Wetterapp kontrollieren und berechnen, ob wir es noch durch den nächsten Wald schaffen würden oder uns doch lieber direkt einen Unterschlupf suchen müssten, um das Gewitter vorbeiziehen zu lassen. Unser Zufluchtsort war dann meistens eine Bushaltestelle. Ich sah von dort aus mit hüpfendem Herzen zu, wie über uns die Blitze den Himmel erstrahlen ließen, während der laute Donner Emil in ein erschrockenes Reh mit weit aufgerissenen Augen verwandelte. Nass wurden wir trotzdem täglich. Zumindest ich. Emil saß natürlich gechillt in seinem Anhänger mit Regenschutz, so dass er nur die Tropfen an den Wänden herunterlaufen sah. Auch in Frankreich wurde das Wetter zunächst nicht besser. Emil sang immerzu sein neues Lieblingslied »Sonne Regen Sonne Regen SONNEEEE REEEGEEEEN«, was den Wetterzustand bestens widerspiegelte.

Eine Unterhaltung mit Emil in diesen Aprilwettertagen werde ich wohl so schnell nicht vergessen. An einem wie gewöhnlich regnerischen Tag, als ich gerade anhielt, um seinen Regenschutz zuzuziehen, fragte er mich plötzlich: »Mama, ist die Sonne auf der Arbeit?«

»Wieso auf der Arbeit?«, fragte ich verwundert zurück.

»Weil sie nie da ist«, antwortete er. Es versetzte mir einen Stich ins Herz. Was hatte dieser ganze Stress nur mit ihm gemacht? Eines wusste ich in diesem Moment jedenfalls genau: Egal, was irgendjemand über diese Reise, meine Kündigung und unsere ungewisse Zukunft sagen würde, es war die beste Entscheidung meines Lebens! Es war notwendig und ließ keinerlei Zweifel zu.

»Mama, ich will einen Apfelsaft«, reißt mich Emil plötzlich aus meinen Gedanken. »Bitte«, fügt er hinzu und schaut mich dabei mit seinen großen grünen Augen und seinen langen schwarzen Wimpern an. Ich habe ihn noch nie so braun gesehen, und seine Haare sind schon nach den wenigen Wochen so blond geworden. Noch ehe ich antworten kann, steht bereits der Kellner an unserem Tisch, als hätte er es geahnt, und fragt, ob es noch etwas sein dürfe. Ich bestelle Emil also einen zweiten Apfelsaft. Heute ist nicht der Tag, um jeden Cent umzudrehen und über den Zuckerkonsum nachzudenken, heute bin ich in Feierlaune. Ich feiere das Leben, das wir gerade führen. Seit Langem habe ich mich nicht mehr so wohl gefühlt. Ich schaue einer Reisegruppe zu, wie sie alle nebeneinander aufgereiht ihre Handys und Fotokameras in die Luft strecken, um die Kathedrale zu fotografieren. Frankreich gefällt mir bisher wirklich sehr gut. Der anfänglich tägliche Regen wechselte dann recht schnell in wunderschönes Sommerwetter, und damit veränderte sich auch die Landschaft, durch die wir fuhren. Es sah nicht mehr nach der gewohnten Umgebung von zuhause aus. Da waren plötzlich gigantische Klippen, die an den Seiten des Flusses in die Höhe ragten. Es war, als befänden wir uns in einer anderen Welt. Einer Welt, die jetzt statt von Wasser nur noch von Sonne überflutet wurde. Wir fuhren ab Mülhausen entlang des Rhein-Rhône-Kanals und dann weiter an der Saône. Die Strecke war wunderschön, größtenteils flach. Auch wenn ich einige Stücke schieben musste, konnten wir im Großen und Ganzen auf schönen Fahrradwegen fahren. Das ist nicht selbstverständlich, wie ich noch vom letzten Jahr weiß.

Auch meine Muskeln und meine Lunge passten sich dank der Übung immer besser an, so dass die täglichen 40 Kilometer mittlerweile immer weniger anstrengend waren. Dennoch brauchten wir erst einmal ein paar Tage, bis wir eine Routine für uns gefunden hatten. Emil ist größer als letztes Jahr, schläft nur noch eineinhalb Stunden am Mittag und braucht mehr Spielzeit und Bewegung. Daher fahren wir in der Regel zwei Stunden, machen dann mindestens eine Stunde Pause, in der wir picknicken und er auf dem Spielplatz mit Kindern toben kann, und fahren dann während seines Mittagsschlafs ohne weitere Pausen zum Ziel. Wenn er wach ist, bleibt es natürlich trotzdem nicht bei einem großen Halt, denn ständig erblickt er von seinem Anhänger aus etwas Neues. Da müssen die Schafe, Pferde, Kühe bestaunt, das Eis probiert, Dutzende von Spielplätzen bespielt und jeder Skatepark ausprobiert werden. Okay, zugegebenermaßen kann ich selbst auch kaum an den Skateparks vorbeifahren, ohne wenigstens kurz angehalten, meine Schuhe gewechselt und mich aufs Board gestellt zu haben. Aber dafür haben wir es schließlich dabei. Als ich meinem Bruder Jonas neulich ein

Foto von mir auf einer Miniramp schickte, sendete er mir ein Hulk-Gif als Antwort und fragte mich, ob mir die Rad-Kilometer wohl nicht reichen würden und ob ich nicht abends noch ein bisschen joggen gehen wolle. Wieso eigentlich nicht? Denn trotz all dieser Pausen schaffen wir es für gewöhnlich, am frühen Nachmittag am Campingplatz anzukommen und dort noch in den Pool zu springen oder die Umgebung zu besichtigen. Zeit und Energie ist dann immer noch vorhanden. Ich glaube, das liegt nicht zuletzt an der Positivität dieses Landes, in dem wir unterwegs sind. Frankreich begrüßte uns vom ersten Moment an von seiner herzlichsten Seite. Eigentlich hatte ich noch das Klischee von arroganten Menschen im Kopf, die sich nicht einmal bemühen, langsamer zu sprechen und mit denen an eine andere Sprache der Konversation, wie beispielsweise Englisch, im Traum nicht zu denken war. Doch dieses Bild liegt fern der Realität, die ich bisher erleben durfte. Die Französ:innen sind überaus freundlich zu uns. Jeder, der uns auf dem Fahrrad begegnet, begrüßt uns – egal, ob jung oder alt. Ein fröhliches »Bonjour«, gepaart mit einem Lächeln, steht bei allen an der Tagesordnung. Selbst Gruppen jugendlicher Jungs bilden da keine Ausnahme. Viele gehen, wenn sie unser Gepäck sehen, sogar noch zu einem »Oh, là, là«, »Bon courage« oder »Bon travail« über. Es ist ein wohlig heimisches Gefühl, durch dieses Land zu fahren und von allen Seiten stets positive Vibes entgegengebracht zu bekommen. Das empfindet offenbar auch Emil so. Inzwischen ruft er jedem Passanten fröhlich winkend »Boschu! Boschu!« entgegen, was diese noch mehr strahlen lässt und mich natürlich ebenso. Manchmal muss ich innerlich sehr lachen, wenn ich mir vorstelle, wie ich für die Leute hier aussehe, wenn ich die ganze Zeit über mit diesem riesigen Grinsen im Gesicht an ihnen vorbeifahre. Es scheint, als wären wir jetzt einfach Teil eines wundervollen Kreislaufs, in dem ich lache, die Menschen lachen, Emil lacht, daraufhin wiederum alle lachen, und das alles irgendwie völlig ohne Grund. Eine schöne Art von Ansteckung.

Manche Begegnungen dauern aber auch länger als ein gemeinsames Lachen. Als wir in Montbéliard ausnahmsweise abends in einem Restaurant etwas essen gingen, trafen wir nicht nur auf einen überaus zuvorkommenden, kinderlieben Kellner. Auch die Frau am Nachbarstisch, Clothilde, war ganz rührend und lud uns an ihren Tisch ein, um ihr und ihrem Mann Gesellschaft zu leisten. Sie erzählte mir von ihren eigenen Reisen mit ihrer Tochter, als sie noch jung war und wie sie es damals genossen hatte, wenn sie als Alleinerziehende, nach 24/7 allein mit Kind, mal die Gelegenheit hatte, mit Erwachsenen zu sprechen. Die Gespräche mit einem Kleinkind seien eben einfach andere.

Sie war äußerst liebenswürdig, schrieb mir Unmengen von Tipps für die Atlantikküste auf und hörte gespannt unseren Plänen zu. Es sind diese kleinen Gesten, die Frankreich für mich auf dieser Reise so einzigartig machen. Es erinnert mich ein bisschen an unseren Aufenthalt auf Bali, als Emil noch ein Baby war. Welches Restaurant wir auch immer betraten, Emil wurde mir umgehend abgenommen und über Stunden bespaßt: »Mommy eat. I look baby« waren die Worte der spontanen Babysitter. In der Tat war es nämlich ganz schön anstrengend, keine Sekunde Pause zu haben – nicht einmal während des Essens. Die Hilfe nahm ich damals dankbar an.

»Monsieur«, sagt der Kellner in diesem Moment und katapultiert mich zurück in die Gegenwart. Er stellt lächelnd das Glas Apfelsaft vor Emil auf den Tisch. »Merci beaucoup«, antworte ich und lächle ihm zu, während Emil schnell mit beiden Händen das Glas umgreift und unter großer Anstrengung langsam zum Mund führt. Der Apfelsaft schwappt im Glas hin und her. Ich helfe ihm beim Trinken.

Dieses Jahr empfinde ich die Zweisamkeit mit Emil als ganz und gar nicht anstrengend. Im Gegenteil, ich genieße jede Sekunde, die wir gemeinsam nach all den stressigen Monaten verbringen können. Jetzt, wo er reden kann, haben wir schließlich richtige Gespräche, die mit ihm auch wirklich Spaß machen. Das war letztes

Jahr auf unserer Tour noch anders, und ich habe mich sehr nach jemandem wie Clothilde gesehnt. Ich denke nur ungern daran zurück, wie ich am Bodensee im Regen durch Bregenz spazierte und mich zwischen den vielen Tourist:innen in der Altstadt trotz Emil unheimlich einsam fühlte. Ich beobachtete damals all die Familien um mich herum – fast immer Vater, Mutter und mehrere Kinder. Alle quatschten wild durcheinander. Mir fehlten Gespräche, mir fehlte der Austausch, mir fehlten meine Freunde, meine Familie, mir fehlte Liebe. Erinnerungen an meine Beziehung mit Emils Vater Pedro wanderten immer wieder durch meine Gedanken und ließen den Kloß in meinem Hals wachsen. Diese Sehnsucht ist dieses Jahr nicht mehr da, was mich sehr froh macht, aber wirklich bereit, mich mit dem Thema noch einmal auseinanderzusetzen, bin ich bisher noch immer nicht. Manche Entwicklungen brauchen einfach viel Zeit.

Währenddessen verändert sich Emil gefühlt täglich. Er ist jetzt ein richtig cooler Reisebuddy, der von Gott und der Welt erzählt und mir Löcher in den Bauch fragt, wie »Mama, wo wohnen die Dinosaurier?« oder »Mama, wo war ich, als du ein Kind warst?«. Überhaupt frage ich mich, ob es nur den Anschein macht oder ob Emil schon länger so viel und gut erzählen kann. Es sind keine Babysätze mehr, die er von sich gibt, sondern richtige Geschichten. Habe ich diese Veränderung nicht mitbekommen, weil ich so viel gearbeitet habe? Oder hat er sich bereits in den zweieinhalb Wochen sprachlich so weiterentwickelt, eben weil wir den ganzen Tag miteinander reden? Letztes Jahr auf der Fahrradtour hat er in den dreieinhalb Wochen angefangen zu sprechen und einen riesigen Sprung in seiner Entwicklung gemacht. Das ist sogar den Erzieher:innen in der Kita danach sehr positiv aufgefallen. So weit hergeholt ist der Gedanke also nicht.

Ich frage mich auch, ob das in vielen Familien passiert, dass man Entscheidendes voneinander einfach nicht mitbekommt. Leben wir im Alltag irgendwie alle unbewusst aneinander vorbei? Vielleicht ist es eine Art Automatismus, der sich in unser Leben einschleicht, so wie so vieles unbemerkt an die immer gleiche Routine angepasst wird. Die Frage, wie es im Kindergarten war oder später in der Schule, ist jeden Tag die gleiche. Und bleibt oft die einzige. Kein Wunder, dass Kinder meistens genervt von ihr sind. Haben wir keine anderen Fragen mehr übrig? Ich werde nie vergessen, wie ich an unserem Jahrestag mit Pedro essen ging. Es kam einfach kein Gespräch in Gang. Er stellte keine Frage an mich und mein Leben. Für ihn war offenbar alles gesagt. Kaum vergleichbar, wenn ich mich an unser erstes Date erinnere, wo wir vor lauter Reden unsere Burger kalt werden ließen. Wenn ich heute Paare beobachte, die einander nichts mehr zu sagen haben, bin ich wirklich froh und dankbar, allein zu sein. Ich mag zwar mit einem Kleinkind keine tiefgründigen Gespräche führen können, aber lieber erzähle ich Quatsch mit einem Zweijährigen, als mich mit meinem Partner anzuschweigen.

Das Akkordeon holt mich zurück auf den Place Saint-Vincent. Ich trinke mit einem großen Schluck mein Glas Radler aus und verspreche mir hoch und heilig, mich nie wieder auf eine Beziehung einzulassen, in der kein ernstes Interesse an mir und meinen Gefühlen vorhanden ist. Außerdem will ich mir vornehmen, offener auf fremde Menschen zuzugehen, ihnen meine Hilfe anzubieten oder ein Gespräch mit ihnen zu starten. Man weiß nie, was andere gerade durchmachen, und es kann so einfach sein, sich gegenseitig zu unterstützen. Ich möchte Fremde und auch Freunde und Familie öfter mal ganz ernst gemeint fragen, wie es ihnen geht und ob ich ihnen etwas Gutes tun kann. Mehr zuhören, statt selbst zu reden. Da sein, noch bevor man danach gefragt wird. Interesse zeigen und einfach Liebe ausstrahlen. Besonders bei meiner Familie wird das eine große Herausforderung für mich werden – wir sind leider nicht gerade für unser warmes Miteinander bekannt. Ich wünschte, ich könnte meinem Vater oder meiner Oma auch nur einen einzigen Tag lang die Seite zeigen, die meine Freunde von mir zu sehen bekommen.

Die letzten Töne von *»La Valse d'Amélie«* tanzen durch die Lüfte, hinweg über französische Wortfetzen unserer Tischnachbarn. »Je voudrais payer s'il vous plaît«, merke ich beim Kellner an, der gerade zu unserem Tisch zurückkommt. Dem Lächeln nach zu urteilen, verzeiht er mir meinen schlimmen Akzent. Er holt die Rechnung und kommt mit einem großen Grinsen im Gesicht und einem Lutscher für Emil wieder. Wo wir gerade von kleinen Gesten sprachen: »Merci beaucoup.«

14. August 2021, Jully-lès-Buxy

Langsam werden

Maurice ist hier gestorben. Das Holzkreuz mit den roten Kerzen und den bunten Blumen steht kurz vor einer Kurve. Es kann nicht lange her gewesen sein, die Anzahl der Kerzen und Blumen ist noch sehr hoch. Manche der bunten Sträuße sind am Verwelken, andere strahlen noch in voller Frische. Bekanntermaßen lässt die Anteilnahme am Unfallort mit der Zeit nach. Und Trauernde suchen sich meist einen friedlicheren Ort, um an den Verstorbenen zu denken und mit ihm ins Gespräch zu kommen. Hier an diesem Ort geht es um den Schmerz, um die Fassungslosigkeit darüber, dass der geliebte Mensch auf solche Weise so plötzlich aus dem Leben gerissen wurde.

Ich kann dankbar sein, dass ich meine Mutter auf ihrem Weg in den Tod über Jahre hinweg begleiten durfte. Unfair war es dennoch. Aber es gibt keine Straßenkurve, keinen anderen Autofahrer, keine andere Person, die dafür irgendeine Schuld trägt. Es war Schicksal, wie man so schön sagt. Ein ganz schön beschissenes Schicksal, wenn man mich fragt. Sie fehlt mir immer noch jeden Tag. Was sie wohl über die Reise mit Emil denken würde? Sie war auf jede meiner Reisen so stolz und meine größte emotionale Stütze. Durch sie fand ich immer wieder zu meinem Mut. Wie schwer ihr das als Mama gefallen sein muss, das verstehe ich erst heute. Loslassen ist in der Tat der größte Liebesbeweis, den wir unseren Liebsten geben können. Die Freiheit und Träume des geliebten Menschen vor das eigene Bedürfnis nach Nähe und Sicherheit zu stellen, ist eine Fähigkeit, die meiner Meinung nach nur sehr wenige Menschen beherrschen. Mir krampft sich der Magen zusammen, wenn ich daran denke, dass sie Emil nie kennengelernt hat, dass ich all diese Erkenntnisse seit seiner Geburt nie mehr mitteilen kann, dass sie ihn nie in ihren Armen halten wird, er nie ihre selbstlose Liebe erfahren darf. Unser Leben wäre um einiges einfacher, wenn sie heute bei uns wäre. Ich sehe sie vor mir, wie sie mit ihm am Badesee im Wasser planschen, sie an Weihnachten gemeinsam Plätzchen backen oder sie mir bei seinen Geburtstagspartys helfen würde. Was würde ich dafür geben, Emil und sie nur ein einziges Mal zusammen erleben zu dürfen. Es fühlt sich an, als hätte ich zwei verschiedene Leben geführt. Das Leben vor Mamas Tod und das Leben nach Emils Geburt.

Ein Auto rast an mir vorbei und reißt mich aus meinen Gedanken. »Arschloch«, rutscht es mir heraus. Entschuldigung, aber wie viele Hinweise braucht es denn noch, um sich an die vorgegebene Geschwindigkeit zu halten? Reichen ein Todeskreuz und eine Frau auf dem Fahrrad mit Kind im Anhänger nicht aus, um den Fuß mal für kurze Zeit vom Gaspedal zu nehmen? Wieso haben wir es eigentlich alle immer so verdammt eilig?

Natürlich kenne ich Situationen der Eile. Man verschätzt sich in der Zeit, oder das Kind hat keine Lust, sich an den Plan zu halten, und schon bricht der Stress aus. Ich kann ein Lied davon singen. Bei uns verging kein Tag, an dem wir nicht zu spät dran waren. Ausgerechnet dann sind alle Ampeln rot, ein Fahrradfahrer gondelt gemütlich vor einem her, und die Fahrschule oder Müllabfuhr sind in solchen Fällen auch immer sofort zur Stelle. Dann rasen die Minuten in Höchstgeschwindigkeit davon, und die Uhrzeit des nächsten Termins ist plötzlich erreicht. Je wichtiger das Treffen, umso größer die Unruhe. Wie oft habe ich im Auto geschrien, weil niemand vor mir zu fahren schien. Natürlich fuhren sie, aber eben nicht so schnell, wie ich es brauchte, um noch pünktlich zu sein. Aber ist es die Pünktlichkeit wert, die Gefahr in Kauf zu nehmen? Je wichtiger die Zeit bei einer Verabredung ist, umso fremder sind uns doch meist die Personen, für die wir uns der Gefahr aussetzen.

Ich habe die Kurve und auch das Kreuz längst hinter mir gelassen und fahre nun mitten durch die hohen Maisfelder. Der Himmel ist strahlend blau, die Sonne knallt auf uns herunter. Uns umgibt eine drückende Hitze, und von Fahrtwind ist bei meiner Geschwindigkeit nun wirklich nicht zu sprechen. Ich spüre eine Schweißperle meine Stirn herunterlaufen, bevor ich sie rechtzeitig mit meinem Handrücken abwische, um gerade noch das Brennen im Auge zu vermeiden. Die Sonne erhitzt meine Arme, sie sind schon so braun, dass die blonden Härchen darauf weiß strahlen. Meine Arme haben einiges an Gewicht zu tragen, während mein Rücken weit nach vorne gebeugt ist. Meine verschwitzten Finger suchen eine neue Position, aber wirklich bequemer wird es nicht. Es ist anstrengend. Heute sollen es noch bis zu 40 °C werden, und ich glaube, wir sind aktuell nicht mehr weit davon entfernt. Ich drehe mich zu Emil um, der immer noch im Anhänger schläft. Sein Hut ist weit heruntergezogen, sein Kopf lehnt an der Wand des Anhängers, der Mund steht weit offen. Die Sonne ist nun so weit oben, dass sie auch vor ihm keinen Halt mehr macht. Verschwitzt scheint er mir aber noch nicht zu sein. Beruhigt drehe ich mich wieder nach vorne und widme mich den letzten 14 Kilometern nach Savigny-sur-Grosne. Ich habe noch nie zuvor von dieser Stadt gehört. Ich fahre einfach immer zu irgendeinem Campingplatz, der in 40 bis 50 Kilometer Entfernung auf meiner Route liegt. Wäre ich im Auto, wäre ich bald da, hätte keine Schmerzen in meinen Beinen, und mein T-Shirt wäre noch trocken. Es wäre einfacher, aber ich würde einiges verpassen.

Ich schaue durch die Maisfelder, sie begleiten mich immer wieder seit Beginn unserer Reise. Heute haben wir das erste Mal den Eurovelo-Radweg verlassen und fahren nun auf eigener Route zum französischen Atlantik. Ich kann es kaum erwarten, dort surfen zu gehen und Emil die Gegend zu zeigen, in der ich als Kind mit meiner Familie immer Campingurlaub machte. Die Sehnsucht nach dem Meer ist riesig, aber wir sind noch weit entfernt. Ich bin verwöhnt von all meinen Reisen zuvor. Ich setzte mich sonst immer ins Flugzeug, schaute ein paar Filme, stieg aus, und schon war ich in einer neuen Welt. So einfach geht das jetzt nicht mehr. Es dauert seine Zeit, und ich muss mich in Geduld üben, bis wir den blauen Ozean erreichen.

Geduld, keine leichte Tugend in unserer schnelllebigen Welt. Wir wollen essen, haben aber keine Zeit oder Lust zum Kochen? Kein Problem, der Lieferservice bringt uns umgehend das gewünschte Gericht an die Wohnungstür. Wir wollen die Liebe fürs Leben finden, aber nicht unnötig mit der falschen Person unsere Zeit vergeuden? Nichts einfacher als das, Tinder, Bumble und Co. machen es möglich, in Sekundenschnelle weiter durch den Katalog zu wischen. Wir fahren nicht mehr ins Kino, der neue Film ist bereits auf unserem Laptop erhältlich. Einkaufen geht bequem von zuhause. Arbeiten in vielen Bereichen ebenso. Im Prinzip brauchen wir das Haus gar nicht mehr zu verlassen, selbst das Freundetreffen hat sich inzwischen auf die Onlinewelt verschoben. Auf der einen Seite bringt all das viele Vorteile, aber diese haben eben auch ihren Preis, und der wird vielen erst seit der Pandemie bewusst. Doch selbst mit Bewusstsein lässt sich unser Verhalten kaum noch abstellen, viel zu gewöhnt sind wir an das digitale Leben. Dabei haben wir vor allem eines verlernt: unsere eigene Anwesenheit ohne irgendwelche Ablenkungen zu ertragen.

Die Maisfelder weichen riesigen Feldern mit Sonnenblumen, die nun rechts und links von uns in die Höhe ragen. Ist es nicht erstaunlich, wie glücklich uns Blumen machen? Sie schenken uns ein Gefühl von Wärme, zaubern uns ein Lächeln ins Gesicht und wecken in uns Erinnerungen an die schönsten Sommertage. Zu meiner Linken erblicke ich plötzlich einen orangefarbenen Schmetterling. Das Symbol der Wiedergeburt: mein Zeichen von Mama. Sie ist bei uns. Ein wohliges Gefühl macht sich in mir breit.

Ich umklammere mit meinen schweißigen Händen den Lenker noch ein bisschen stärker, um noch kräftiger in die Pedale treten zu können. Die 17 weicht nun der 20 auf meinem Handydisplay: 20 km/h, ich versuche die Geschwindigkeit zu halten. Kein Gegenwind, keine Steigung, das muss ich ausnutzen. Endlich spüre ich Luft in meinem Gesicht. Luft, die meinen Schweiß trocknet, meine Haare nach hinten fliegen lässt und sich wie Musik in meinen Ohren anhört. Meine Stimmung steigt rasant. Ich kann mich an den Sonnenblumen vor dem blauen Himmel nicht sattsehen. Am liebsten würde ich mitten hindurchrennen, mit ausgestreckten Armen, aber das würde die schönen Blumen zerstören. Mit Abstand lassen sie sich am besten genießen, wie so vieles im Leben. Wieder ein Schmetterling. Und noch einer.

»Hallo kleine Mama«, rufe ich ihnen lachend zu. So nannte ich sie immer.

Sie fliegen mit mir, und ich bilde mir ein, dass der Wind um meine Ohren lauter wird. Seit Mamas Tod hat Wind für mich eine besondere Bedeutung bekommen. Ich habe oft das Gefühl, dass es ihre Art ist, mit mir zu kommunizieren. Vielleicht liegt es daran, dass ich einen Tag nach ihrem Tod bei einem Spaziergang den Wind so intensiv auf meiner Haut spürte, als wäre er nur da, um meine Tränen zu trocknen, mich zu umarmen und laut heulend mit mir zu reden. Ich hatte Gänsehaut am ganzen Körper. Wie im Wind kann ich meine Mutter heute in vielerlei Dingen wiederfinden.

Mit breitem Lächeln im Gesicht fahre ich weiter. Weit und breit kein Mensch in Sicht. Nur Emil, ich, die vielen Schmetterlinge, die Sonnenblumen, der strahlend blaue Himmel, der heiße Asphalt und unser Fahrrad samt Anhänger. Es ist mir plötzlich vollkommen egal, wo das Meer ist, genau hier möchte ich sein, hier inmitten der wunderschönen Sonnenblumen, die mich von allen Seiten umgeben. Was könnte ich woanders haben, das ich nicht schon habe? Ist es nicht hier genau so, wie es ist, perfekt? Für mich ist es das in diesem Moment. Ich habe das Jetzt gefunden, all meine Sorgen bezüglich der Zukunft und all meine Probleme aus der Vergangenheit scheinen für diesen einen Augenblick vergessen. Ich erblicke wieder ein neues Maisfeld zu meiner Linken und fahre so weit wie möglich zum Wegrand, strecke meine Arme aus und gleite mit meinen Fingerspitzen an den Pflanzen entlang. Wie die Schmetterlinge fliegen meine Hände durch die Luft. Hier und jetzt. Es fühlt sich magisch an, mit diesem Gefühl zu fahren. Mit einem breiten Lächeln im Gesicht umklammere ich den Lenker noch fester und trete noch ein bisschen kräftiger in die Pedale. 22 km/h sagt das Handy. Ich spüre die schmerzenden Muskeln und fühle mich dabei nur noch lebendiger. Ich denke an den Raser von vorhin, an all das, was er in seinem schnellen Auto verpasst, und bin zutiefst dankbar, dass ich die Schönheit der Langsamkeit erleben darf. Alles könnte so einfach sein, wenn wir endlich unsere Augen öffnen würden, wenn wir bereit wären, dass einfach mal nichts passiert. Wenn wir uns der Langsamkeit aussetzen würden. Die Ruhe und gleichzeitige Lebendigkeit der Natur machen mich so glücklich, wie ich es lange nicht mehr war. Wieso vermeide ich das zuhause so oft, indem ich lieber schnell mit dem Auto oder der Bahn fahre, lieber online als in der realen Welt unterwegs bin?

14. August 2021, Savigny-sur-Grosne

Die größte Herausforderung: allein sein

»Hallo, ich bin der Jael. Bist du auch aus Deutschland?«, fragt der kleine Junge mit seinem schwarzen Batman-T-Shirt. Selbstbewusst steht er mit breitem Stand vor Emil, den einen Arm in die Hüfte gestemmt, unter dem anderen einen Fußball geklemmt. Die braunen Locken lugen unter seiner Kappe seitlich hervor. Emil nickt und lächelt ihn an.

»Cool! Ich auch! Ich schlafe in einem Wohnwagen, und ich habe ein Fahrrad. Willst du mal sehen?«, fragt Jael aufgeregt. Emil nickt begeistert und läuft schon hinter ihm her. Der besagte Wohnwagen steht gleich neben unserem Zelt, und die Familie hat allerlei Spielzeug dabei. Während Jael Emil vorführt, wie cool sich die Klingel seines kleinen grünen Fahrrads anhört, beginne ich die Heringe mit einem großen Stein in den Boden zu klopfen. Ich habe Glück, der Boden ist recht weich, so dass unser Zelt schnell steht. Es gibt auf dem Campingplatz keine Schotterflächen oder asphaltierte Plätze. Hier ist alles natürlich geblieben. Um unser Zelt herum wächst hohes Gras mit bunten Blumen, hinter uns verläuft ein Bach, der sich 50 Meter weiter abwärts staut, so dass dort eine Art Naturpool entstanden ist. Der Bach läuft mittig durch den Campingplatz hindurch. Eine kleine Holzbrücke verbindet die beiden Teile miteinander.

»Hi, brauchst du etwas?«, spricht mich eine Frau, nicht viel älter als ich, an. Sie trägt ein blondes kleines Mädchen auf dem Arm, das etwas über ein Jahr alt ist. »Willst du Sachen bei uns kühlen, oder fehlt dir etwas anderes? Lass es mich wissen, wir haben alles da.

Du kannst auch bei uns dein Handy laden.« Sie scheint Jaels Mutter zu sein. »So cool, dass du dich das allein traust!«, fügt sie an. Ich bedanke mich herzlich für ihr Angebot und lade weiter unser Gepäck in das Zelt.

Am Abend schnappe ich mir Emil, der die letzten Stunden mit Jael gespielt hat, und laufe mit ihm einmal quer über den Campingplatz zum Naturpool am Bach, um dort die untergehende Sonne zu betrachten. Wir setzen uns auf die Landzunge aus Sand, wo Emil sogleich beginnt, eine große Burg zu bauen. Ein gigantisches Farbenspiel in pinken und roten Tönen zeichnet sich am Himmel ab und lässt das Wasser in den gleichen Farben schimmern. Sonnenuntergänge lösen in mir oft konträre Gefühle aus. Vielleicht liegt es an ihrer Vergänglichkeit und der Tatsache, dass nach ihrer umwerfenden Schönheit plötzlich die dunkle Nacht eintritt. Ich weiß es nicht, doch wenn ich sie sehe, dann kommt nicht nur Dankbarkeit in mir zum Vorschein, sondern auch all die tiefen verborgenen Sehnsüchte. Ich ziehe mein Sandmonster zu mir auf den Schoß und drücke Emil so fest ich kann, bevor ich ihn mit tausend kleinen Küssen überfalle.

Gleichzeitig spüre ich einen Schmerz, der im Laufe der Jahre zwar viel besser geworden, aber immer noch nicht gänzlich verschwunden ist. Der Schmerz um Emils Papa Pedro. Wie gerne würde ich ihm Bilder von unserem wunderschönen Sohn schicken und von seiner tollen Entwicklung berichten. Den Stolz mit ihm teilen. Doch zwischen uns kann es wohl niemals eine normale freundschaftliche Beziehung geben, und ich denke, auch Emil wird die Chance auf eine intakte Vater-Sohn-Beziehung für immer verwehrt bleiben. Ein Flugzeug fliegt am Himmel, vorbei an den leuchtenden Farben. Inzwischen sitzen auch andere Paare und Familien auf der Wiese neben dem Bach, um den Sonnenuntergang zu beobachten. Niemand wird die Liebe für Emil je im gleichen Maße empfinden wie ich. Niemand wird beim Anblick eines Fotos von ihm wirklich das fühlen, was mein Herz fühlt. Niemand wird je so stolz sein, wenn er mal wieder etwas Neues gelernt hat. Diese Tatsache belastet mich seit seiner Geburt.

Doch das Problem mit dem Alleinsein beschäftigte mich auch schon früher. Mein ganzes Leben über war ich von Leuten umgeben. Ich wohnte in verschiedenen WGs, hatte stets einen riesigen Freundeskreis, schmiss Partys am laufenden Band, und wenn ich allein reiste, dann nur, um vor Ort einen Haufen neuer Freunde zu finden. Auch mein Liebesleben sah nicht anders aus. Über Jahre hinweg stürzte ich mich alle paar Monate in neue Dates. In mir der Wunsch, dass meine Mutter meinen Freund noch miterlebt und keine Angst hat, mich allein zurückzulassen. Erst ging ich aktiv auf die Suche, denn der Traummann wird schließlich nicht auf einem weißen Pferd dahergeritten kommen und an meiner Tür klingeln. Dann passiv, um dem Leben seinen freien Lauf zu lassen, denn die Liebe erreicht einen ja für gewöhnlich gerade dann, wenn man nicht danach sucht. Ich traf Männer, die mir gefielen, die aber kein Interesse hatten, gab Männern, die mir nicht gefielen, eine Chance, was genauso wenig zu etwas führte, und sagte sogar von Freunden organisierte Verabredungen zu, weil sie der Meinung waren, dass ich mir einfach schlicht die Falschen aussuchen oder anderen keine Chance geben würde. All diese Dates hatten jedoch eines gemeinsam: Sie liefen ins Leere und ließen mich nur noch einsamer als vorher zurück, während mein kompletter Bekanntenkreis inzwischen in Beziehungen lebte. Auch das alles hatte seinen Anteil daran, dass ich schließlich in die Beziehung mit Pedro geschlittert bin und es mir so schwerfiel, ihn wieder zu verlassen. Anfangs schien ja erst einmal alles perfekt, und dann, als es das nicht mehr war, da wusste ich dennoch, dass es draußen keine Optionen gab. Wahrscheinlich war ein Teil in mir lieber unglücklich als allein.

Genau das ist es, was ich heute ändern möchte. Ich möchte allein glücklich sein, und dafür ist diese Reise ein erster wichtiger Schritt. Außerdem muss ich verstehen, wie ich ticke und inwiefern ich mein eigenes Verhalten ändern kann, damit mir so etwas wie mit Pedro nie wieder passiert. Noch nie war ich so nachsichtig mit meinen Gefühlen wie in den letzten Jahren. Ich versuche mir ganz bewusst

Zeit zu geben. Monat für Monat wird der Schmerz weniger, und so werde ich weitermachen, bis nichts mehr davon übrig ist. Erst wenn ich vollends gelernt habe, allein glücklich zu sein, erst wenn ich wieder vertrauen kann, ohne mich dabei selbst zu verlieren, erst wenn ich all meine Denk- und Verhaltensmuster verstanden habe, erst dann bin ich wahrlich bereit, neue Wege zu gehen. Ich beobachte es viel zu häufig, wie sich Menschen aus Angst vor dem Alleinsein und sich mit ihren Gefühlen und Denkmustern auseinanderzusetzen, immer wieder in ähnliche Beziehungen stürzen. Es endet meist auf dieselbe Weise wie zuvor. Als die Beziehung zu Pedro vorbei war, habe ich mir bewusst vorgenommen, mich für mindestens ein Jahr auf keine Dates mehr einzulassen, um mich bloß nicht abzulenken. Ich wollte fühlen, und ich wollte heilen. Inzwischen wurden aus dem Jahr drei Jahre. Das lag aber natürlich auch daran, dass ich als Alleinerziehende überhaupt keine Zeit und Betreuungsmöglichkeiten habe, um auf Dates zu gehen. Ohnehin glaube ich, dass sich niemand in meinem Alter eine Frau mit Kind wünscht. Das Dating war ja schon vor Emil kompliziert genug, wie sollte es dann erst mit Kind werden? Nein danke, denke ich mir, während Emil aufsteht, zum Fluss läuft, einen Stein aufhebt und ihn in hohem Bogen ins Wasser wirft. Dann dreht er sich um, geht in die Hocke und sammelt weitere Steine auf, die er in seine Hosentasche stopft.

Die Momente mit Emil nicht teilen zu können ist gewiss ein Schmerz, den mit Sicherheit viele Menschen nachvollziehen können. Doch der Wunsch nach einem Partner macht mich manchmal beinahe wütend. Auf mich und auf die Gesellschaft. Seit meiner Kindheit wird mir suggeriert, dass mein Leben erst mit einem Partner lebenswert sei. Als wäre ich erst dann vollständig und könnte erst dann ein glückliches Leben führen. Schon in der Grundschulzeit drehte sich in meinem Leben fast alles um Jungs und später um Männer. Erst wurden die Tagebücher mit dem Namen irgendeines Schwarms vollgekritzelt. Später im Gymnasium dann die Zettel, die ich mir mit meinen Freundinnen während des Unterrichts schrieb. Auch im Rudern ging es neben den Erfolgen hauptsächlich darum, welche Jungs bei den Regatten zu sehen sein werden. Wenn ich mir überlege, dass bereits die Märchengeschichten, die mir als Kind vorgelesen wurden, das Happy End mit dem Beginn der Beziehung zu einem Mann verknüpften, wundert es mich nicht, dass dieses Denkmuster so dermaßen tief in uns verankert ist. Dazu noch die ständigen Fragen der Familie nach dem Beziehungsstatus und dem Kinderwunsch, die Erwartungshaltung der Gesellschaft, der Druck, der auf dem weiblichen Körper lastet. Da ist es geradezu logisch, dass Frauen irgendwann kein anderes Ziel mehr in ihrem Leben sehen, als Mann und Kind zu haben.

Die goldene Sonne ist inzwischen hinter den Bäumen untergegangen, die Farben am Himmel scheinen hingegen nur noch intensiver zu leuchten. Werde ich je glücklich allein einen Sonnenuntergang genießen dürfen, oder wird es in mir für immer diese Sehnsucht geben? Eine Sehnsucht nach einem Arm um mich und einer Schulter, auf die ich meinen Kopf legen darf, so wie ich es hier bei all den Pärchen um mich herum beobachten kann. Wahrscheinlich werde ich diese Sehnsucht nie wirklich verlieren, aber vielleicht ist das auch gar nicht schlimm. Womöglich geht es doch viel mehr darum, mir selbst dieser Mensch zu werden, ob ich die Sehnsucht noch verspüre oder nicht. Erst wenn ich gern allein bin und mich wieder selbst zum Lachen bringen kann, wenn ich mir selbst vergeben und all die Prozesse der vergangenen Beziehungen verstanden habe, erst dann wird sich diese Sehnsucht in mir erfüllen. Da bin ich mir sicher. Wer sich selbst genügend liebt, ist bereit, von anderen Liebe zu empfangen. Man hört und liest es so häufig, aber da ist, denke ich, wirklich etwas dran. Eine glückliche Person strahlt etwas anderes aus und zieht dadurch auch wieder andere Menschen an.

Es wird langsam dunkel, ich stehe auf, klopfe mir den Sand von der Hose, schnappe mir Emil und laufe zum Restaurant des Campingplatzes. Wir waren nicht mehr einkaufen, aber mir ist heute sowieso eher danach, in Gesellschaft zu essen. Unter den Lichterketten, die auf der Wiese von Baum zu Baum gespannt sind, genießen wir das Drei-Gänge-Menü des Hauses. Gegrillte Aubergine mit Ziegenkäse. Fisch mit Gemüse und Kartoffeln und zum Abschluss eine Käseplatte. So gut haben wir es uns lang nicht mehr gehen lassen. Unser kleiner Gaskocher leistet uns bereits wochenlang großartige Dienste, und ich liebe unsere Gemüse-Kreationen. Aber ein solches französisches Dinner kann er eben nicht zaubern. Und ab und zu gönne ich uns mal so eine Ausnahme.

Zufrieden laufen wir zurück zu unserem Zelt, wo Marika, die Mutter von Jael, uns zwei Kuchenstücke als Nachtisch hingestellt hat. Emil spielt noch eine Weile mit Jael, während ich die morgige Route plane und wir anschließend ins Zelt gehen.

Doch als Emil neben mir in seinem gelben Giraffenschlafsack sofort erschöpft einschläft, habe ich wieder große Probleme, nicht doch noch einmal Instagram zu öffnen oder ein paar Freunden auf WhatsApp zu schreiben. Ich sehne mich nach einem richtigen Gespräch mit Freunden. Dabei möchte ich doch ganz bewusst allein sein. Ohne Social Media, ohne WhatsApp. Ich möchte doch gerade so wenig Kontakt wie möglich zu der gewohnten Welt zuhause haben. Ich möchte so wie früher reisen, in den Zeiten vor dem Smartphone, die mir in vielerlei Hinsicht besser gefielen.

Für mich ist Reisen gerade deshalb so besonders, weil ich mich frei von den Erwartungen der Familie und Freunde neu entfalten kann. Zuhause sind wir oft, ohne es zu bemerken, festgefahren, weil wir immerzu die gleichen Menschen mit den gleichen Ansichten um uns herum haben. Daher erweitert Reisen, meiner Erfahrung nach, den persönlichen Horizont, wie es zuhause nur schwer möglich ist.

In den letzten Jahren beobachte ich oft, wie Menschen in der U-Bahn und in der Stadt, vor allem Reisende, permanent auf das Handy in ihrer Hand schauen. Ich mache es unterwegs meist nicht anders. Wir haben alles parat. Wir wissen, wie das Wetter wird. Wir kennen alle Tour-Angebote. Google Maps ersetzt die Stadtkarten, die einem früher an der Rezeption ausgehändigt wurden und mit denen man hilflos durch die Stadt irrte. Hatte man früher Fragen oder wusste nicht weiter, musste man andere Menschen um Hilfe bitten. Heute hat man dafür das Smartphone, das einem jede Lösung bietet. Darunter leidet nicht nur die reale Kommunikation untereinander, sondern auch das achtsame Leben in fernen Ländern. Ich habe mich selbst oft dabei erwischt, wie ich, obwohl ich in der schönsten und aufregendsten Umgebung war, mein Handy auspackte, minutenlang, ohne dass es mir überhaupt bewusst war, nach oben wischte, um auch ja nichts aus dem Leben meiner Freunde zu verpassen. Eigentlich interessierte es mich nicht einmal besonders. Ich hätte viel lieber nach meiner Rückkehr persönlich von ihnen gehört und ihnen auch persönlich von meiner Reise erzählt. Trotzdem fiel es mir schwer, darauf zu verzichten. Als sei ich süchtig danach. Und genau das bemerke ich auch auf dieser Tour wieder. In einer Selbstverständlichkeit greife ich, vor allem abends, wenn Emil schläft und ich mich allein fühle, immer wieder zum Handy, um die App mit dem rosa Fotoapparat zu suchen oder um ein paar Nachrichten auf WhatsApp zu verschicken. So erfasst mich auch jetzt wieder der Drang. Ich ertappe mich gerade noch rechtzeitig, um mich davon abzuhalten, doch ein paar Minuten später beginnt das Spiel von vorne. Tatsächlich wie bei einer Suchtkranken. Was ist nur mit mir los?

Das Internet hat uns ermöglicht, mit der ganzen Welt jederzeit in Kontakt zu bleiben, und gleichzeitig dafür gesorgt, dass wir jederzeit krampfhaft in Kontakt bleiben wollen, als hätten wir verlernt, uns mit uns selbst auseinanderzusetzen. Ich muss zugeben, dass ich mich durch den Verzicht, den ich mir vor ein paar Tagen selbst auferlegt habe, nun sehr einsam fühle. Dabei bin ich doch durch die Apps nicht weniger allein. Die Situation ist exakt die gleiche: Ich, wie ich allein mit einem schlafenden Emil im Zelt liege. Es ist schlicht eine Illusion, dass wir zu dem Leben all dieser Menschen, die wir da online verfolgen, dazugehören. Und es ist auch kein wirklich befriedigendes Gefühl, all meinen Freundinnen ständig Sprachnachrichten zu schicken und dann ihre wieder abzuhören. Ein richtiger Austausch, wie ich ihn benötige, ist es trotzdem nicht. Aber hier ohne Handy vor mich hinzusinnieren, ganz allein in dem Zelt, ist eine riesige Herausforderung für mich. Klar war das früher in den Hostels mit all den Menschen um mich herum anders. Trotzdem möchte ich es lernen und nehme mir vor, die Apps von nun an nur noch eine halbe Stunde pro Tag zu verwenden, um ein paar Eindrücke als Storys für meine Freunde auf Instagram hochzuladen und meiner Familie zu sagen, dass alles in Ordnung ist bei uns. Mit diesem Entschluss drücke ich die Standby-Taste meines Smartphones, wodurch das letzte bisschen Licht im Zelt erlischt. Ich lege es zu meiner Rechten auf die große Fahrradtasche, ziehe den Reißverschluss meines Schlafsacks bis hoch zum Hals, drehe mich zu Emil und schlafe endlich ein.

Haben wir verlernt, allein zu sein, und sind daher einsamer denn je?

4.

Mama immer da

15. August 2021, Savigny-sur-Grosne

Momente für die Ewigkeit

Früh am Morgen stehe ich mit den ersten Sonnenstrahlen des Tages auf und beginne, unsere Kleidung in die beiden Fahrradtaschen zu packen. Es ist noch still auf dem Campingplatz, weder die anderen Gäste noch die Tiere aus der näheren Umgebung sind zu hören. Was für ein Glück wir mit diesem Platz haben. Wenn man bei der Ankunft keinerlei Erwartungen in sich trägt und dann solch einen Campingplatz vorfindet, so liebe Menschen trifft, fühlt sich einfach alles magisch an. Emil schläft noch, während ich langsam meinen eigenen Schlafsack zusammenrolle und in die dafür vorgesehene Hülle stopfe. Anschließend noch die Luft aus der Matratze lassen, ausdrücken, ebenfalls zusammenrollen und in den noch kleineren Sack stopfen. Jeder Handgriff ist inzwischen Routine. Doch auch wenn ich nun seit Wochen Tag für Tag unsere Sachen aus- und wieder einpacke, wird es nie weniger anstrengend. Wenn es nach mir ginge, würde ich mich am liebsten nach dem Aufstehen umgehend in meine Sportkleidung werfen und direkt aufs Rad springen. Doch das Packen gehört zur Fahrradreise dazu, und vielleicht ist das letztendlich auch gut so, denn so ist die Freude schließlich umso größer, wenn wir es nach Stunden endlich schaffen zu starten.

Ich klettere vorsichtig und mit dem Versuch, möglichst leise zu sein, aus dem Zelt heraus. Kein Problem, auch das Öffnen des Reißverschlusses kann Emil nichts anhaben. In einer Seelenruhe schläft er weiter. Leise trage ich die drei Fahrradtaschen, meinen Schlafsack und die Matratze nach draußen und verstaue alles auf dem

Fahrrad und in unserem Hänger. Die Sonne ist inzwischen aufgegangen und lässt den Campingplatz in warmen Farben erstrahlen. Es ist keine Wolke am Himmel zu sehen. Heute wird ein heißer Tag, das ist schon jetzt deutlich zu spüren. Statt des Taus, der in den letzten Tagen morgens über den Gräsern und dem Zelt hing, ist es heute trocken und angenehm warm, so dass ich schon jetzt ohne Probleme meine kurze Fahrradkleidung tragen kann. Stolz schaue ich auf das gepackte Fahrrad, während die ersten Camper müde ihre Köpfe aus den Wohnmobilen strecken. Ich merke, dass ich mit stolzgeschwellter Brust dastehe. Man könnte glatt meinen, ich erwarte von den anderen Campern eine Medaille für die früheste Abreise der Geschichte oder zumindest tobenden Applaus fürs frühe Aufstehen, was normalerweise nicht gerade in meiner Natur liegt. Da mein Erfolg hier aber scheinbar niemanden so recht tangiert, gebe ich mir den Applaus einfach innerlich selbst.

Schnell mache ich das Überzelt los und kuschle mich noch einmal zu Emil. Das Sonnenlicht, das nun ins Zelt und geradewegs in sein Gesicht strahlt, hat ihn geweckt. Er streckt seine Arme, reibt sich die Augen, dreht sich zur Seite und umarmt meinen Hals. Dann schaut er mich mit strahlendem Lachen und seinen großen grünen Kulleraugen an. »Mama«, ruft er fröhlich, zieht meinen Kopf noch näher zu seinem und umschließt meinen Hals noch ein bisschen fester. »Guten Morgen, kleiner Spatz, ich hab dich lieb«, flüstere ich und schenke seinem Gesicht einen Kuss. »Ich hab dich auch lieb, Mama«, sagt Emil, und ich lehne meinen Kopf an seinen und drücke meine Arme um seinen kleinen Körper. In Momenten wie diesen würde ich am liebsten die Zeit anhalten. Jeder unserer Morgen beginnt auf diese Weise, aber immer wieder überwältigt es mich von Neuem. Die Liebe, die ich empfinde, wenn mich seine kleinen Ärmchen festhalten und sein zartes Kindergesicht mich anstrahlt, durchströmt meinen ganzen Körper mit einer wohlig warmen Welle. Mein Herz hüpft, mein Gehirn schenkt mir Energie, die nur auf eine Weise verwendet werden kann: ihm noch und noch mehr Küsse zu schenken. So lange, bis er lachend »Mama, Stopp« ruft und die Küsse in ein neckisches Kitzeln übergehen. Es sind die schönsten Momente meines Lebens, und ich wünschte, dass es für immer so bliebe. Mit geschlossenen Augen halte ich ihn ganz fest und versuche, den Moment in mich aufzusaugen. Doch ich weiß schon jetzt, dass eines Tages der letzte dieser Morgen anbrechen wird, Emil ein letztes Mal seine Ärmchen um mich schlingt und ohne dass wir es wissen, diese Zeit nur noch ein Teil unserer Erinnerung bleiben wird. Ob er sich überhaupt je an diese Augenblicke erinnern wird, ist fraglich, aber das Entscheidende ist doch, dass es diese Momente überhaupt gab. Es wird ihn formen, und ich bin mir sicher, dass sein Herz die erlebten Gefühle speichert, selbst wenn sein Kopf sie vielleicht vergessen mag. Die Gewissheit, dass all dies temporär ist, macht es nur umso kostbarer. Viel zu selten denken wir an die Vergänglichkeit. Dabei macht es uns die rasende Entwicklung unserer Kinder doch eigentlich unmöglich, die Geschwindigkeit der Zeit zu ignorieren. Sie fordert uns geradewegs dazu auf, jeden noch so kleinen Moment aufzufangen und umso intensiver zu genießen. »Komm, wir ziehen dich schnell an und fahren los«, rufe ich. »Mal sehen, was uns heute noch erwartet.«

Nach dem Anziehen verabschieden wir uns von Jael und seiner Familie. Emil und er tauschen Spielzeug miteinander. Emil bekommt eine Taschenlampe sowie mehrere Stickerhefte, während Jael Emils Wasserpistole behalten darf. Die vier fahren heute auch weiter, somit ist der Abschied für Emil zu verkraften.

15. August 2021, Savigny-sur-Grosne

Ziehen wir alles an, was geschieht?

Der nächste Supermarkt liegt acht Kilometer weit entfernt in der falschen Richtung, und auf dem Weg befinden sich unzählige Steigungen. Fürs Frühstück hat unser Essen gerade noch so gereicht, aber für den Tag ist nicht mehr viel übrig. Auch die Getränke neigen sich dem Ende zu. Es ist denkbar ungünstig, gerade hier mitten in der Natur, wo ein paar Häuser schon eine Siedlung darstellen, einkaufen zu müssen. Doch bisher hat sich immer etwas auf dem Weg ergeben, und ich bin mir sicher, dass dies auch heute der Fall sein wird. Ich entscheide mich, nicht zu dem Supermarkt in entgegengesetzter Richtung zu fahren, und folge unserer für heute geplanten Route. Wir werden auch auf dieser Strecke ein Geschäft mit Lebensmitteln finden. Ich vertraue einfach fest darauf.

Ich hatte bisher auf dieser Reise so viel Glück, dass positive Gedanken für mich absolut natürlich erscheinen. Egal, in welcher Situation wir bisher steckten, mein Gefühl sagte mir immer, dass alles gut werden würde, und dem war am Ende auch so. Liegt es daran, dass Positives Positives anzieht, wie mir vor Kurzem eine Frau auf dem Campingplatz sagte? Zu einem gewissen Grad glaube ich daran. Positive Gedanken richten unsere Aufmerksamkeit auf das Positive, wodurch wir es überhaupt erst wahrnehmen können. Wir fühlen, hören, sehen, riechen das, woran wir denken und wofür wir uns aktiv öffnen. Wenn ich mir sicher bin, einen Weg zu finden, dann werde ich meine Augen für alle Möglichkeiten öffnen. Wenn ich denke, dass wir nichts finden, werde ich all die Optionen übersehen, die vielleicht am Wegesrand auftauchen, weil ich meine Konzentration nicht darauf gelenkt habe. Stattdessen würde ich in unserem Fall heute mit mieser Laune und Tunnelblick zur nächst größeren Stadt fahren, um dort nach einem Supermarkt zu suchen. Und womöglich in meiner Übellaunigkeit auch dort keinen finden.

Ich muss an meinen Fahrradkauf vor dem Urlaub denken: Ich stellte mir ein bestimmtes Rad vor, und plötzlich sah ich überall in der Stadt das gewünschte Fahrrad, während es einer Person, die kein Interesse für dieses Modell besitzt, sicher nicht aufgefallen wäre. Das lässt sich nicht nur auf Fahrräder beziehen, sondern auf jede beliebige Sache, auf die wir unsere Aufmerksamkeit lenken. Wer daran glaubt, dass es in dieser einsamen Gegend einen Supermarkt gibt, wird letztendlich auch einen finden, und sei es, weil andere zurate gezogen wurden, was die Wahrscheinlichkeit des Erfolgs natürlich steigert. Wer glaubt, es gebe hier sowieso keinen Supermarkt, wird seine Augen auch nicht offenhalten oder gar andere Menschen fragen und am Ende keinen Erfolg haben. Und so bestätigt sich das, was man glaubt. Aus diesem Grund glaube ich an einen guten Ausgang.

Die Landschaft, durch die wir heute radeln, macht es mir leicht, in dieser guten Energie zu bleiben. Unsere Strecke verläuft erstmal durch ein einmaliges Panorama. Reihen riesiger Weinreben bedecken die Hügel wie ein fein gewebter Teppich. Zu unserer Rechten liegt der Hang, zu unserer Linken das Tal, das uns bis in die weite Ferne blicken lässt. Kein Haus, so weit das Auge reicht. Ich merke, wie sich prompt ein Lächeln auf meinem Gesicht ausbreitet. Je weiter ich mich von der Zivilisation entferne, umso glücklicher und lebendiger fühle ich mich. Das war schon immer so, wenn ich auf Reisen war. Ich habe das Gefühl, dass ich ohne den ständigen Einfluss von anderen Menschen viel eher wieder zu mir selbst finde, verstehe, wer ich bin und wohin ich wirklich möchte.

Das bringt mich zurück zu meinen Gedanken über Positivität und was wir anziehen. Interessant wird dies insbesondere in zwischenmenschlichen Beziehungen. Wenn wir aus Angst vor Ablehnung nicht in der Lage sind, uns zu öffnen, wird sich die andere Person früher oder später von uns entfernen. Es tritt also genau das ein, was wir erwartet haben, nur mit dem Unterschied, dass unser eigenes Verhalten dafür verantwortlich war. Eine selbsterfüllende Prophezeiung also. Der Glaube an das Positive öffnet unseren Blick und verändert unser Handeln. In diesem Sinne zieht Positives tatsächlich Positives und Negatives somit Negatives an. Gleichzeitig finde ich, ist es wichtig, sich bewusst zu machen, dass es Situationen gibt, die außerhalb unserer Macht liegen und die nicht durch unsere Gedanken entstehen. Ich denke an die Familien aus dem Kinder- und Jugendhospizverein, in dem ich ehrenamtlich arbeitete. Sie hätten ihr Schicksal nicht durch positive Gedanken vermeiden können, und ich bin mir sicher, dass sie der gut gemeinte Ratschlag der Frau vom Campingplatz, »sich einfach auf das Positive zu konzentrieren«, verletzen würde. Das Gleiche gilt für alle Opfer von Gewalttaten. Wenn ich nachts allein mit Angst durch den dunklen Park laufe, ist diese Angst hilfreich. Sie warnt mich, wachsam zu sein, um potentielle Gefahren rechtzeitig zu bemerken. Das Gefühl entsteht durch Erinnerungen, die mit der Gefahr in Verbindung stehen. Das können eigene Erinnerungen sein, aber auch jene von anderen, durch die wir zum Beispiel über die Medien oder durch Filme erfahren haben. Es wäre absurd und Victim Blaming zu behaupten, dass in dem Fall eines tatsächlichen Überfalls das Opfer aufgrund seiner Angst und seinen negativen Gedanken die Schuld an dem Vorfall trägt.

Die Weinberge gehen in eine Weidelandschaft über, auf einer Wiese stehen Schafe, dann kommt eine große Kuhherde. Auch hier muss es viel Regen gegeben haben im Frühsommer, die Wiesen sind unglaublich dicht bewachsen und leuchten in saftigem Grün.

Tatsächlich hat die Frau vom Campingplatz, die mir von ihrer Theorie erzählte, in der jeder alles anzieht, was ihm geschieht, betont, dass sie noch nie Gewalt oder etwas anderes Schlimmes auf ihren Reisen erfahren habe, und hat ihre positiven Gedanken dafür verantwortlich gemacht. Sie wollte mir eigentlich nur ein Kompliment für meinen Mut machen, mir sagen, wie toll es sei, ohne Furcht zu fahren, und dass mir wegen meiner positiven Gedanken auf unserer Reise nichts passieren würde. Es schmeichelte mir. Und doch war ihre Theorie für meinen Geschmack viel zu kurz gedacht und wurde all den Opfern, seien es Vergewaltigungsopfer, Kriegsopfer, Opfer von rechtsextremer, homo- oder transfeindlicher oder häuslicher Gewalt, Opfer von Naturkatastrophen, oder Menschen mit schweren Krankheitsverläufen einfach nicht gerecht. Die Gefahr gehört zum Leben dazu, sie kann uns überall und jederzeit begegnen. Allerdings sind ihr manche Menschen aufgrund ihres Geschlechts, ihrer Religion, Ethnizität, Gesundheit oder dem einfachen Fakt, dass sie das gleiche Geschlecht lieben, viel existentieller ausgesetzt. Solche Aussagen, dass wir unser komplettes Erleben selbst in der Hand haben, stammen oft von privilegierten Menschen – auch wenn diese schließlich selbst auch jederzeit zum Opfer werden könnten. Es passiert ihnen einfach in der Realität viel seltener. Ich glaube am Ende, dass Positives immer auch Positives anzieht, negative Gedanken negative Gefühle mit sich bringen und diese negativen Gefühle einem die Augen vor bestimmten Möglichkeiten verschließen können, aber ich bin mir sicher, dass negative Gedanken niemals für aufkommende Gefahren und negative Ereignisse verantwortlich sind.

»Mama«, schreit Emil plötzlich von hinten. Besorgt drehe ich mich um und frage ihn, was los sei. Ich merke sofort, dass etwas nicht stimmt, und soll damit Recht behalten. »Mein Mama-immer-da-Armband ist weg«, klagt Emil mit zitternder Stimme, und schon kurz darauf füllen sich seine Augen mit Tränen. Ich fahre an den Rand des Weges, stelle das Fahrrad ab und laufe zu ihm nach hinten, um ihn aus seinem Hänger herauszunehmen und mit ihm nach seinem Armband zu suchen: ein grünes Stoffband mit einer kleinen, silbernen Schildkröte in der Mitte. Ich hatte es ihm in unserem Kroatien-Urlaub geschenkt. Wir tauften es das »Mama-immer-da-Armband«, und ich erklärte ihm, dass ich immer bei ihm sein werde, egal, ob er mich gerade sehen kann oder nicht. Es mag vielleicht nur ein Stück Band sein, der Silberanhänger nicht mehr wert als zehn Euro, aber der emotionale Wert stieg für uns im Laufe der letzten Jahre ins Unermessliche. Zwei Jahre lang trug Emil sein Armband tagein, tagaus.

Doch auch nachdem ich den gesamten Fußraum, alle Seitenteile, die Fläche unter dem Polster und jede noch so kleine Ritze abgesucht habe, von dem Armband fehlt weiterhin jede Spur. »Mein Armband. Ich will mein Mama-immer-da-Armband«, weint Emil, als würde seine kleine heile Welt zerbröckeln. Ich beginne also auch den Kofferraum des Hängers auszuräumen und nehme mir dann jede Tasche meines Fahrrads vor. Aber auch als Fahrrad und Hänger schließlich komplett ausgeräumt sind, bleibt das Armband verschwunden. Während Emil weint, wird auch meine Stimmung so langsam getrübt. Haben wir nun wirklich das »Mama-immer-da-Armband« verloren? Ich spüre, wie ich unruhig werde. Im Laufe der Zeit entwickelte sich das Armband für Emil zu einem Gegenstand, der ihn daran erinnerte, dass ich ihn liebhabe, auch wenn ich so viel arbeiten musste und er mich vermisste. Wenn es bei mir mal wieder später wurde und Emil noch bei seiner Uroma oder seinem Opa war, zeigte er oft auf sein Armband und erzählte, dass seine Mama immer da sei. Das Armband auszuziehen war für ihn undenkbar. Es war einer der bedeutsamsten Gegenstände seines Lebens, und von allen Dingen, die wir dabeihaben, scheint nun gerade eines der wichtigsten verschwunden zu sein.

Traurig nehme ich Emil in den Arm und verspreche ihm, ein neues Armband auf dieser Reise zu kaufen. Doch für ihn ist das keinerlei Trost. Er möchte kein neues Armband, er möchte sein »Mama-immer-da-Armband«. Es bricht mir das Herz, meinen kleinen Spatz so weinen zu sehen. Natürlich weiß ich, dass ein neues Armband unseres nicht ersetzen kann. Es ist wie beim kleinen Prinzen und seiner Blume. Keine Blume war wie die eine, um die er sich gekümmert hatte. In einem Feld voller Blumen würde er seine immer wiedererkennen, und genau so ging es uns mit dem Armband. Kein Armband der Welt konnte den Verlust des »Mama-immer-da-Armbands« wettmachen. Sollten wir zurück zum Campingplatz fahren? Ich habe es gestern noch an seinem Arm gesehen, er muss es also dort verloren haben. Wenn wir jetzt zurückfahren, dann müssten wir eine weitere Nacht dort verbringen. Ist es das wert? Was ist, wenn das Armband auch dort nicht zu finden ist? Was ist, wenn ein anderes Kind es gefunden und mitgenommen hat?

»Ich rufe später bei dem Campingplatz an und frage, ob sie etwas gefunden haben. Dann können sie uns das Armband bestimmt nach Hause schicken«, versuche ich Emil zu trösten, der inzwischen eine kurze Pause vom Weinen eingelegt hat. »Nein, ich will jetzt zurück«, ruft er verärgert, »Mama, wir müssen jetzt zurück.« Ich entscheide mich dagegen, irgendetwas sagt mir, dass es nicht nötig sein würde, extra zurückzufahren, und dass ich dem Leben weiter Vertrauen schenken sollte. Ich nehme Emil noch einmal in den Arm, packe unser Gepäck wieder ein, setze ihn in den Hänger und fahre los. Die Sonne scheint mir ins Gesicht, die grünen Wiesen liegen weiter friedlich zu unseren beiden Seiten, »alles ist gut, so wie es ist«, denke ich mir. Ein kleiner Windzug bläst mir mitten ins Gesicht, lässt meine Haare nach hinten fliegen und kühlt angenehm meine schweißbedeckten Schläfen. Ich denke an meine Mutter. Es ist verrückt, wir verlieren das »Mama-immer-da-Armband«, und ich spüre in diesem Windzug meine Mama. Es ist wie ihre Antwort auf die Situation. Sie ist immer da. Ich schaue in meinem Seitenspiegel nach hinten. Emils Tränen scheinen getrocknet, sein Gesichtsausdruck weiterhin traurig, während er still die Landschaft zu beobachten scheint. Wenn ich mich in die stressige Zeit zurückversetze, in der wir noch vor ein paar Wochen lebten, ist das wie ein ferner Film. Ein absoluter Albtraum. Wie gut geht es uns jetzt hier auf unserem Fahrrad inmitten der schönsten Natur Frankreichs. Manchmal kann ich es selbst kaum fassen, dass das hier real ist. Das ist gerade mein Leben!

Der Feldweg endet, und wir fahren auf zwei Umlaufsperren zu. Es ist jedes Mal eine Kunst für sich. Das Fahrrad ist mitsamt Hänger einfach extrem lang, und der Platz zum Durchfahren eigentlich viel zu klein. Fast immer bleibt der Hänger an der Sperre hängen, ich muss absteigen und ihn mit Gewalt durchpressen. Doch heute soll es anders sein. »Achtung, Achtung, meine Damen und Herren«, rufe ich mit der Stimme einer Stadionsprecherin, »hier kommen Mama und Emil auf ihrem Super-Fahrrad! Werden sie es durch die gefährliche Schranke schaffen?« Von der Seite fahre ich auf die Sperre zu, »grandiose Anfahrt«, jubele ich, lenke unser Gefährt ganz vorsichtig hindurch, »eine Sensation, schauen Sie her, ist das denn zu glauben!?« Dann fahre ich mit größtmöglichem Bogen um die nächste Sperre. Wir schaffen es, ohne hängen zu bleiben. »Wooohooo! Sie haben es geschafft. Sie haben es wahrhaftig geschafft! Ein Wunder, meine Damen und Herren, Sie erleben hier ein wahres Wunder! Superhelden-Power! Mama-Emil-Mama-Emil-Mama-Emil«, rufe ich lauthals, während Emil freudestrahlend einsetzt: »Mama-Emil-Mama-Emil.« Seine kleinen Ärmchen bewegen sich beim Jubeln auf und ab, und endlich ist da auch wieder ein Lächeln auf seinem Gesicht. Glücklich trete ich wieder in die Pedale und fahre in das kleine Dorf, das vor uns liegt.

Wir biegen links ab, und da erblicke ich es bereits: ein kleines Lebensmittelgeschäft, und obwohl wir Sonntag haben, ist es geöffnet. Danke, du wunderbares Leben, denke ich mir und könnte vor Freude auf- und abspringen.

Mit großer Ausbeute setzen wir uns nach dem Einkauf auf eine Drehscheibe am Spielplatz nebenan und starten mit einem ausgiebigen Brunch: Bananen, Äpfel, Müsliriegel, Baguette, Käse, Tomaten, Gurken, Trauben, Schokocroissants, Nudelsalat, Saft und literweise Wasser. Ich fühle mich wie im siebten Himmel. Auf so einer Reise lernt man Essen und Trinken vollkommen anders zu schätzen. Es gibt keinen Kühlschrank, aus dem man sich jederzeit etwas Leckeres, angenehm Gekühltes herausnehmen kann. Den Backofen anschmeißen oder schnell zum Supermarkt nebenan laufen, weil man eine Zutat vergessen hat, geht ebenso wenig. Zuhause ist Essen irgendwie vollkommen selbstverständlich, zwar auch superteuer als Alleinerziehende, aber trotzdem ist immer genügend da. Mein Problem war meist eher, dass keine Zeit zum Kochen blieb und manchmal sogar nicht einmal zum Essen. Absurd, wenn ich heute darüber nachdenke, ist Nahrung doch das Wichtigste, was es im Leben überhaupt gibt. Was für ein Leben habe ich da eigentlich geführt, in dem ich nicht einmal für das größte Grundbedürfnis ausreichend Zeit besaß? Emil hat inzwischen sein belegtes Brot verspeist, und ich sehe schon an seinem Blick, dass ich schnell von unserem Rastplatz abspringen sollte. In Windeseile packe ich das Essen in die Tüte, überlasse ihm die Drehscheibe und hechte zur Bank, bevor er zu drehen beginnt und mich schon beim Zuschauen der Schwindel ergreift. Emil lacht vergnügt, während er sich schneller und noch schneller dreht. Der Spielplatz liegt dank der vielen Bäume im Schatten. Ich lehne mich nach hinten an den breiten Holzbalken der Banklehne, atme tief ein und aus. Alles ist perfekt. Ich brauche keinen Mann zum Glücklichsein. Emil braucht keinen Vater. Wir brauchen kein Haus. Kein Auto. Keine teuren Kleider. Wir brauchen auch keinen teuren Van, um die Welt zu erobern. Alles, was wir brauchen, ist bei uns. Das Fahrrad und das wenige Gepäck sind ausreichend, aber auch das ist Nebensache, denn was wir wirklich brauchen, das ist Zeit für uns.

Emil legt sich hin und schaut in den sich drehenden Himmel, während er laut lacht. Dieses Lachen, es ist wahrhaftig alles für mich. Gänsehaut breitet sich auf meinem gesamten Körper aus und lässt die blonden Härchen in alle Richtungen abstehen. Ich kann es nicht glauben, dass dieses glücklich lachende Kind wirklich meines ist. Wie gut hat es das Leben mit mir gemeint! Ich hoffe, ich werde ihm gerecht und kann mit dem, was ich ihm biete, die Samen für ein glückliches Leben säen.

15. August 2021, Salornay-sur-Guye

Die Höllenfahrt

Zurück auf dem Fahrrad geht es erneut mitten durch die Weinberge. Der Feldweg führt direkt bergab ins Tal. Er ist gerade steil genug, dass ich nicht treten muss, aber auch nicht zu steil, so dass ich die Bremse getrost ignorieren kann. Es gibt keine besseren Bedingungen. Der Wind weht mir um die Ohren und trocknet meinen Schweiß, während Emil hinten aus dem Hänger »schneller, schneller« ruft. Ich fahre ein paar Schlangenlinien, was Emil umso mehr erfreut. Wenn es nach mir ginge, könnte es ewig so sein – aber ehe ich mich versehe, lässt der Schwung nach und macht das Treten in die Pedale erforderlich. Uns erwartet heute noch ein riesiger Anstieg, und wenn ich mir die Berge um uns herum so anschaue, frage ich mich, ob wir das überhaupt schaffen können. Es ist klar, dass es eine rhetorische Frage ist, ich weiß, dass wir es schaffen, es graut mir nur vor der Anstrengung. Zum Glück haben wir uns eben noch gestärkt, mein Körper fühlt sich kraftvoll und lebendig an. Wir fahren durch ein kleines Dorf, biegen um die Kurve, fahren an einem Brunnen vorbei, biegen in eine kleine Straße ab, und da erblicke ich ihn bereits, unseren ersten großen Anstieg. Jetzt gilt Augen zu und durch.

Ich fahre, so weit ich kann, im Sitzen, bis die Pedale sich nicht mehr bewegen lassen und ich absteigen muss. Ich schnalle Emil ab, und wir laufen gemeinsam den Hang nach oben. Ich weiß, dass Laufen bei vielen Kindern in Emils Alter mit riesigen Diskussionen verbunden ist, und hier ist dieser gerade mal dreijährige Junge und läuft einfach Schritt für Schritt den Berg hinauf, ohne sich auch nur ein einziges Mal zu beschweren.

»Emil, bin ich da?«, frage ich ihn, während ich mich gegen den Lenker stemme.

»Hm?«, reagiert er in verwirrtem Ton, als hätte er meine Frage nicht verstanden.

»Bin ich da?« Eine Schweißperle läuft mir die Stirn herab und gelangt in mein Auge, das umgehend zu brennen beginnt. »Ist deine Mama bei dir?«, frage ich ihn erneut.

Stille.

»Emil, bin ich da? Bin ich bei dir?«

»Ja, du bist da«, antwortet er schließlich.

»Siehst du, du brauchst das Armband gar nicht mehr. Ich bin doch immer da. Jeden Tag. Jede Nacht. Wir sind die ganze Zeit zusammen. Du musst mich nicht vermissen. Du brauchst keine Erinnerung daran, dass ich da bin. Ich bin es doch sowieso.« Vom Reden erschöpft, atme ich mehrere Male ein und aus.

»Ich will aber mein Mama-immer-da-Armband«, entgegnet Emil leicht trotzig.

Ich halte kurz an, um meine Beine und Arme auszuruhen, lehne meinen Oberkörper gegen den Lenker, so dass ein bisschen Druck von den Armen genommen wird. Es ist unglaublich, wie schwer dieses Fahrrad mit Hänger ist. Ich denke es mir jedes Mal aufs Neue und dass das hier eigentlich die wahre Königsdisziplin im Fahrradfahren sein müsste. Auf einem Rennrad den Berg hoch? Ein Kinderspiel! Sie wollen wirklich an Ihre Grenzen kommen? Dann versuchen Sie es mal mit einem Trekkingfahrrad mit Hänger und Gepäck für zwei! Ich muss an den Fahrradverkäufer und all die Damen-Citybikes denken und würde dem Mann am liebsten ein Video von unserer heutigen Route schicken.

Ich strecke entschlossen meine Arme wieder aus, schaue nach vorn und bewege langsam wieder einen Fuß vor den anderen. »Emil, als ich dir das Armband gab, da konntest du mich nicht so häufig sehen. Ich war so viel am Arbeiten und du die ganze Zeit in der Kita. Da hattest du das Armband, um zu wissen, dass ich immer da bin. Jetzt aber bin ich doch schon da, jetzt brauchst du dein Armband gar nicht mehr, um dich daran zu erinnern. Vielleicht findet ein Kind dein Armband, das es gerade viel dringender braucht als du. Vielleicht ist die Mama von diesem Kind auch nur ganz selten da, und dein ›Mama-immer-da-Armband‹ hilft den beiden jetzt zueinanderzufinden, so wie wir es geschafft haben. Bis die Mama von diesem Kind auch immer da ist und das Kind dein Armband dann dem nächsten Kind weitergeben kann. Dann hilft dein Armband ganz vielen Kindern auf der Welt, ihre Mama, ihren Papa, die Oma, den Opa oder wer auch immer wichtig für sie ist, wieder bei sich zu haben.« Ich hole erschöpft ein paar Mal tief Luft und spreche dann weiter: »Dein Armband ist sozusagen ein magisches Zauberarmband, das dafür sorgt, dass sich kein Kind jemals wieder allein fühlen muss.«

Emil denkt nach und fragt schließlich: »Mein Armband kann zaubern, und ein Kind hat mein Armband, und dann ist die Mama immer da?«

»Genau, und warum hast du es verloren?«

»Weil meine Mama immer da ist.«

»Genau, so ist es, und das wird sie auch immer bleiben. Es wird nie wieder so wie letztes Jahr werden. Du wirst mich nie wieder vermissen müssen. Ich hab dich lieb, mein kleiner Spatz.«

»Ich dich auch, Mama.«

Dieses Kind ist einfach zu gut für diese Welt. So wie alle Kinder. Ich wünschte, Erwachsene würden nie ihre Kinderseele verlieren.

Nachdem Emil mir mittteilt, dass ihm seine Beine wehtun, setze ich ihn wieder zurück in seinen Anhänger. Wir haben bestimmt schon 500 Meter Anstieg hinter uns, und dem tapferen Kerl sei seine Pause mehr als gegönnt. Inzwischen ist nicht mehr nur mein Gesicht nass vom Schweiß, sondern auch der Rest meines Körpers. So heftig kam ich bisher noch nie ins Schwitzen, aber wir hatten bisher auch noch nie solch einen Anstieg. Und dabei soll das erst der Anfang sein. Als ich gerade bemerke, dass meine Arme zu zittern beginnen, nimmt die Steigung ab, und ich kann mich wieder auf das Fahrrad setzen und fahren, auch wenn es weiterhin bergauf geht. Erholung ist das nicht unbedingt, aber immerhin dürfen jetzt andere Muskeln meines Körpers mit der Arbeit beginnen, während die erschöpften pausieren dürfen.

Wir fahren in ein kleines Bergdorf. Jedes Haus ist aus großen Steinen erbaut und wirkt wie eine kleine Ritterfestung. Kein Mensch weit und breit zu sehen. Wir fahren an einem Brunnen vorbei, und ich bleibe stehen, um meine Filmkamera herauszuholen. Ich habe mir dieses Jahr extra eine GoPro von Freunden geliehen, weil auf der letzten Reise alle Handyaufnahmen auf der Fahrt verwackelt waren. Mit der kleinen Kamera in der Hand fahre ich langsam weiter. Gar nicht so einfach, während ich weiterhin bergauf treten muss. Doch als ich gerade an dem letzten Haus vorbeifahre, lenkt mich mein Navi auf einen kleinen Feldweg, der wieder steil bergab ins Tal führt. Endlich runter, denke ich mir, noch bevor ich begreife, was das bedeutet. Dadurch, dass wir so viel Gewicht haben, kommen wir bergab immer sofort in eine extrem hohe Geschwindigkeit. Schneller und noch schneller rasen wir den Hang herab. Ich umgreife beide Bremsen mit all meiner Kraft und merke, wie mein Puls ebenfalls immer schneller wird. »Ganz ruhig, Angst hilft dir nicht weiter, Jasmin, konzentriere dich«, spreche ich mir gut zu.

»Mama, langsam«, schreit Emil von hinten, und ich rieche bereits das verbrannte Gummi der Bremse. »Alles ist gut, Emil«, rufe ich und wünschte, ich könnte meinen Worten selbst komplett trauen. Mit aller Gewalt drücke ich die Bremsen und versuche mit den Schuhen Halt auf dem Weg zu finden. Immerhin Asphalt. Meine Füße haben Grip. Wir schlittern noch einige Meter, aber dann endlich bleiben wir stehen, und ich atme tief ein und aus. Meine Finger schmerzen schrecklich durch das Halten der Bremsen. Was für ein Schock. Aber die Belohnung folgt, als ich aufschaue: ein wunderbarer Ausblick auf eine saftig grüne Berglandschaft mit knallblauem Himmel ohne eine einzige Wolke. Es ist vollkommen still. Kein Laut. Nur ein paar Autos sind in weiter Ferne zu sehen und ein Schwarm Vögel, der über unsere Köpfe hinwegfliegt. Ich traue mich kaum zu atmen, während ich meinen schnellen Herzschlag deutlich spüre. Wir sind noch lange nicht unten, aber wir werden es irgendwie schaffen. Im schlimmsten Fall muss Emil laufen, aber wir kriegen das schon hin. Jetzt geht es darum, bloß nicht in Panik zu verfallen, sondern konzentriert zu bleiben. Der Geruch des verbrannten Gummis ist verflogen, und ich rolle so langsam wie nur irgendwie möglich weiter den Berg hinab. Das ganze Prozedere von Bremsen, Schlittern und dem kläglichen Versuch, stehen zu bleiben, wiederholt sich noch einige Male, bis wir endlich unten ankommen. Mann, war das schrecklich! Ich hoffe, das war das letzte Mal für heute, denn das macht mir nun wirklich keine Freude. Aber das soll momentan mein geringstes Problem sein.

Vor uns wartet der längste Anstieg des Tages und gleichzeitig der gesamten Reise. Drei Kilometer bergauf! Wir sind gerade mal sieben Kilometer gefahren, und ich bin schon jetzt fix und fertig mit den Nerven. Jetzt soll es also die Hälfte des bisher zurückgelegten Weges ausschließlich bergauf gehen? Noch nie zuvor habe ich solch einen Anstieg in meiner Navigationsapp gesehen. Nicht mal im Allgäu letztes Jahr, und das will wirklich etwas heißen.

Es gibt heute drei Campingplätze zur Auswahl. Einer liegt in 43,3 Kilometer Entfernung und war bis eben mein Ziel. Der zweite liegt 28,9 Kilometer entfernt, und den nächst gelegenen erreichen wir in 14,4 Kilometern. Über 40 Kilometer kann ich heute vergessen, ich werde versuchen, 29 Kilometer zu fahren, aber wenn das so weitergeht, wird es definitiv der nächstbeste Platz in 14 Kilometern werden. Dann bin ich zwar heute nur insgesamt 21 Kilometer gefahren, aber eben mitten durch die Berge, was nun wirklich nicht mit den letzten Wochen zu vergleichen wäre.

Ich sehe den nächsten Anstieg bereits vor uns, biege kurz vorher links ab und halte im Schatten auf einer Wiese. Erstmal Rast machen. Ich muss Kraft sammeln. Während Emil mit Spiderman in der Hand durch die Wiese rennt, lege ich mich in das Gras, strecke Arme und Beine in alle Richtungen und schaue in den blauen Himmel über mir. Ich beobachte zwei Flugzeuge, wo sie wohl hinfliegen? Was die Menschen im Flugzeug wohl alles verpassen? Aua, mein Bauch! Emil hat sich wie ein nasser Sack auf mich fallen lassen und lacht. Ich umschließe ihn mit meinen Armen, verschränke meine Hände hinter seinem Rücken und schaukle mit ihm von der einen Seite zur anderen. Wieder schießt mir das Bild in den Kopf, wie ich vor dieser Zeit hier ewig gestresst durchs Leben rannte, von einer Verpflichtung zur nächsten, ständig einen Tick zu spät und egal, wie sehr ich mich auch anstrengte, es letztendlich nie schaffte, überall gleich hell zu strahlen. Jetzt hier mit Emil im Gras liegend, erscheint mir der Ausweg aus dem Ganzen so leicht, und ich frage mich, warum ich ihn nicht eher gefunden habe. War ich denn so blind? Eine Veränderung schien mir lange tatsächlich unmöglich. Das Thema Geld war für mich als Alleinerziehende so dermaßen präsent, dass ich glaubte, dieses Leben würde nichts anderes als meinen Sprint von einem Job zum nächsten zulassen. Ich war nicht blind vor der Erkenntnis, dass das nicht gesund ist, ich war blind vor der Lösung. Erst Emil konnte sie mir zeigen. Dieses Kind hat mich bereits jetzt schon so viele Male in seinem so kurzen Leben in die richtige Richtung gewiesen. Es liegt eigentlich auf der Hand, alles, was ich tun muss, ist, der Liebe zu ihm – und damit auch der Liebe zu mir – zu folgen. Die Zeit, in der ein Armband die Abwesenheit meiner Nähe ersetzen sollte, die ist ein für alle Mal vorüber.

Voller Energie rolle ich mich zur Seite, lasse Emil von mir herab, springe auf und rufe: »Los geht's, kleiner Mann. Der Berg ruft.« Kurze Zeit später quäle ich mich bereits die Straße mit einer Sieben-Prozent-Steigung nach oben. Aussteigen möchte Emil nicht. Er ist müde, und es ist auch bald Schlafenszeit. Ich habe ihm den Insekten- und Sonnenschutz an seinem Anhänger heruntergezogen und die blaue kurze Plane, die mit dem Sonnenschutz vernäht ist, so dass er auch wirklich genügend Schatten hat, aber immer noch etwas sehen kann. Währenddessen macht die Sonne vor meinem Körper natürlich keinen Halt. Meine Kleider könnte ich auswringen, so nass sind sie, meine Haare tropfen, und meine Beine und Arme glänzen vom Schweiß. Ich habe nicht mal 300 Meter geschafft und frage mich, wie zur Hölle ich das Ganze drei Kilometer lang überleben soll. Vollkommen absurd! Die Sieben auf dem Display weicht einer Neun, und ich kann, auch wenn ich es mit aller Macht versuche, die Pedale einfach nicht mehr durchtreten, muss kapitulieren und schließlich absteigen. Schieben ist anstrengender als Fahren, und die Tatsache, dass ich nicht weiß, für wie lange ich jetzt schieben muss, macht das Ganze nicht einfacher.

Ein Auto fährt langsam an uns vorbei, der Fahrer hupt und zeigt mir den Daumen nach oben. Das lässt mich schmunzeln und lenkt mich für kurze Zeit von meinem Schmerz in den Armen ab. Schritt für Schritt bewege ich mich weiter die Straße hinauf. Immer in der Hoffnung, dass die Steigung nach der nächsten Kurve ein bisschen abnehmen würde und ich vielleicht wieder ein kleines Stück fahren könnte, aber so soll es nicht sein. Alle zehn Schritte gönne ich mir eine Pause, atme tief durch und gehe weiter. Am liebsten würde ich komplett stehen bleiben, um mich kurz auszuruhen, aber hier gibt es einfach keine Möglichkeit mitten auf der Straße, ob ich will oder nicht, ich muss weiter den Berg rauf.

»Mama, kannst du eine Geschichte erzählen? Eine Geschichte mit Majo?«, fragt Emil hinten aus dem Hänger heraus.

»Jetzt nicht. Später«, antworte ich außer Puste.

»Nein, ich will aber eine Geschichte«, entgegnet Emil gereizt. Er ist müde, ich kann es an seiner Stimme hören.

»Emil, schlaf einfach kurz«, presse ich mit Schnappatmung hervor, »wenn du aufwachst, sind wir oben, und ich kann dir Geschichten erzählen. Von Super Mario. Versprochen!«

»Mama, wo wohnt der Nikolaus?«

»Emil, ich kann jetzt nicht sprechen«, stöhne ich unter größter Anstrengung, »das ist gerade so anstrengend, ich hab nicht genug Luft zum Reden.« Die wenigen Sätze rauben mir den Sauerstoff, und auch nach der nächsten Kurve nimmt die Steigung immer noch nicht ab. Mann, wann hört das denn endlich auf, was für ein Scheiß, denke ich. Es macht mich innerlich noch aggressiver, dass ich nicht mal laut fluchen kann. Am liebsten würde ich das Fahrrad den Hang herunterschmeißen und zu Fuß weitergehen. Kann diese Sonne endlich mal weggehen? Ich kann nicht mehr! Was ist das für ein abnormal beschissener Weg heute! Wir sind gerade mal 800 Meter gelaufen, wie soll ich das bitte drei Kilometer aushalten? Drei Kilometer! Drei! Laufend! Nein, schiebend! Mit 5000 Kilogramm Gewicht hintendran! In der Sonne!

»Mama, ich muss noch mein Krosko essen. Wo ist mein Krosko? Mama? Mama! Mamaaaa! MAMAAAA! MAAAAMAAAAAAAA AAAAAAAAAAAAAAAAAAAAAAAAAAAA!«

»EMIL! NICHT JETZT!«, schreie ich. »ICH KANN NICHT SPRECHEN! ICH KANN KEIN CROISSANT HOLEN! ICH KANN KEINE GESCHICHTE ERZÄHLEN! DU MUSST WARTEN.« Ich höre meine aggressiven Worte in die Stille der Natur hallen und bereue sie sofort. Wie kann ich ihn nur so anschreien? Er kann doch gar nichts dafür. Was mache ich hier eigentlich? Ich will Geschichten erzählen, ich will anhalten, sobald wir den Drang danach haben, ich will Tiere bestaunen, Spielplätze erobern, ich will Spaß haben mit meinem kleinen Zwerg und mich nicht Berge hochquälen und ihn dabei anschreien. Ich fühle mich schlecht und wie die größte Rabenmutter. Er hat doch die letzten Jahre genug gewartet. Habe ich ihm nicht eben noch versprochen, dass ich von nun an immer da sein werde?

»ICH WILL ABER UNBEDINGT«, schreit Emil zurück.

Ich halte an, stemme mit aller Kraft meinen Körper gegen den Lenker und versuche durchzuatmen. Dann sage ich, so ruhig ich kann:

»Emil, es tut mir leid. Bitte entschuldige, dass ich dich angeschrien habe. Und dass ich dir gerade keine Geschichte erzählen und dir auch kein Croissant geben kann.« Ich hole nochmal tief Luft. »Ich versuche, ab jetzt andere Wege zu finden ohne so hohe Berge.« Ich muss noch eine Atempause einlegen. »Mir macht das hier auch gar keinen Spaß, aber jetzt stehen wir hier mitten auf dem Berg und können nur vorwärts. Wir müssen jetzt weiter, egal, wie blöd wir es finden. Es tut mir wirklich leid, kleiner Spatz, aber wir schaffen das, okay?!«

»Nicht schlimm, Mama«, entgegnet Emil sanft.

Ein weiteres Auto fährt an uns vorbei, die Frau auf dem Beifahrersitz klatscht lachend in die Hände und ruft »Courage, Courage!«. Selbst das kann mich nicht mehr aufmuntern. Ich bin am Ende meiner Kräfte und habe noch nicht einmal ein Drittel des Anstiegs geschafft. Im Tunnelblick laufe ich weiter, Stück für Stück, Meter für Meter, die Straße bergauf. An manchen Stellen geht die Steigung bis zehn Prozent, an anderen ist sie bei sieben Prozent, aber fahren kann ich kein Stück der gesamten drei Kilometer. So etwas habe ich noch nie erlebt. Als es auf die letzten 500 Meter zugeht, werde ich schneller, nicht weil es weniger steil ist, sondern weil ich das Ziel und ein Ende der Qualen absehen kann. Meine Füße werden immer schneller und schneller, meine Oberarme besitzen plötzlich neue Kräfte, ich habe inzwischen meine Geschwindigkeit verdoppelt. Wie damals im Endspurt beim Rudern. Ich liebte diesen Moment. Ich erinnere mich genau an dieses Gefühl, bei den vielen Rennen, die ich mit Anna, meiner Zweierpartnerin, fuhr. Wir waren meistens einen Kopf kleiner als unsere Gegnerinnen, aber gerade so über der Grenze zum Leichtgewicht. Das hieß, wir wogen auch deutlich weniger und fuhren daher mit höherer Schlagzahl, während die anderen das Boot mit ihrer Masse kraftvoll anschoben. Beim Start lagen wir immer auf dem ersten Platz, in der Mittelstrecke quälten wir uns dann und wurden überholt, nur um dann beim Endspurt mit hoher Schlagzahl an unseren Gegnerinnen Stück für Stück wieder vorbeizuziehen. Ich befand mich in dieser letzten Etappe im Tunnelblick. Es war kein Schmerz mehr vorhanden. Der Kopf war ausgeschaltet, und eine Art Trance setzte ein, in welcher der Körper weit über die rational für möglich gehaltenen Grenzen ging. Es zählte nur noch eines: endlich ankommen und das so schnell wie möglich. Das Gewinnen war schon fast nebensächlich. Als Schlagfrau gab ich den Takt vor und war bekannt für meine Endspurts. Sport war schon immer meine Art, zu mir selbst zu finden. Denn er zeigt mir, dass mit Geduld und Training einfach alles möglich ist.

Ich bin jetzt und hier sehr dankbar, dass mich meine sportlichen Erfahrungen den Berg hochbringen, gleichzeitig geht diese Reise aber nicht um mich und meine sportlichen Errungenschaften. Ich möchte mir hier nichts beweisen. Ich möchte nicht die höchsten Berge erklimmen, um zu sehen, dass ich alles schaffen kann. Ich hatte bereits genügend sportliche Erfolge in meinem Leben. Diese Reise hier geht allein um Emil und mich. Um unser Zusammensein. Wenn wir weiter über die Berge fahren, dann tritt genau das ein, was wir zuhause hatten: Emil kommt zu kurz. Und unsere Beziehung leidet. Ich kann keinen Hochleistungssport machen und zur gleichen Zeit Lieder singen und mir Geschichten ausdenken. Dann ist Mama zwar körperlich da, aber mit dem Kopf ganz woanders.

Wenn wir es heute irgendwann noch zu einem Campingplatz schaffen sollten, weiß ich nicht, welche Route wir von dort aus nehmen sollen. Soll ich morgen dann wieder umkehren und die Rhône nach Lyon und zum Mittelmeer hinunterfahren? Wofür quäle ich mich dann hier überhaupt hoch, wenn ich morgen wieder über den gleichen Berg zurückfahre? Eigentlich wollte ich doch zum Atlantik, dort an die riesigen Dünen und Sandstrände, wo ich als Kind fröhlich über die Wellen hüpfte. Es sind meine glücklichen Kindheitserinnerungen, an denen ich Emil teilhaben lassen wollte. Was sollen wir denn jetzt am Mittelmeer? Vor allem verpassen wir dann all die schönen Surfstädte, auf die ich mich so freue. Ich war seit zwei Jahren nicht mehr surfen und vermisse es so sehr. Auf die atemberaubenden Strände in Portugal müssten wir dann auch verzichten. Was kann denn die Ostküste in Spanien schon bieten? Nein, ich will an den Atlantik, ich will keinen Kompromiss eingehen!

Meine Beine sind inzwischen so schnell, dass sie sich fast überschlagen, fünf Prozent, wir scheinen es geschafft zu haben. Langsam wage ich mich zurück aufs Fahrrad und fahre die letzten Meter des Berges im Sitzen hoch. Meine Arme fühlen sich an wie Wackelpudding. Meine Beine sind schwach, aber sie freuen sich, endlich nicht mehr laufen zu müssen und treten zu dürfen. Vier Prozent. Drei Prozent. Null Prozent. Wir sind oben. Ich stelle das Fahrrad ab und schmeiße mich auf den Boden. Endlich ebenerdig, was für eine Wohltat. Mein ganzer Körper bebt. Doch er wird von der Erde getragen. Mein Atem ist laut, aber langsam und tief, während sich meine Brust auf und ab bewegt. Wenn es vorher noch eine trockene Stelle an meinem Körper gab, ist diese jetzt auch nass. Alles trieft. Aber die warmen Strahlen der Sonne geben ihr Bestes, alles schnellstmöglich wieder zu trocknen. Zwei Stunden haben wir für die drei Kilometer gebraucht. Zwei volle Stunden pure Qual ohne Pause. Das ist tatsächlich Leistungssport hier. Wir sind gerade mal zehn Kilometer unterwegs und haben schon 14 Uhr. Um diese Uhrzeit kamen wir sonst schon bald an. Nach einer Tour von mindestens 40 Kilometern.

Ich hebe meinen Oberkörper langsam vom Boden, stütze mich vorsichtig wieder auf meine Arme auf. Sie fühlen sich immer noch schwach und zittrig an. Ich schaue zum Anhänger. Emil schläft, wie ich es erwartet hatte, sonst hätte er längst verlangt, auch auszusteigen. Ich quäle mich langsam auf meine Beine, schwinge mich zurück aufs Fahrrad und fahre schnell weiter. Es wird definitiv der nächstbeste Campingplatz heute, bis dahin sind es nur noch vier Kilometer. Wir haben es also gleich geschafft. Danke, du liebes Leben!

Es ist purer Balsam für die Seele, endlich im Flachen fahren zu dürfen. Wirklich Tempo ist trotzdem nicht mehr drin, ich bin einfach zu erschöpft. Das Wasser in den Thermosflaschen ist längst leer. Unsere übrigen Getränke wären temperaturtechnisch zum Nudelkochen geeignet, sind also zum Trinken eher unbrauchbar. Ich biege mit dem Fahrrad in den Wald ab. Endlich Schatten. Das habe ich gebraucht.

Emil wacht auf und fragt erneut nach seinem Croissant. Ich halte an und gebe es ihm. Er steigt aus, sucht sich einen Stock, den er mit der einen Hand durch die Luft schwingt, während er durch den Wald läuft und in das Croissant in der anderen Hand beißt. Er scheint glücklich und zufrieden. Ich bin dankbar, dass er geschlafen und somit die Strapazen verpasst hat.

Natürlich geht es auch im Wald noch einmal ordentlich bergauf, so dass ich schon wieder schieben muss, aber immerhin habe ich es gleich hinter mir. Nur noch wenige Minuten, und wir springen in den Pool vom Campingplatz, kaufen uns ein Eis und entspannen den Rest des Tages! Davor aber wartet eine erneute Qual. Als wir wieder weiterfahren, nimmt die Steigung sofort wieder zu. Meine Reifen finden keinen richtigen Halt auf dem Waldboden, und ich rutsche immer wieder zurück. Ich überlege mir zwischendurch, ob wir nicht einfach im Wald schlafen sollten, entscheide mich aber dagegen – meine Angst vor Wildschweinen siegt. Nach langem Kampf kommen wir schließlich doch noch oben an und fahren aus dem Wald hinaus in die nächste Stadt. Wir sind da. Singend fahren wir durch die Straßen, Emil freut sich auf sein Eis, ich mich auf den Pool, bis wir schließlich endlich nach diesem Tag voller Strapazen vor dem Campingplatz ankommen. Halleluja!

Ich steige vom Fahrrad ab und laufe weiter nach vorn, um das Schild an dem kleinen Backsteinhäuschen am Eingang besser sehen zu können. Die Schranken sind geschlossen. Der Campingplatz gespenstisch leer. Anstatt des kühlen Pools mit den vielen glücklich kreischenden Kindern begrüßt uns tatsächlich ein weißes Rechteck aus Plastik, auf dem mit dicken roten Lettern »Fermé« geschrieben steht. Scheiße. Panik steigt in mir hoch. Scheiße. Scheiße. Scheiße.

»Mama, bekomme ich jetzt mein Eis?«, fragt Emil und zeigt auf seinen Gurt, um mir zu bedeuten, dass ich ihn herausnehmen soll.

Mir ist gerade nur noch nach Heulen zumute. Es war solch eine Qual, es hierher zu schaffen. Ich habe meine gesamte Kraft dafür geopfert. Alles, um hier endlich entspannen zu dürfen, es war das Einzige, was mich vorangetrieben hat, und jetzt ist hier geschlossen. Ich könnte durchdrehen! Ich schaffe das nicht, nochmal 14 Kilometer zu fahren. Was ist das nur für ein Tag? Erst die Aufregung mit der Supermarktsuche, dann das verschwundene »Mama-immer-da-Armband«, diese extrem steile Abfahrt, die meine Bremsen an ihre Grenzen brachte, gleich darauf der Mörder-Berg, für den ich sage und schreibe zwei volle Stunden für gerade mal drei Kilometer gebraucht habe, dann der Wald-Anstieg, der mich mehr schlittern als laufen ließ, und jetzt, wo wir es endlich geschafft haben, ein geschlossener Campingplatz? Aber es nützt alles nichts, wir haben keine andere Wahl, als weiterzuziehen.

»Emil, der Campingplatz hat zu. Wir müssen doch weiter. Ich suche uns eine Stadt und kaufe dir ein Eis. Okay?«

Emil beginnt zu weinen. Das ist ein klares Nein, es ist nicht okay. Es ist ja auch nicht okay. Gar nichts ist okay. Ich war den ganzen Tag immer wieder sehr gestresst, ich bin an meine körperlichen Grenzen gegangen, ich habe Emil angeschrien, er weint – alles Dinge, die seit Wochen nicht mehr passiert sind. Ich hätte die einzelnen Tagesetappen im Voraus besser planen sollen. Ich habe gestern Abend bis spät in die Nacht hinein die heutige Route geplant. Auf Komoot die Strecke hin- und hergelegt, aber keine geeignete für uns finden können. Ich dachte, mit den drei Optionen an Campingplätzen würde es schon klappen. Und dass ich eben nicht so weit fahren würde, wenn es dann doch zu steil und anstrengend sein würde. Es war mein Fehler, dass ich nicht vorher alle Campingplätze angerufen habe. Dann hätten wir gleich erfahren, dass wir hier heute keine Chance haben. Aber was hätte ich dann gemacht? Wäre ich wieder zurückgefahren und schließlich die Saône runter nach Lyon? Ich will doch unbedingt zum Atlantik!

Ich drehe um, und wir fahren in den kleinen Ort Saint-Bonnet-de-Joux hinein. Ein Café, eine Bäckerei, ein Restaurant: Fermé. Fermé. Fermé. So weit das Auge reicht geschlossene Läden. Ich bitte eine Frau in einem Auto, die gerade neben uns anhält, um Hilfe. Sie weiß auch keinen Rat, hier habe alles zu. Ja, das habe ich auch schon gemerkt, die Fermé-Schilder sind ja nicht zu übersehen. Ich brauche dringend etwas zum Trinken, erkläre ich ihr, aber sie zuckt nur mit den Schultern und fährt davon. Danke auch. Wir haben noch eine 1,5-Liter-Flasche kochend heißes Wasser und müssen noch 15 Kilometer bis zum nächsten Campingplatz fahren. Irgendetwas läuft hier falsch. Irgendetwas möchte mir das Leben sagen, da bin ich mir sicher.

Wir fahren weiter. Wir müssen jetzt nur noch geradeaus. Aber Google Maps warnt mich: Es wird in einer Tour auf und ab gehen, die Straßen sind ewig lang und steil. Die nächste Steigung kann ich schon sehen, sie wirkt von Weitem wie eine riesige Sprungschanze. Das wird hart. Dennoch ist mir in diesem Moment plötzlich vollkommen klar: Wir werden ganz bestimmt nicht verdursten, und das hier ist auch kein Notfall. Wir sind mitten in der Zivilisation und definitiv sicher. Mein Körper sehnt sich nach einem kühlen Erfrischungsgetränk und Emils Körper nach einem Eis. Aber wir werden einfach noch etwas durchhalten. Wenn gar nichts mehr geht, könnte ich auch das Fahrrad stehen lassen, einen Bus oder ein Taxi zum nächstbesten Hotel nehmen. Es gibt unzählige Möglichkeiten. Wir haben Geld. Ich vertraue auf die Gastfreundschaft aller Französ:innen, und ich weiß, dass meine Familie und meine Freunde, wenn es darauf ankommt, sofort zur Stelle wären. Egal, wie weit sie fahren müssen. Und für den echten Notfall gibt es die Reisekrankenversicherung. Im Prinzip ist das, was wir hier haben, ein Luxusproblem!

Wir haben Geld, wir haben Essen, wir haben zu trinken, auch wenn es warm ist, wir haben zwei vollkommen gesunde Körper und müssen einfach nur noch 14 Kilometer zum nächsten Campingplatz fahren. Wir sind privilegiert und werden immer Hilfe haben, wenn uns doch mal etwas passieren sollte. Da bin ich mir ganz sicher, und mit dieser Sicherheit fahre ich weiter auf den nächsten steilen Anstieg zu.

Kurz vorher bleibe ich erneut stehen und schaue mich um, ob ich nicht doch noch jemanden sehe, der uns weiterhelfen kann. Ein Mann kommt aus seinem Haus und fängt meinen Blick ein. Er fragt mich, ob alles okay sei. Ich verneine und erzähle ihm in meinem gebrochenen Französisch, welche Straße ich gerade hochgefahren bin, dass der Campingplatz geschlossen habe, alle Läden ebenso und dass uns die Getränke ausgegangen sind. Der Mann verschwindet im Haus und kommt kurze Zeit später mit drei großen Flaschen mit eiskaltem Wasser zurück. Ich hauche ein leises »Merci« und setze sofort die kalte Flasche an meine Lippen. Sie kühlt meine Hände, das Wasser meinen Mund, meinen Rachen und schließlich meinen gesamten Körper und wirkt dabei so erfrischend, dass es mich umgehend aus meinem Tief holt und mir alle Energie zurückgibt. Ich danke dem Mann von Neuem, während er lacht und uns zum Essen zu ihm und seiner Familie einlädt. Ich verneine, weil wir es sonst niemals mehr zum nächsten Campingplatz schaffen würden. Er erklärt mir, dass ich die anspruchsvollste Strecke der gesamten Umgebung bereits hinter mir habe und dass diese Strecke selbst für ihn mit dem Rennrad eine Riesen-Herausforderung sei. Scherzend fragt er, ob wir nicht doch einen Motor irgendwo am Fahrrad befestigt hätten. Ich wünschte, es wäre so, und frage ihn, ob die Strecke bis zum nächsten Campingplatz mit Hänger überhaupt zu schaffen sei, und zeige auf die vor uns liegende steile Straße, die scheinbar senkrecht in den Himmel führt.

»Du bist stark«, antwortet er, schaut zum Anstieg und sagt: »Das ist leicht. Hab keine Angst vor der Strecke, das wird ein Kinderspiel für dich.«

»Da bin ich mir nicht so sicher«, erwidere ich mit einem leicht gezwungenen Lächeln und kann mir nicht vorstellen, dass er recht behalten wird. Ich habe noch nie zuvor solch eine steile Straße gesehen. Der Mann lacht nur herzhaft und versichert mir wieder, dass der Fakt, dass ich hier stehe, Beweis genug dafür sei, dass ich es definitiv auch dort hoch schaffen könne.

Vielleicht liegt es an den kalten Getränken, vielleicht an der Dankbarkeit für die Hilfe, vielleicht aber auch an den motivierenden Worten – voller Energie fahre ich die erste »Schanze« hinauf, schiebe die restlichen Meter zur Spitze und fahre dann, ohne zu bremsen, wieder herunter, um auf dem nächsten Anstieg mit viel Schwung so weit wie möglich nach oben zu kommen. Je schneller ich runterfahre, umso weiter kommen wir schließlich hoch. Zwölf Kilometer lang auf und ab, auf und ab. Bis wir schließlich 1,9 Kilometer vor dem Ziel eine Tankstelle erblicken und ich uns mit Eis, Gummibärchen, Schokolade, Müsliriegeln und sechs Litern kaltem Saft versorge. Emil fühlt sich wie im Schlaraffenland und ist sichtlich irritiert über meinen so untypischen Einkauf, während ich einen Saft nach dem nächsten trinke. Der Zucker gibt mir all meine Kräfte sowie meine gute Laune zurück. Ich mache ein lautes »Ahhhh«, nachdem ich die Flasche absetze, »wie neugeboren, Emil, die Mama ist wieder auferstanden, jetzt geht's mir wieder gut.« Emil muss lachen, und ich steige laut in das Gelächter ein.

Nach 36 Kilometern kommen wir schließlich um 16.30 Uhr am Campingplatz der kleinen Gemeinde Charolles an. Er ist mit einem öffentlichen Schwimmbad verbunden, das wir als Campinggäste umsonst benutzen dürfen. Ich schmeiße unser Gepäck auf den Boden. In Sekundenschnelle haben wir Bikini, Badehose und Schwimmflügel an, und dann schnappe ich Emils Hand und laufe in schnellem Schritt mit ihm zum Becken. Drei Stufen noch, und ich tauche mit ausgestreckten Armen und dem Kopf zuerst ins Wasser. Emil springt direkt neben mir ins Becken und quietscht vor Freude. Wir sind angekommen. Im Paradies. Herrlich. Noch nie hat sich Wasser besser angefühlt als heute. Es ist, als würde es mein Gehirn resetten. Als wäre die Vergangenheit und auch die Zukunft gerade gelöscht worden. Im Wasser kann ich nur im Jetzt sein, und das Jetzt fühlt sich so unglaublich gut an. Noch nie war ich glücklicher, mit Emil herumtollen zu können. Ich bin so dankbar, hier sein zu dürfen nach diesem irren Tag. Gemeinsam hüpfen wir laut lachend durch das Becken. Die anderen Gäste lächeln uns freundlich zu. Wir sind heute durch die Hölle gegangen. Jetzt sind wir im Himmel, und ich verspreche mir innerlich, dass ich umplanen werde. Egal, wo der Atlantik oder Marokko liegen mögen, es ist doch egal, wo wir letztendlich landen, Hauptsache, wir haben dabei die beste Zeit unseres Lebens. Lieber gehe ich nicht surfen, aber kann dafür mit Emil auf dem Fahrrad singen und ihm Geschichten erzählen. Vielleicht bewahrt uns das Leben vor irgendetwas. Womöglich ist es für mich, für uns, doch noch zu früh, um nach Portugal zu reisen, wo so viel Vergangenheit wartet? Auch wenn ich traurig bin, Hossegor, Biarritz, Donostia-San Sebastián und natürlich all meine geliebten Städte in Portugal nun doch nicht sehen zu können, und auch wenn ich absolut keine Lust habe, noch einmal über diese Berge zurückzufahren, spüre ich, dass es für Emil und mich das Richtige ist, die kleinere Tour zum Mittelmeer zu wählen. Dann fahren wir eben von Lyon nach Marseille und von dort die Küste runter nach Spanien, Barcelona, Valencia, bis zur Fähre in Südspanien und von dort nach Marokko. Beim Surfen wäre ich sowieso nicht ganz bei Emil, und ich möchte da sein. Ich möchte nichts anderes, als immer für ihn da zu sein. Ich schließe meine Arme um ihn, und wir drehen uns hüpfend im Kreis, während ich die Augen schließe, um das Gefühl und den Moment für immer im Gedächtnis zu halten. Hier, wir zwei, Arm in Arm, im Schwimmbad, irgendwo mitten in Frankreich, die rote Abendsonne, das kühle Wasser, ich bin glücklich wie nie zuvor.

16. August 2021, Saint-Igny-de-Vers

Bizarre Begegnungen

Im Schneckentempo nähere ich mich einer Kindergruppe auf unserem Weg, die offenbar Geburtstag feiert. Ich bete, dass die Kinder genügend abgelenkt sind, um nicht lachend an mir vorbeizurennen und mir meine Geschwindigkeit dadurch noch deutlicher vor Augen zu führen. Ich bin so unfassbar langsam. Wüsste ich es nicht besser, würde ich sagen, wir sind überhaupt nicht in Bewegung. Ich komme mir ziemlich lächerlich vor, wenn ich ehrlich bin. Vielleicht hätte ich mit Kinderwagen eine Fernwanderung machen sollen, ich wäre sicherlich schneller gewesen. Jeder Senioren-Ausflug aus dem Wohnheim würde mich gerade überholen.

Jetzt bin ich direkt hinter der Kindergruppe, die zum Glück gespannt zu den zwei erwachsenen Frauen in die andere Richtung blickt. In Zeitlupe und mucksmäuschenstill bewege ich mich Zentimeter für Zentimeter an ihnen vorbei und brauche eine gefühlte Ewigkeit, bis ich sie endlich hinter mir lasse. Es sollte mir endlich egal sein, was andere von mir denken, aber das ist und bleibt wohl eine meiner größten Lebensaufgaben.

Für eine Weile fahren zwei Männer hinter mir her, ich bin ständig in Alarmbereitschaft, gleich überholt zu werden, aber als ich mich umblicke, sehe ich in zwei schweißüberströmte rote Gesichter. Es scheint tatsächlich vollkommen normal zu sein, einen solchen Berg mit Gepäck auf dem Fahrrad so langsam hochzufahren. Wieso gestatte ich mir die Langsamkeit erst, wenn sie durch andere legitimiert wird? Es ärgert mich, dass ich mich nicht einfach frei machen kann von diesen Gedanken. Genervt von mir selbst, trete ich immer schneller in die Pedale. Nach einer Weile spüre ich, wie der Widerstand Stück für Stück abnimmt und mir wieder mehr Raum zum Atmen gibt. Ich halte an, setze mich auf eine Bank und leere in großen Zügen meine Wasserflasche, während die beiden Männer erschöpft an mir vorbeifahren. Nach kurzer Pause machen auch wir uns wieder auf. Uns umgeben hügelige Landschaften von saftig grünen Wiesen und dunkelgrünen Wäldern. Mal hier und mal dort ein Haus. Nicht mal von Dörfern kann die Rede sein. Alle paar Kilometer steht uns ein heftiger Anstieg bevor, viel steiler als bei der Höllenfahrt von gestern aber dafür auch wesentlich kürzer, so dass es bisher erträglich bleibt. Kurz und sehr heftig ist mir weit lieber als ein ewig langer, aber dafür milder Schmerz.

Wenn wir morgen in Lyon ankommen, haben wir 2000 Höhenmeter in drei Tagen hinter uns gebracht. Hätte ich mich direkt für diese Route entschieden, hätte ich vor drei Tagen, als wir an dem schönen Vorplatz in Chalon-sur-Saône saßen, einfach gemütlich am Fluss weiterfahren können und wären vorgestern bereits in Lyon gewesen. Stattdessen fuhren wir 40 Kilometer nach Savigny-sur-Grosne und von dort die Höllenfahrt 40 Kilometer nach Charolles. Nur um heute 55 Kilometer wieder zurück über die Berge nach Lamure-sur-Azergues und morgen 65 Kilometer nach Lyon zu fahren. Wer fährt schon einmal übers Gebirge, wenn man's auch zwei Mal machen kann? Doppelter Spaß sozusagen. Wäre doch auch zu schnell und einfach im Flachen am Fluss gewesen.

Gestern schrieb mir jemand auf Instagram, dass unsere aktuellen Tagesrouten eine Teilstrecke der Tour de France vor ein paar Jahren gewesen seien. Ich stelle mir eine Tour de France für Familien vor. Die jubelnde Masse steht am Wegesrand und feuert mich und Emil und all die vielen anderen Eltern mit ihren Kindern im Anhänger an. Sie halten motivierende Schilder in die Luft und grölen. Na ja, immerhin sind wir auch ohne Fanjubel unserem neuen ersten Ziel, dem Mittelmeer, schon näher. Knapp 500 Kilometer trennen uns noch vom Strand, in Luftlinie sind es sogar nur noch 300.

Es geht weiter auf und ab, bergauf muss ich mit aller Kraft schieben, bergab qualmen die Bremsbeläge und können das Gewicht des Fahrrads kaum halten. Kein Wunder, mit mir sind es um die 140 Kilogramm. Wir fahren ziemlich weit oben auf einer kleinen Bergstraße, auf der mit großem Abstand vereinzelt verlassene Häuser stehen. Ein großer schwarzer Hund, der in einem der Gärten steht, erblickt uns, rast zum Zaun, knurrt und bellt wie verrückt. Das ist kein verspieltes Gebell, es klingt furchterregend. Er rennt den gesamten Zaun entlang, springt dabei immer wieder hoch und zeigt uns die Zähne. Es ist beängstigend, ich versuche, ihn keines Blickes zu würdigen, und fahre, so schnell ich kann, weiter. Mein Herz klopft wie verrückt. Ich habe zuhause noch nie Angst vor Hunden verspürt, aber seit wir in Frankreich und auf dem Land sind, ist das anders. Die Hunde hier wirken fast immer wie gefährliche Wildtiere, vor denen man sich in Acht nehmen sollte.

Wir sind bereits mehrere hundert Meter von dem Grundstück entfernt, und ich kann das Bellen noch immer klar und deutlich hören. Es schallt durch die Ruhe der Berge. Vor uns taucht ein weiteres verlassenes Haus auf, vor dem plötzlich ein Mann erscheint. Ich bete, dass er wieder hineingeht, ohne uns zu sehen, denn hier oben auf einen Mann zu treffen, während alle anderen Häuser verlassen wirken, das bereitet mir tiefes Unwohlsein. Zu spät, er dreht seinen Kopf zur Seite, erblickt uns, schaut uns merkwürdig an und stellt sich dann auf den Weg, um uns zu begrüßen. Mist.

»Bonjour«, brummt er und mustert mich dabei auf eine Weise, die mir ein ungutes Gefühl gibt.

»Bonjour«, erwidere ich und bleibe stehen.

Was er jetzt sagt, kann ich nicht verstehen und antworte: »Entschuldigen Sie. Ich spreche kein Französisch.«

Er lacht, aber es ist kein Lachen, in das man einsteigen möchte. Ich habe ein mulmiges Gefühl und mache ein Zeichen, dass ich weiterfahren werde. Da fragt er, wohin wir unterwegs seien und ob wir ganz allein reisen. Ich erkläre, dass wir nach Lyon fahren.

Er macht große Augen, wieder mustert er mich von oben bis unten und schaut dann zu Emil. Ich beschließe, ihn anzulügen, und erzähle, dass wir mit meinem Mann im Urlaub seien und ein paar Tage mit dem Fahrrad fahren. Mein Mann sei mit dem Mountainbike eine andere Strecke gefahren und warte im nächsten Dorf auf uns. Ich achte sehr bewusst darauf, mir meine Unsicherheit nicht anmerken zu lassen. Er mustert meine Hand und sieht den schmalen goldenen Ring, den ich glücklicherweise immer am Ringfinger trage. Er will noch etwas sagen und das Gespräch weiterführen, doch ich unterbreche ihn, zeige auf die Uhr und sage, dass mein Mann bereits wartet. Während ich aufsteige und wieder in die Pedale trete, spüre ich, wie er uns weiter nachschaut. Der Blick bohrt sich in meinen Rücken, es fühlt sich widerlich an. Ich weiß nicht, ob er mir meine Geschichte abgekauft hat, ich weiß nur, dass mein Pfefferspray viel zu tief in irgendeiner Tasche verstaut ist. Als ich außer Sichtweite bin, bleibe ich stehen und suche danach, um es in meine Bauchtasche zu packen. Ich fühle mich immer noch unsicher und fahre, so schnell es geht, weiter. Zum Glück geht es bergab auf eine Straße. Zum ersten Mal, seit wir auf der Reise sind, freue ich mich über Autos. Wo sie sonst eine Gefahr darstellen, sind sie heute meine Sicherheit.

Ich fahre über eine Kreuzung und biege auf einen kleinen Feldweg ein. Ich fahre so schnell ich kann. Erst als wir viele Kilometer von dem Mann entfernt sind, fühle ich mich wieder sicher und suche mir eine Bank, um mich vor dem nächsten Anstieg auszuruhen. Für eine Weile sitze ich stumm da und beobachte den steilen Hang, als würde ich irgendeinen Geheimweg darin finden wollen. Dann stehe ich auf: »Okay, Jasmin, jetzt oder nie. Los jetzt.« Gesagt, getan. Sekunden später schiebe ich los. Ich stemme mich mit all meinem Gewicht gegen meinen Fahrradlenker und versuche, einen Fuß vor den anderen zu setzen. Das blöde Zelt hängt währenddessen an meiner Hüfte und gibt mir kaum Raum, mich zu bewegen. Vielleicht hätte ich es doch im Anhänger verstauen sollen anstatt auf dem Gepäckträger, wo es mir beim Schieben in die Seite sticht. Anhalten kann ich jetzt jedoch nicht mehr. Jetzt geht nur noch Schieben. Schieben. Schieben. Bremsen. Luft sammeln. Weiterschieben. Als mein Fahrrad vorne gerade vom Boden abheben möchte, da das Gewicht es hinten zu sehr nach unten zieht, lässt die Steigung Gott sei Dank wieder nach, und wir sind kurze Zeit später tatsächlich oben angekommen. Dann führt der Weg in den Wald hinein, und während die Angst vor dem Mann verschwunden ist, kommt nun die Angst vor Tieren.

Seit ich auf der Reise bin, begleitet mich die wahnsinnige Sorge, dass plötzlich ein Wildschwein oder, schlimmer noch, ein Wolf vor uns auf dem Weg steht. Unruhig schaue ich zu allen Seiten und trete schneller in die Pedale. Wenn die Angst nicht wäre, würde uns der Wald richtig guttun. Er schützt uns vor der Sonne und bietet uns frische Luft. Zudem sieht es ganz bezaubernd aus, wie die Sonne in den Baumkronen tanzt und die Bäume funkeln lässt. Normalerweise fühle ich mich in Wäldern so wohl, geerdet und zuhause, doch hier suche ich trotz der Schönheit schnellstmöglich nach einem Ausgang. Ich weiß, dass sich alles nur in meinem Kopf abspielt, diese Ängste nur Gedanken sind, und ich frage mich, ob mit einem Mann an meiner Seite alles anders wäre. Würde ich mich mit Partner sicher fühlen? Genauso sicher wie mit einer Freundin? Geht es darum, dass ich allein bin, oder darum, dass ich eine Frau bin? Was die Gesellschaft denkt, ist klar. Absolut waghalsig und unvernünftig, was ich da mache, eben weil ich eine Frau bin! Wäre ein Vater mit seinem Kind unterwegs, wäre es für die meisten Menschen völlig in Ordnung. Er kann schließlich das Kind beschützen. Kann ich das denn nicht? Wenn hier gleich ein Wildschwein rausspringt, bin ich dann als Frau aufgeschmissen, und bei einem Mann würde es abrupt stehen bleiben, sich entschuldigen und schnell das Weite suchen? Würde allein die Anwesenheit eines Mannes hier solch eine männliche Energie mit sich bringen, dass alle Tiere des Waldes vor Angst davonrennen würden, während ich leichte Beute bin? Klar, ein Mann kann gegen andere Männer besser kämpfen, das liegt in den meisten Fällen einfach am Körperbau. Doch eine trainierte Frau, die Selbstverteidigung beherrscht, wird sich gegen einen untrainierten Mann ohne diese Skills mit Sicherheit durchsetzen können. Trainiert bin ich indes auch, und an Muskelkraft fehlt es mir sicher nicht.

Was mich an der ganzen Thematik so stört, ist der Fakt, dass für viele die logische Konsequenz dieser Gefahr ist, dass Frauen eben weniger Dinge tun können als Männer. Wenn sie diese dann doch tun, dann sollen sie sich wenigstens nicht wundern, wenn ihnen etwas geschieht. Selbst schuld sozusagen. Sollten wir uns nicht eher die Frage stellen, wieso es so viele Männer gibt, die für andere eine Gefahr darstellen? Ist es nicht total absurd, dass ich gerade dann noch dazu angehalten werde, mit einem Mann zu reisen? Eine Reise mit einem Mann ist sicher, weil er mich vor der Gefahr, nämlich einem Mann, bewahren kann? Merkt denn niemand, wie bizarr das ist? Vielleicht sollte ich mit einem Wildschwein reisen, damit mir die Wildschweine nichts tun. Am schlimmsten finde ich, dass ich selbst zum Teil so denke, und das, obwohl ich reflektiert mit dem Thema umgehe. Denn seit ich klein bin, wird mir dieses Bild suggeriert. Der Mann, der Beschützer, der mich vor den bösen anderen Männern rettet. Die Storyline unzähliger Märchen und Kinderfilme. Tatsächlich muss ich sagen, dass ich mich mit Freundinnen eher in die Angst reinsteigere als mit Männern. Das liegt aber, denke ich, vor allem daran, dass Männer Angst meist nicht zugeben und somit eine Souveränität vermitteln, die mich auch beruhigt. Doch in wirklich brenzligen Situationen, wenn hier jetzt ein Tier rausspringt oder mich ein Auto anfährt, kann mir auch kein Mann helfen. Es ist das Patriarchat, das ihn als den Beschützer darstellt, so dass er selbst, auch wenn er gar kein Beschützer ist, sich wie ein solcher aufführen muss. Das kann natürlich in gewisser Weise das Gefühl von Sicherheit vermitteln. Im Umkehrschluss ist es natürlich logisch, dass wir Frauen ständig in Angst leben, denn wir werden als die Opfer dargestellt und sind es letztendlich dann auch. Allerdings die Opfer der künstlich überhöhten Männer – und nicht der Natur.

Für Emil bin ich die Beschützerin. Ich lebe ihm das vor, wie ich mir unsere Gesellschaft wünschen würde. Ich möchte alles machen dürfen, was ein Mann machen darf. Ich möchte als genauso stark gesehen werden. Genauso gefährlich. Genauso beschützend. Denn genau das bin ich. Ist es denn nicht endlich an der Zeit, dass wir nicht nur Gleichberechtigung propagieren, sondern sie auch leben? Emil soll nicht nur stark sein, er soll auch sanft sein dürfen. Im Kindergarten läuft er an einem Tag im Elsakleid herum, am nächsten komplett im Batman-Look, um ganz gefährlich auszusehen, wie er sagt. Jeder von uns trägt eine männliche und eine weibliche Seite in sich. Ich denke, es würde uns allen guttun, wenn wir beide mehr zeigen dürften. Männer, und selbst kleine Jungs, haben es hier heute sogar noch schwerer. Früher war es für Frauen undenkbar gewesen, Hosen zu tragen. Man stelle sich nur mal vor, wie die Leute damals geredet haben müssen, als die ersten mutigen Frauen es wagten, ihr Kleid an den Nagel zu hängen. Heute ist es für uns alle das Normalste der Welt. Vielleicht wird es irgendwann auch eine Zeit geben, in der Kleider einfach für alle da sind. In der jeder das tragen darf, was einem gefällt. Diese Regeln sind doch nur von der Gesellschaft auferlegt worden, in Wahrheit ist es nur ein Stück Stoff. Wovor haben alle Angst? Haben wir denn nicht gelernt, was passiert, wenn Männer sich immerzu als besonders stark und gefährlich beweisen müssen? Wir haben genug machtbesessene Männer in der Welt. Es wird Zeit für ein Gleichgewicht der weiblichen und männlichen Energien.

Ein gleißend heller Sonnenfleck auf dem Boden reißt mich aus meinen Gedanken. Ich bin am Ende des Waldweges angekommen und fahre jetzt auf einem sandigen Boden auf die helle Landschaft zu, die außerhalb der schattigen Bäume liegt. Endlich.

Später am Tag geht mein Handy zum ersten Mal auf der Reise während der Fahrt aus, und ich muss orientierungslos den Straßen folgen und Menschen nach dem Weg fragen. Auf der einen Seite bin ich wahnsinnig aufgeregt, auf der anderen Seite sagt mir meine innere Stimme, dass alles in Ordnung ist. Ich bleibe fern der Wald- und Wiesenwege und folge lieber den Autos, um eine Form von Kontakt zur Außenwelt zu haben. Zur Not würde ich beim nächsten Haus klingeln und mein Handy dort aufladen. Es wird sich schon etwas ergeben, denke ich mir, und plötzlich, als ich um die nächste große Kurve biege, blicke ich auf einen kleinen Supermarkt mitten im Nirgendwo. Ich rufe laut »Juhuuuuuuuu«, trete, so schnell ich kann, in die Pedale, kaufe uns dort beiden ein Eis und warte mit Emil entspannt in der Wiese liegend auf das Handy, das im Supermarkt geladen wird. Der Mann an der Kasse zögerte keine Sekunde, als ich ihn darum bat.

Mit aufgeladenem Akku erscheint mir die Welt dann wunderschön und die Tagesetappe als ein Kinderspiel. Welche Sicherheit ich auch in Form des Smartphones immerzu mit mir tragen darf. Ich kann den Notruf wählen. Ich kann das Wetter analysieren. Ein Hotel suchen. Einen Bahnhof. Oder auch einfach nur nach Plan dem Weg folgen. Dafür ist die Digitalisierung dann doch ein Segen. Man muss sie nur richtig zu nutzen wissen. Ich fühle mich so gut, als Emil und ich wieder starten. Ich trete fröhlich in die Pedale. Was für ein Tag!

Während wir durch eine kleine Siedlung fahren, springen plötzlich drei Hunde den Zaun entlang. Heftig knurrend und laut bellend jagen sie mir sofort wieder Angst ein. Ein Mann und ein Junge, wahrscheinlich der Besitzer und dessen Sohn, kommen zum Zaun und versuchen, die Hunde zu beruhigen, doch vergebens. Als wir gerade an ihnen vorbeifahren, springt plötzlich einer der Hunde über den Zaun. Ich kann seine scharfen Zähne und das Zahnfleisch sehen. Als handle es sich hier um ein richtiges Raubtier, jagt er uns hinterher. Ich weiß nicht, wie ich reagieren soll, und fahre panisch weiter. Der Mann und der Junge rennen nun auch auf die Straße, versuchen, den Hund einzufangen. Sie rufen ihn sehr bestimmt und laut. Wahrscheinlich würde es helfen, wenn ich stehen bleibe, aber zu groß ist die Panik. Dann schafft es der Mann, den Hund zu packen, schreit ihn an und zerrt ihn zurück in den Garten. Etwas beruhigt, aber am ganzen Körper zitternd, fahre ich weiter. Da springt der nächste Hund über den Zaun und rennt uns, obwohl wir bereits mindestens 300 Meter entfernt sind, laut bellend hinterher. Der Besitzer schreit sich die Seele aus dem Leib, rennt ihm nach, wir biegen, so schnell es geht, in die nächste Straße ein, und es scheint, als sei der Hund von ihm geschnappt worden. Puh. Das war heftig.

»Mama, der Hund ist neben uns gerennt. Der war gaaanz böse!«, ruft Emil aus seinem Anhänger nach vorne.

»Hast du Angst gehabt?«, frage ich ihn ruhig und bleibe stehen.

»Nö«, antwortet er, und wenn ich ihn mir so in seinem Anhänger anschaue, sieht er in der Tat alles andere als aufgebracht aus. Er hat pures Vertrauen in mich und die Welt.

»Das brauchst du auch nicht, Emil. Die Hunde wollen nur ihr Grundstück beschützen. Das ist ihre Aufgabe, deshalb bellen sie so. Wahrscheinlich sehen sie hier nicht so oft fremde Menschen und vor allem nicht mit dem Fahrrad«, erkläre ich ihm und hoffe insgeheim, dass ich mich mit meinen Worten selbst beruhigen kann. Wahrscheinlich hätten wir anhalten müssen, um dem Jagdtrieb des Hundes entgegenzuwirken, aber meine Angst war zu groß.

Am späten Nachmittag kommen wir auf dem Campingplatz an. Er sieht aus wie eines der typischen Camps, wie man sie aus Filmen über idyllische Naturparks in den USA kennt. Ein See, viele dunkle Bäume, Berge um uns herum, alles naturbelassen. Die Toiletten sind Löcher in der Erde, die Duschen kleine Holzkabinen. Es würde mich nicht wundern, wenn wir gleich auf eine Gruppe Pfadfinder mit Marshmallows am Spieß an einem Lagerfeuer treffen würden und irgendwo hinter dem nächsten Busch ein Braunbär herausspringt. In Windeseile baue ich das Zelt auf. Dann kommt die Frau vom Campingplatz mit ihrem Kind auf dem Arm und meinem Wechselgeld zurück.

»Nein danke, das können Sie behalten«, sage ich auf Englisch lächelnd mit einer abweisenden Handbewegung.

Sie bedankt sich verblüfft für ein paar Münzen, als hätte ich ihr soeben einen Koffer voller Geld überreicht und sagt: »Du bist so stark. Ich möchte später auch mal mit meiner Tochter so reisen wie ihr.«

Ihre Worte, ihre Bewunderung, ihr Strahlen in den Augen, all das berührt mich zutiefst und tut meiner Seele gut. Wir reden noch eine Weile über das Fahrradreisen mit Kindern, bevor ich Emil und mir etwas koche und wir schlafen gehen. Was für eine Tour heute! Den ganzen Tag über habe ich mich geärgert, ein zweites Mal über das Gebirge fahren zu müssen. Fünf Tage verschwendet zu haben, anstatt einfach gemütlich am Fluss nach Lyon zu fahren. Es machte mich wütend, dass wir diesen anstrengenden Umweg mit 2000 Meter bergauf fahren mussten. Doch jetzt fühle ich mich im Reinen mit mir und der Welt. Wäre ich dem Fluss gefolgt, hätte ich nicht über meine Kräfte hinausgehen müssen, hätte ich nicht gegen all meine Ängste ankämpfen müssen. Das wäre einfacher gewesen. Aber jetzt fühle ich mich auf eine besondere Art sicher. Ich kann die steilsten Anstiege schaffen. Ich kann über Berge fahren. Ich bin gegen Männer gewappnet. Ich überlebe potentielle Gefahren von Tieren. Ich überlebe sogar ohne mein Handy und jegliche Orientierung. Und Löcher in der Erde, die eine Toilette sein wollen, kann ich auch tolerieren. Für eine Nacht zumindest.

Was mir nochmal so klar wird in diesem Moment, ist, dass ich eine Frau und stark bin, egal, was kommen mag, ich kann es schaffen. Alles, was ein Mann kann, kann ich auch. Na ja, fast zumindest – im Stehen Pinkeln ist jetzt nicht gerade meine Stärke. Nach einem anstrengenden, aber wunderbaren Tag mit 57,7 Kilometern und 860 Höhenmetern, einem furchteinflößenden Aufeinandertreffen mit dem Mann in den Bergen, einem leeren Akku, einem

Angriff von Hunden und etlichen wunderschönen Begegnungen schlafe ich mit einem wohligen, dankbaren Gefühl ein – erschöpft, aber glücklich.

Stark ist, wer sich stark fühlt.

5.

Die Vergangenheit holt mich ein

20. August 2021, Tournon-sur-Rhône

Wo ist mein Papa?

»Mama«, ruft Emil aus seinem Anhänger zu mir nach vorne und reißt mich aus meinen Gedanken darüber, was ich uns für heute Abend zum Essen kaufen könnte.

»Ja, was ist los?«, frage ich laut gegen den Fahrtwind zurück und stelle mich innerlich schon einmal auf eine weitere Frage zum Thema Dinosaurier ein.

»Wo ist mein Papa?«

Mein gesamter Körper steht sofort unter Spannung. Damit habe ich gerade absolut nicht gerechnet. Dabei war mir ja bewusst, dass es irgendwann so weit sein würde. Vor diesem Gespräch graut es mir seit Emils erstem Tag auf dieser Welt. Ich habe diese Konversation hundert Mal in verschiedenen Varianten durchgespielt. Und trotzdem weiß ich jetzt nicht, was ich ihm antworten soll. Ich will ihn nicht anlügen und gleichzeitig auch nicht dafür verantwortlich sein, dass er seinen Vater nicht leiden kann.

Wie kommt er jetzt plötzlich darauf? Denkt Emil genauso sehr wie ich über sein Leben nach, während er die Landschaft an sich vorbeiziehen sieht? Machen das Kinder überhaupt? Beschäftigt ihn das vielleicht schon seit langer Zeit, aber er fühlt sich nun sicher genug, weiß, dass ich ihn wirklich höre und mir Zeit für seine Fragen nehme?

»Er ist in Portugal«, antworte ich Emil.

»Pawwwwpegal?«, spricht Emil das ihm fremde Wort erstaunt nach und lässt es dabei wie »Paw« von »Paw Patrol« klingen. »Können wir auch mal nach Pawpegal gehen?«

»Irgendwann können wir bestimmt mal nach Portugal gehen«, antworte ich ihm und hoffe, dass ihm diese Aussage fürs Erste reicht.

»Gibt's da Meer?«

»Ja, da gibt es Meer.«

»Ich will aber jetzt nach Pawpegal, Mama. Jetzt! Bitte!«, ruft er laut.

»Emil, das ist aber noch ziemlich weit weg. Wir sind jetzt gerade mal in Frankreich. Auf dieser Reise werden wir das wohl nicht mehr schaffen.«

»Wieso nicht, ich will aber!«, ruft Emil erneut.

Wie soll ich es ihm nur kindgerecht erklären, ohne in ihm Wut gegen mich oder Pedro zu entfachen oder Trauer auszulösen? Drei Jahre habe ich mir nun Gedanken darüber gemacht und bin immer noch zu keiner befriedigenden Lösung gekommen.

Ich kann ihm doch nicht einfach erzählen, was damals wirklich passiert ist!

06. September 2016, Coimbra

Ohne jeden Halt

Trigger-Warnung: Dieses Kapitel enthält Schilderungen von häuslicher Gewalt und dem Sterben meiner Mutter. Es ist möglich, es auszulassen und mit dem 9. Kapitel wieder in die Geschichte einzusteigen.

Wenn ich an Portugal und Pedro denke, schiebt sich immer erst einmal die Erinnerung an Mamas Sterben davor. Ich kann an all das nicht denken, ohne ihren Tod wieder in allen Details vor Augen zu haben. Und ich glaube, dieses Ereignis hatte eben auf vielen Ebenen eine Wirkung, die ich erst nach und nach begreife.

Meine Zeit in Portugal hatte in Coimbra nicht gerade mit Leichtigkeit begonnen. In der Studentenstadt hatte es zwar von sehr jungen Menschen nur so gewimmelt. Doch mit meinen 25 Jahren war ich die Älteste und konnte mich mit dem exzessiven Party-und-Sauf-Leben der Studentenvereinigungen nicht identifizieren. Nicht, dass ich nie getrunken hätte, im Gegenteil. Zuhause, unmittelbar vor meiner Zeit in Portugal, als meine Mutter krank wurde, war ich abends ständig unterwegs gewesen, um mich abzulenken. Und auch wenn ich dieses Bedürfnis nach Zerstreuung weiterhin hatte, fühlte ich mich in Coimbra jetzt völlig fehl am Platz. Die Leute hier tranken mit dem Ziel der Besinnungslosigkeit, während sie mit ihren dunklen Roben, die an die Studenten aus Hogwarts erinnerten, durch die Altstadt liefen und lauthals die immer gleichen Lieder grölten oder Mutproben absolvierten. So eine Phase hatte in meinem Umfeld zuhause wesentlich früher stattgefunden. Meine ersten Berührungen mit Alkohol hatte ich im Teenie-Alter erlebt, und diese waren zwar auch recht peinlich, aber eher albern als laut gewesen. Das hier war auch deshalb nicht mehr lustig, weil es bei den Mutproben in Coimbra in der Vergangenheit bereits zahlreiche Verletzte und zum Teil tödliche Unglücke gegeben hatte.

Ich fühlte mich zwischen all den Menschen hier meistens sehr allein. Zumal meine Gedanken ständig bei meiner Mutter waren. Ich dachte, es würde ihr und mir guttun, wenn ich endlich wieder meinem eigenen Leben nachgehen würde, aber das tat es nicht. Nach einer Woche wurden die WhatsApp-Nachrichten von ihr seltener und kürzer. Anrufe gab es gar keine mehr. Sie war zu schwach. Und so entschied ich, zurückzufliegen.

20. September 2016, Offenbach

Mamas letzter Tag

Wir hatten, als wir kurz nach meiner Rückkehr ins Hospiz zogen, unsere Betten direkt ganz nah aneinandergeschoben, so dass daraus ein Doppelbett wurde. Der so entstandene Raum fühlte sich ein wenig nach unserer gemeinsamen Wohnung an, die jetzt leer stand. Ich weiß noch genau, wie ich neben ihr lag und es kaum glauben konnte, wie schnell sie in den wenigen Tagen seit meiner Abreise abgebaut hatte. Sie war kaum noch wach, und ihr Erscheinungsbild verwandelte sich mehr und mehr. Sie war zu einem Skelett abgemagert, die dünne Haut hing um ihre Knochen, und ihr Gesicht wurde täglich blasser. Wenn sie wach war, sprach sie wirre Dinge. Von einem Mann mit Krückstock, von einem kleinen Mädchen, von ihrem bereits verstorbenen Freund. Es schien, als wäre unser Zimmer voll von Geistern, die sie auf ihrem Weg begleiten wollten. Es war unheimlich. Sie war wie schon in einer anderen Welt verschwunden. Egal, was sie sagte, nichts klang mehr nach meiner Mutter. Sie verstand nicht, wo sie war oder was passierte.

Als mich an einem Nachmittag Tante Sabine zu einem Spaziergang überredet hatte, kam genau in dieser Zeit mein Vater zu Besuch. Wir hatten seit einem Jahr keinen Kontakt mehr gehabt. Die Hospizschwester sagte nachher, er habe in meiner Abwesenheit von all meinen Rudererfolgen erzählt. Es war so bitter, dass er wie immer von meinen Siegen berichtete, anstatt sich nach meinem Befinden zu erkundigen. Sah er nicht, was ich hier durchmachen musste? Ich verlor meine Mutter, meine beste Freundin, und ich würde sie nie wieder sehen.

Mama kämpfte nun seit Tagen gegen den Tod an. Sie wollte nicht gehen. Daher ließ ich ihr nun öfter mal ihren Raum, ging zum Lesen aus dem Zimmer, falls sie allein sein wollte. Doch ich fühlte, es war etwas anderes, das sie aufhielt. Sie hatte es mir erst vor ein paar Wochen, als wir noch zusammen auf der Couch gesessen hatten, gesagt: Sie hatte riesige Angst, mich allein zurückzulassen. Sie befürchtete, dass ich wieder Depressionen bekommen und an ihrem Tod kaputtgehen würde. Nach der ersten Zeit ihrer Krankheit hatte ich tatsächlich einen schweren depressiven Schub gehabt. Ich hatte oft tagelang nicht aufstehen können, hatte keinen Sinn mehr im Leben gesehen. Mit Hilfe einer Therapeutin hatte ich langsam wieder etwas Zuversicht gefunden. Ich fasste den Plan, nach meinem Bachelor auf Weltreise zu gehen. Damit hatte ich mir wieder ein Ziel geschaffen, etwas, das mir viel bedeutete, auf das ich mich freute. Doch dann kam Mamas Diagnose, dass der Krebs gestreut hatte und es keine Heilung mehr geben würde. Mein wunderbarer Traum der Reise um die Welt hatte sich damit erledigt. Stattdessen zog ich zu meiner Mutter in ihre Zweizimmerwohnung, bis wir gemeinsam nach einem Jahr entschieden, dass ich als Kompromiss und um zumindest eine Zeit im Ausland zu verbringen, für den Master nach Portugal gehen sollte.

Meine Mutter machte sich nun, als ich auch diesen Plan wieder aufgeben musste, schreckliche Sorgen, dass ich meinen Sinn und meine Lebensfreude jetzt wieder verlieren würde. Sie meinte, dass ich auf einer großen Suche, aber noch lange nicht angekommen sei. Es brach ihr das Herz, nicht zu wissen, wohin es mich verschlagen würde. Wo ich mein Glück finden würde, ob ich Kinder bekäme oder am Strand leben und den ganzen Tag über surfen gehen und dabei vielleicht einsam sein würde. Sie hatte Angst, dass mich keiner auffangen und auch mein Vater nicht für mich da sein würde. Sie fühlte sich schuldig, mich allein zu lassen, und weinte so sehr, wie ich sie noch nie zuvor hatte weinen sehen.

Um meinen Bruder sorgte sie sich zum Glück nicht. Er ist ein anderer Typ Mensch, viel gesettelter in seinem Leben. Ich war schon immer wesentlich sensibler als er und ließ die Dinge mehr an mich heran. Mir wurde in diesem Moment im Hospizbett bewusst, dass meine Mutter mich bis zu ihrem letzten Atemzug beschützen wollte. Und so sehr mich das rührte, so klar war mir auch, dass es jetzt wichtig war, ihr zu zeigen, dass ich allein zurechtkäme. Und dass mein Vater und ich schon wieder zueinanderfinden würden. Erst dann würde sie loslassen können.

Daher überlegte ich mir, wie ich Frieden mit meinem Vater finden könnte. Wie ich es schaffen könnte, ihr die Möglichkeit zu geben, mit gutem Gewissen von uns zu gehen. Natürlich machte ich mir mit dieser Aufgabe selbst einen großen Druck, aber für mich gab es nur diesen letzten Moment. Diese letzte Gelegenheit, meiner Mutter zu zeigen, dass alles gut werden würde. Ihr zu zeigen, dass sie keinen schlechten Vater für mich gewählt hatte. Und dass ich in Sicherheit war.

All die angestaute Wut auf meinen Vater konnte ich allerdings nicht von einem auf den anderen Moment zur Seite legen. Es hatte in der Vergangenheit einfach zu viele schwierige Momente zwischen ihm und mir gegeben. Den gesamten restlichen Tag verbrachte ich damit, unsere Beziehung von vorne bis hinten zu analysieren und irgendwie auf einen Nenner mit allem zu kommen. Seiten über Seiten schrieb ich in mein Tagebuch, während ich zwischendurch immer wieder Mamas Puls fühlte. Dann plötzlich, spät am Abend, hatte ich Klarheit. Ich ging zu ihrem Bett, setzte mich und sagte: »Mama, es ist okay, wenn du gehst.« Ich nahm ihre Hand und streichelte sie. »Ich weiß, dass du dich um mich sorgst, aber ich werde ein glückliches Leben führen. Vielleicht werde ich mit vielen Kindern und meinem Mann im Van durch die Welt reisen, surfen gehen und irgendwann am Strand wohnen. Vielleicht wird es auch ein anderes Leben sein, das ich führe, aber ich werde glücklich sein. Und auch Papa und ich kriegen das hin. Wir haben uns früher, als ich klein war, so gut verstanden, das werden wir wieder schaffen. Ich werde nicht allein sein. Vielleicht hat es in den letzten Jahren zwischen Papa und mir nicht sein sollen, damit du und ich mehr Zeit miteinander haben konnten. Vielleicht waren wir so eng, weil deine Zeit so knapp bemessen war. So konnte ich all meine Energie in unsere Beziehung investieren. Und jetzt, wenn du gehst, werde ich jahrelang Zeit haben, meine Energie in die Beziehung mit Papa zu investieren. Vielleicht wird er wieder der Vater für mich, der er früher war. Egal, was ist, er ist für mich da. Ich habe den besten Bruder der Welt. Ich habe Oma, Tante Sabine, Sandra, Maria, Xenia. Ich werde nie allein sein. Ich verspreche dir, dass ich mir Hilfe suchen werde, wenn ich sie brauche. Ich werde eine Therapie machen, wenn ich nicht klarkomme. Ich werde für meinen Traum kämpfen. Ich werde das Leben genießen. Für dich und für mich. Und ich werde niemals aufgeben. Du hast mich so wunderbar beschützt, aber jetzt werde ich mich selbst beschützen. Ich bin dir für ewig dankbar, für alles, was du für mich getan hast.« Dann küsste ich sie auf ihr abgemagertes Gesicht, strich ihr über den Kopf und legte mich neben ihr schlafen.

Am nächsten Morgen hörte ich sofort das Geräusch in ihrem Atem. Jetzt würde es nicht mehr lange dauern. Nachdem ich ihr etwas Zeit allein gegeben hatte, kam ich zurück, hielt ihre Hand und lauschte dem Rasseln in ihren Lungen. Was ich jetzt sagen würde, wären meine letzten Worte. Es war schwer, die passenden zu finden. Ich wollte so viel sagen, und gleichzeitig war bereits alles ausgesprochen. Ich schaute sie an. Sie trug einen geflochtenen Zopf, ein rosa Blumen-Nachthemd, und obwohl sie wie ein Skelett aussah, konnte ich weiterhin meine liebe Mama erkennen. »Du bist die beste Mutter auf der ganzen weiten Welt«, sagte ich und lächelte sie an, während ich die Tränen kommen spürte. »Ich bin dir für ewig dankbar«, flüsterte ich. »Du hast mir das schönste Leben beschert, und ich bleibe immer bei dir.« Ein Kribbeln durchströmte meinen Körper. Dann war es still. Meine Unterlippe zitterte, die Tränen tropften herab. »Ich liebe dich, Mama.« Ihre gelb getönten Augen erstrahlten plötzlich und schauten hoch nach oben. Sie war nicht mehr da. Ihr Körper war noch hier, aber sie war gegangen. Alles war wie vorher, und doch war nichts mehr gleich. Kurz darauf kam Tante Sabine in den Raum, gefolgt von Mamas Freund, Oma, meinem Bruder. Dahinter mein Vater. Ich wusste nicht mehr, ob ich ihnen Bescheid gegeben hatte oder ob sie es gespürt hatten, dass es Zeit war, Abschied zu nehmen. Mein Vater nahm mich in den Arm, und ich fühlte, dass mich meine Beine nicht mehr lange tragen würden. Ich küsste meine Mutter immer wieder, strich ihr über ihr engelsgleiches Gesicht und wurde schließlich von meinem Bruder nach draußen gezogen. Dort brach alles aus mir heraus. Der ganze angestaute Schmerz der letzten Jahre. Als mein Bruder mich umarmte, spürte ich, wie der Boden unter meinen Füßen nachgab.

14. Januar 2017, Porto

Neustart in Portugal

Als ich nach dem Tod meiner Mutter nach Coimbra zurückkehrte, fühlte ich mich noch fremder als zuvor. Ich gehörte hier nicht hin. Und entschied mich, nach Porto zu ziehen, auch wenn ich weiter in Coimbra studieren würde.

Der Umzug veränderte alles für mich. In meinem Studiengang kam niemand aus Coimbra, die Studierenden wohnten alle in Porto oder Lissabon. Wir hatten nur drei Tage in der Woche Kurse vor Ort, so dass wir Fahrgemeinschaften gründeten. Es waren 1,5 Stunden Fahrt, die ich gerne in Kauf nahm, um im schönen Porto leben zu können. Ohnehin wusste ich, dass es im zweiten Jahr des Masters keine Kurse mehr in Coimbra geben würde, sondern alle an ihrer Masterarbeit schreiben würden und rund um die Welt ihre Praktika absolvierten.

Ich fand eine tolle WG in Cedofeita, dem hippen Künstlerviertel von Porto – und sie wurde nun mein Zuhause. Weit weg von meiner echten Heimat in Deutschland, die sowieso nicht mehr wirklich existierte. Nach Mamas Tod musste die Wohnung sofort geräumt und alles weggeworfen oder verkauft werden. Viel zu schnell und sehr schmerzhaft war das für mich. In Porto konnte ich so tun, als wäre ich einfach nur eine Weile unterwegs und als wäre all das zuhause nie passiert. Abgesehen von meinen tollen Mitbewohnerinnen, mit denen ich viel unternahm, hatte ich auch sonst spannende Menschen um mich, ging mehrmals die Woche surfen, da ich nun ganz in der Nähe vom Meer wohnte, und genoss das Großstadtleben mit all seinen Bars, Cafés, Museen und kulturellen Veranstaltungen. Hier passte ich viel besser hin. Hier war jeden Tag etwas los. An manchen Tagen kostete es mich dennoch viel Kraft, zur Universität zu gehen, eine neue Sprache zu lernen, neue Freunde zu finden, aber es lenkte mich auch von meinem Schmerz ab. Und in den Momenten, in denen ich dachte, es ginge nicht mehr weiter, da erinnerte ich mich an das Versprechen, das ich meiner Mutter gegeben hatte: Ich würde mich beschützen, ich würde für meine Träume kämpfen, und ich würde niemals aufgeben. Dieses Versprechen trug mich von nun an durchs Leben.

Die Aussicht auf den folgenden Herbst ermutigte mich ebenfalls: Nach dem Sommer sollte das zweite Jahr des Masters beginnen, in dem ich irgendwo auf der Welt ein Praktikum im Museum absolvieren würde. Ich wollte unbedingt nach Teheran, passend zu meiner Masterarbeit, aber falls das durch die politische Situation vor Ort nicht möglich wäre, würde ich nach Barcelona, Oslo oder am liebsten noch einmal nach Australien gehen. Darauf freute ich mich schon riesig. Endlich wieder richtig weit weg sein, andere Kulturen kennenlernen und in wunderschöne Landschaften eintauchen. Auf dieses Gefühl hatte ich seit Mamas Diagnose gewartet.

02. März 2017, Porto

Im siebten Himmel

»Jassy ist verliebt«, verkündete Antonia die Neuigkeit grinsend in die Runde, und ihre wilde Lockenmähne wippte wie zur Bestätigung, während sie im Schneidersitz auf dem Küchenstuhl saß und sich einen Joint drehte.

»In wen?«, fragte Joao in großer Vorfreude auf den bevorstehenden Gossip.

»In den Skaterboy vom Embaixada de Porto«, antwortete Antonia und zwinkerte mir zu. Es war für meine Mitbewohnerin ein großes Vergnügen, mich vor der Gruppe in Verlegenheit zu bringen. Aber es machte mir vor ihren Freunden, Joao und Francisco, nichts aus. Sie waren ohnehin ständig hier und gehörten schon fast zur WG. Und Daria, unsere dritte Mitbewohnerin, wusste sowieso längst Bescheid.

»Welcher von beiden?«, fragte Joao grinsend.

»Der Große!«, antwortete Antonia und zündete sich den Joint an.

»Jassy was a skatergirl, she said, see you later boy!«, sang Francisco und die beiden anderen stimmten laut lachend in den Avril-Lavigne-Hit ein. Daria und ich wechselten einen Blick und verdrehten grinsend die Augen.

Von diesem Tag an war der Skaterboy, der eigentlich Pedro hieß, Thema Nummer eins in unserer WG. Wir gingen ständig aus, das war nichts Neues für Antonia und ihre beiden Freunde. Aber dass Daria und ich sie von nun an immer begleiteten, das war ungewöhnlich und lag allein daran, dass ich Pedro wiedersehen wollte, aber keine Nummer von ihm hatte.

Ich genoss es sehr, dass Daria in dieser Zeit nicht von meiner Seite wich. Sie kam eigentlich aus Polen und studierte hier in Porto ein Jahr lang Kunst. Ich liebte ihre gute Seele, nur durch sie hat sich Portugal wie ein Zuhause angefühlt.

Antonia lag mir auch sehr am Herzen, aber sie war mir ein bisschen zu ausgeflippt, wenn sie über Mikrodosen und Sinneserweiterungen sprach. Sie kochte und tanzte wie eine Göttin, aber in ihr schlummerte eine wilde Löwin, mit der man nicht aneinandergeraten wollte. Eigentlich hieß sie auch gar nicht Antonia, diesen Namen hatte sie sich einfach gegeben, als sie vor ein paar Jahren nach Porto gezogen war. Das machte sie immer so, wenn sie in eine neue Stadt kam. Als sie einmal Besuch von einem Freund aus Valencia hatte, nannte der sie plötzlich Melania. So hatte sie in Spanien wohl geheißen.

Daria war sensibler und wesentlich introvertierter. Ich war wohl die Mitte von beiden und das Bindeglied. Dass wir so gut harmonierten, schoben wir darauf, dass wir alle drei Skorpione sind, worauf wir mächtig stolz waren.

Hätte mir an dem Abend in der WG-Küche, als Antonia die News ausplauderte, jemand prophezeit, dass ich bald mit diesem von der Ferne angehimmelten Skaterboy zusammen sein und mir mit ihm sogar eine Wohnung teilen würde, hätte ich diese Person wohl für verrückt erklärt. Viel zu aufreibend waren die fünf Jahre Datinglife zuvor gewesen. Eine Enttäuschung hatte sich an die nächste gereiht. Ständig wechselten sich die tiefe Sehnsucht nach Vertrautheit und die Panik davor, dass meine Mutter meinen Partner nicht mehr kennenlernen würde, mit einer großen Resignation ab. Bis hin zur völligen Akzeptanz, einfach allein zu bleiben. Rückblickend kann ich es heute natürlich verstehen, warum es während dieser Zeit nicht geklappt hatte. Vor Mamas Diagnose hatte ich schließlich nie Probleme in der Liebe gehabt, aber während ihrer Krankheit war ich nicht ich selbst. Und natürlich war meine Verfassung nicht die beste, als mein Leben aus einem Wechsel zwischen

Krankenhaus und Nightlife bestand. Ich hatte gar keine Kapazitäten, mich wirklich auf jemanden einzulassen.

Aber ein halbes Jahr nach Mamas Tod sah es plötzlich ganz danach aus, als wäre dieses Glück tatsächlich in mein Leben gekommen. Es fühlte sich an wie ein Geschenk von ihr, und es mochte für andere zwar absurd sein, dass wir direkt zusammenzogen, aber wenn doch alles stimmte, was konnte dann schon schiefgehen? In der WG konnte ich nicht länger bleiben, weil das Zimmer nur befristet frei gewesen war. Und da ich ohnehin jeden Tag bei Pedro schlief und die Miete für seine Wohnung weniger als ein WG-Zimmer kostete, beschlossen wir, dass ich einfach bei ihm bleiben würde.

An einem unserer ersten Abende, seit ich offiziell bei ihm wohnte, hatte er für mich gekocht. Meeresfrüchte in Weißweinsauce mit Spaghetti. Es war ein Traum. Es schmeckte so dermaßen gut, dass ich zum ersten Mal in meinem Leben spürte, dass Liebe tatsächlich durch den Magen geht. Ich schaute ihn an. Er wirkte total nervös, als würde er auf keinen Fall etwas falsch machen wollen. Es war rührend. Er war so unsicher, wollte mir so sehr gefallen, dabei war er für mich der schönste Mensch, den ich je gesehen hatte. Er war ein bisschen größer als ich. Das weite schwarze T-Shirt steckte im Bund seiner schwarzen Baggy, die er mit einem Gürtel oben hielt. Die Haut an seinen Armen war von der portugiesischen Sonne tief gebräunt und zeigte viele verschiedene schwarze Tattoos. Er trug zwei dicke, silberne Ringe. Unter seinem Basecap schauten dunkle lange Haare hervor. Er hatte leuchtend grüne Augen, einen dunklen Bart und ein unfassbar ansteckendes Lächeln. Sein Ego hätte bis in den Himmel reichen müssen, aber genau das Gegenteil war der Fall. Er gab mir das Gefühl, als könnte er es nicht fassen, dass ich, der für ihn schönste Mensch, wahrhaftig mit ihm zusammen sein möchte. So etwas hatte ich seit einer Ewigkeit nicht mehr erlebt, und ich fühlte mich sehr geschmeichelt. Auch wenn es total absurd war, dass er tatsächlich nicht zu sehen schien, wie toll er selbst ist.

Es war nicht nur sein Aussehen, es war alles an ihm. Er war an Literatur interessiert, kannte all die Klassiker der Filmgeschichte, hörte ähnliche Musik wie ich, spielte Gitarre, liebte Fotografie, ging gerne auf Reisen und mochte dabei vor allem die Natur. Er glaubte an wahre Liebe, wollte möglichst jung Vater werden, denn nachdem er seinen Vater und nicht viel später auch seinen Opa verloren hatte, der für ihn sein Vaterersatz gewesen war, lebte er ohne Familie in Portugal. Ganz allein, ohne familiäre Hilfe, aber mit tiefer Leidenschaft, verfolgte er seinen großen Traum, einen Skateshop aufzuziehen. Ich mochte, dass wir ähnliche Interessen hatten und er intelligent und gebildet war, aber vor allem mochte ich, dass wir beide die Schwere des Lebens zu spüren bekommen hatten, aber trotzdem an unseren Träumen festhielten und weitermachten. Ich fühlte mich von ihm verstanden und glaubte, dass nur jemand, der etwas ähnlich Schlimmes erlebt hatte, dazu in der Lage wäre. Dass er sich, so wie ich, nach einer eigenen Familie sehnte, war für mich das i-Tüpfelchen der ganzen Sache. Als hätte ihn meine Mutter mir im Himmel entworfen und geradewegs runter auf die Erde geschickt.

04. Juni 2017, Porto

Die ersten Zeichen

Mein Leben war plötzlich wie im Bilderbuch. Vormittags arbeitete ich für die Uni, nachmittags traf ich Freundinnen am Strand, und am Abend holte ich Pedro von seinem Skateshop ab und unternahm etwas mit ihm. Die Highlights waren die Wochenenden, an denen er mich mit dem Auto zu seinen liebsten Plätzen in Portugal brachte. An einem dieser Tage fuhren wir in den Norden zu einem Strand, von dem ich noch nie zuvor etwas gehört hatte. Wir hatten auf der Fahrt laut einen Nirvana-Song mitgesungen und waren in bester Stimmung. Als wir ankamen und parken wollten, blockierte ein Auto vor uns den Weg. Pedro war plötzlich völlig außer sich. Er fuhr seitlich an das Auto heran, kurbelte mein Fenster herunter und brüllte den Mann laut auf Portugiesisch an. Dieser war schon etwas älter, und er und seine ebenfalls betagte Frau schauten uns entgeistert an. Ich wäre am liebsten im Erdboden versunken und wollte nicht zu Pedro gehören. Das war so gar nicht meine Art, mit Menschen umzugehen. Wen kümmerte es schon, ein bisschen länger zu warten, wir hatten es nicht eilig. Es war doch so ein schöner Tag. Ich war erschrocken über sein Verhalten und zeigte das auch. Pedro erklärte mir, dass er dem Mann eine Lektion erteilt habe, die er von nun an beherzigen würde. Man müsse es den Leuten so beibringen, weil sie es anders nicht verstehen würden. Diese Art zu denken war mir sehr fremd, aber ich dachte mir, dass viele Menschen im Auto aggressiv werden, also vergaß ich die Sache schnell wieder. Zwischen uns war es schließlich absolut harmonisch. Und ich wollte mir das nicht selbst vermiesen.

Nach einem langen Spaziergang am Strand saßen wir gefühlte Stunden im Sand und sahen uns tief in die Augen. Mein ganzer Körper kribbelte vor Aufregung.

Ich musste an meine bevorstehende Zeit im Süden denken. In ein paar Tagen würde ich zu einem Surftrip aufbrechen, auf den ich mich seit Wochen freute. Jetzt gerade hatte ich dazu aber gemischte Gefühle.

»Ich werde dich wirklich vermissen, vielleicht sollte ich doch hierbleiben«, sagte ich nachdenklich und schaute ihn fragend an, um zu sehen, was er dachte.

»Nein, du musst gehen«, sagte er und lächelte mich zuversichtlich an. »Das wird cool, du wirst Spaß haben, Babe. Ich muss hier arbeiten, und du würdest dich nur langweilen. Du hast das jetzt lange geplant, und ich möchte dich nicht von deinen Träumen abhalten!«

»Okay«, willigte ich ein, »aber vielleicht kannst du dir ja doch noch ein bisschen Urlaub nehmen und mich an der Algarve oder Alentejoküste besuchen kommen.«

Er nahm mich in den Arm und gab mir einen Kuss auf die Stirn. Ich mochte es, wenn er das machte. Ich kuschelte mich an ihn und beobachtete, wie eine Gruppe Kinder über die Wellen im Meer hüpfte.

»Ich kann nicht fassen, was für ein Glück ich mit dir habe«, flüsterte Pedro mir ins Ohr. »Es fühlt sich an, als wäre all das hier ein Trick von irgendjemandem. Wie kann plötzlich eine Frau in meinem Leben erscheinen, die all das mit sich bringt, was ich liebe? Du surfst. Du hast ein Skateboard in deinem Gepäck. Du siehst wunderschön aus. Du hörst gute Musik. Du liest, kleidest dich gut, kennst Pier Paolo Pasolini. Du magst Kunst. Du lernst meine Sprache, liebst Fotografie, warst viel auf Reisen, bist gerne in der Natur. Du bist mutig, hast eine eigene Meinung. Und dann verstehst du auch noch, was es für mich bedeutete, meinen Opa zu verlieren. Ich kann das alles kaum glauben. Du bist perfekt, wirklich.« Er nahm meinen Kopf zwischen seine Hände. »Ich will, dass du glücklich bist. Also bitte mache diese Reise.«

Ich schätzte es sehr, dass er mir nicht im Weg stehen wollte. Auch wenn er mir sehr fehlen würde und ich nicht wusste, ob ich die Reise überhaupt würde genießen können, wollte ich los. Es waren drei Wochen. Ich wollte endlich Portugal komplett sehen, gute Wellen zum Surfen haben, und dann käme ich wieder zu ihm zurück. Länger reisen würde ich jetzt definitiv nicht mehr, auch wenn ich das ursprünglich geplant hatte. Ich hatte so lange auf diesen Mann gewartet, dass ich jetzt nicht ohne ihn um die Welt tingeln konnte. Und auch das Praktikum musste ich mir irgendwo in Porto suchen.

Ich startete also auf meinen Surftrip, und die große Freude kam schon am ersten Tag zurück, als ich am Strand von Arrifana mit meinem Surfboard unterm Arm in den Atlantik rannte. Meine Leichtigkeit war wieder da. Und das wunderbare Gefühl, auch weiterhin allein sehr glücklich sein zu können.

In den folgenden Wochen meiner Ferien tauchten dann allerdings die ersten Anzeichen für das auf, was noch kommen sollte. Als ich an einem Abend mit Pedro telefonierte, war auf seiner Seite plötzlich der Empfang schlecht. Ich saß allein in einem Hostel auf dem Bett, und es war still im Zimmer. Nur draußen im Flur konnte man andere Gäste hören. Doch Pedro legte plötzlich auf und blockierte mich auf WhatsApp. Ich wusste nicht, was los war, geriet völlig in Panik, rief ihn Dutzende Male an, aber es war nichts zu machen. Als ich ein paar Tage später total aufgebracht in Porto ankam, hob er endlich die Blockierung in WhatsApp auf, und ich verstand, um was es hier eigentlich ging. Er glaubte, dass ich ihn betrogen habe und diese Person während des Telefonats mit mir im Zimmer gewesen sei und sich über Pedro lustig gemacht habe. Meine erste Reaktion war, mich zu verteidigen, und ich versuchte, ihm zu beweisen, wie absurd seine Vermutung war. Nach langen Gesprächen gab er schließlich nach, erklärte mir, dass er emotional momentan nicht in der besten Verfassung sei, und versprach, dass er an sich arbeiten würde. Außerdem hörte er von einem auf den anderen Tag mit seinem einzigen Laster, dem Kiffen, auf. Das gab mir Hoffnung.

Heute weiß ich: Das war der Moment, in dem ich hätte rennen sollen. Aber ich blieb. Ich glaubte, dass es an der Reise lag. Daran, dass wir gleich zu Beginn unserer Beziehung so lange getrennt waren. Dass er erst lernen müsste, mir zu vertrauen. Und dass nun, wo ich zurück war, wieder alles wie vor der Reise weitergehen würde. Aber es kam völlig anders.

25. November 2017, Porto

Das Monster in ihm wächst

War das Pedro dort hinten am Strand? Ich war mir nicht sicher, aber ich wollte unbedingt noch eine letzte Welle kriegen, bevor die Sonne gleich hinter dem Horizont verschwand. Nur noch ein winziger Teil des Feuerballs war über dem Meer zu sehen. Doch dieser Teil reichte noch immer aus, um den gesamten Himmel in leuchtenden Rot-, Gelb- und Orangetönen zu färben. Es sah alles aus wie an einem der vielen fantastischen Sommertage. Aber gleich, wenn die Sonne untergegangen war, würde es bitterkalt werden, das wusste ich. Auch in Portugal war im November Winter. Die Luft hatte am Abend oft nicht mehr als acht oder neun Grad. Aber daran wollte ich noch nicht denken. Ich sah zum Horizont. Da kam wieder ein Set, endlich, die Wellen bauten sich in einiger Entfernung in Reihen auf. Ich legte mich auf mein Board und paddelte ein wenig weiter hinaus, setzte mich auf, drehte dann in Sekundenschnelle das Board, paddelte noch einmal, so kräftig ich konnte, und schon spürte ich kurz darauf, wie mich die Welle nach oben zog. Ich sprang auf mein Board und surfte die Welle bis zum Ende hin aus, dann ließ ich mich ins Wasser fallen, zog mich zurück aufs Board und schaute erneut zum Horizont. Gerade ging das letzte Stück der Sonne unter, und als wäre alles exakt abgestimmt, erreichte mich nun ein kalter Windzug, der meinen Körper sofort zum Zittern brachte. Ich schaute zurück zum Strand und konnte Pedro noch immer nicht sehen. Er war es wohl doch nicht gewesen vorhin. Die letzten beiden Surfer, die noch mit mir im Wasser gewesen waren, trugen bereits ihr Board über den Strand. Ich war allein und hatte ein ungutes Gefühl, dass dieser Tag als einer der vielen schlechten enden würde. Am Strand angekommen, rief ich Pedro mehrere Male an und schrieb ihm, wo genau ich sitze. Er antwortete nicht. Wir hatten ausgemacht, dass er mich nach Feierabend am Strand besuchen kommt. Das hätte vor zwei Stunden sein sollen. Ich war ewig nicht mehr surfen gewesen seinetwegen, und gleichzeitig wollte er mir unbedingt mal dabei zusehen, doch irgendetwas war hier heute wieder falsch. Ich konnte es spüren.

Ich zog mir schnell den nassen Wetsuit aus und trockene Kleidung über. Mein gesamter Körper zitterte, ich hätte eine Strumpfhose oder eine dicke Winterjacke gebraucht, und selbst das würde jetzt wahrscheinlich nicht reichen. Ich spürte meine Füße kaum mehr. Und der Teil von ihnen, den ich noch wahrnahm, schmerzte bei jedem Aufsetzen auf den Boden. Mir war im Wasser gar nicht aufgefallen, wie kalt es war, aber hier an Land, ohne die warmen Sonnenstrahlen, konnte ich den eisigen Wind nicht mehr ignorieren. Mein Körper war total unterkühlt, ich hatte noch nie solche Schmerzen in den Füßen, aber ich war auch noch nie im November im Atlantik surfen. Lange hielt ich es nicht mehr aus, auf ihn zu warten. Was war, wenn er einfach gar nicht käme? Er konnte es mir doch nicht übelnehmen, wenn ich nach zwei Stunden ging!?

In ruhigen Schritten lief ich in Richtung Busstation, immer wieder den Strand und die Straße nach Pedro absuchend. Oh mein Gott, ich ertrug den stechenden Schmerz in meinen Füßen kaum, und der kalte Wind um meine nassen Haare machte das alles nicht besser. Der Bus stand bereits da, zum Glück, ich stieg ein und setzte mich ganz nach hinten, mein Board legte ich in den Gang. Mein gesamter Körper zitterte und bebte. Es fühlte sich wie Folter an. Hoffentlich war ich bald zuhause und konnte heiß duschen. Dann surrte mein Handy.

»Wo bist du?«, schrieb mir Pedro auf WhatsApp.

»Ich bin im Bus auf dem Heimweg, ich konnte dich nicht erreichen«, antwortete ich wahrheitsgemäß.

»Willst du mich verarschen? Du kommst heute besser nicht heim.«

Es fing wieder an. Mein Puls raste. Meine Atmung wurde schneller. Mich überkam die pure Panik. Voller Angst wählte ich umgehend seine Nummer, doch er drückte mich weg.

»Ich habe zwei Stunden auf dich gewartet. Mir ist extrem kalt, und du bist nicht ans Telefon gegangen. Was hätte ich sonst machen sollen? Ich musste nach Hause.«

»Mein Zuhause ist nicht länger deins. Ist das ein Scheißscherz für dich? Bleib lieber, wo du bist, glaub mir, komm nicht in meine Wohnung. Ich warne dich.«

Ich hatte einen riesigen Kloß im Hals, mein Herzschlag verdoppelte sich, ich wollte ihm antworten, doch da verschwand bereits sein Profilbild. Ich war blockiert. Das konnte er doch nicht tun, ich hatte nichts bei mir. Ich musste duschen. Ich starb vor Kälte. Ich musste nach Hause. Was hatte er nur schon wieder? Ich hatte doch gar nichts gemacht? Warum tat er mir das ständig an? Voller Angst lief ich von der Bushaltestelle nach Hause und öffnete die Tür. Er schien nicht da zu sein. Erleichtert stellte ich das Surfboard draußen ab und sprang unter die Dusche. Ich drehte sie, so heiß es ging, meine Füße schmerzten nun noch mehr, mein Körper spürte von der Wärme noch nichts. Da hörte ich die Wohnungstür ins Schloss fallen, und kurz darauf stürmte Pedro zu mir ins Badezimmer, riss den Duschvorhang auf und schrie: »Was zur Hölle machst du da? Das ist meine Dusche! Mein Wasser, für das ich bezahle! Mein Scheißzuhause! Raus hier! Raus!«

»Ich zahle genauso für das Wasser und die gesamte Wohnung wie du«, schrie ich zurück, »und nein, ich gehe nicht raus. Mir ist eiskalt, ich habe zwei Stunden auf dich gewartet, und du hast keinen Grund, sauer auf mich zu sein. Ich habe dir nichts getan!« Dann zog ich den Duschvorhang wieder zu.

Er riss ihn erneut auf, schaltete das Wasser ab. Ich schaltete es wieder an. Er riss meinen Arm weg, drehte ihn mir um und auf den Rücken.

»Aua, du tust mir weh. Hör auf!«, schrie ich und begann zu weinen. Er ließ los.

»Ich habe dich gewarnt! Ich habe gesagt, dass du nicht hierherkommen sollst«, brüllte er mich an, während sein Kopf sich nur ein paar Zentimeter von meinem entfernt befand. »Du hörst besser auf mich, oder du wirst sehen, was passiert! Dir ist kalt, oder? Dir ist so richtig kalt, weißt du was, geh zu deinem Luis oder deinem Australier oder deinem Surflehrer, es ist mir scheißegal, aber so eine wie du wird hier nicht bei mir duschen. Du bist widerlich, wenn deine Freunde und Familie wüssten, wer du bist, sie würden sich schämen für dich.« Ich schloss wimmernd die Augen und hoffte, dass es gleich vorbei war.

Dann nahm er den Duschkopf und riss daran. Sein Kopf war rot vor Wut, sein Blick komplett wahnsinnig. Er schrie wirres Zeug, zählte all meine angeblichen Verrate an ihm erneut auf, mit wem ich ihn alles betrügen würde, und riss dabei immer stärker am Duschkopf, bis der sich schließlich aus der Wand löste und ein hässliches Loch in den Fliesen zurückließ. Mein Körper zitterte immer noch. Nackt und nass in diesem Badezimmer zu stehen, mit der offenen Tür und einer Wohnung ohne Heizung, war in diesem Augenblick, als würde mein Körper meine Psyche in der Hölle besuchen gehen. Ich setzte mich auf den kalten Duschboden, versteckte den Kopf und hielt meine Beine, um mich so klein wie möglich zu machen. Ich wünschte, ich wäre nicht hier oder dass mich irgendjemand aus dieser Hölle befreien würde.

»Ja, heul wie ein Baby«, blaffte er mich an. »Das hättest du dir vorher überlegen sollen. Du warst also surfen heute, ja? Und genau, wenn ich komme, bist du zufällig weg? Und ich Vollidiot fahre für so eine wie dich eine Stunde im Stau bis zum Strand, nur um dann wie ein Trottel auf meine Freundin zu warten, die wahrscheinlich bei irgendeinem Typen im Bett liegt. Ist das ein Witz? Bin ich ein verdammter Witz für dich? ANTWORTE MIR!« Er riss meinen Kopf nach oben.

»Nein!«, schrie ich laut wimmernd zurück. »Lass mich los! Merkst du nicht, dass du dich verhältst wie dein Vater?« Mein gesamter Körper stand unter Hochspannung, während ich diese Worte aussprach. Es war, als würde nicht ich selbst sie sagen, als würde ich mich vielmehr von außen dabei wahrnehmen, ohne eingreifen zu können. Viel zu riesig war die Angst vor den Folgen.

»Was hast du da gesagt?« Er griff erneut nach meinem Arm und drehte ihn wieder hinter meinen Rücken und hielt ihn diesmal noch fester, bis ich winselnd aufschrie.

»Du wagst es nicht, von meinem Vater zu sprechen«, sagte er in düsterem Ton. »Du denkst, das hier sei Gewalt? Du hast keine Ahnung, was Gewalt ist. Das hier ist ein Witz, du bist ein Witz.« Er ließ meinen Arm los, vergrub sein Gesicht hinter seinen Händen und fuhr sich dann durch die Haare. Er sah völlig fertig aus. »Wieso tust du mir das dann an? Wieso lässt du mich nicht einfach in Ruhe?«, jammerte er.

Ich fand keine Kraft, ihm zu antworten. Ich hatte Angst, dass ich wieder die für ihn falschen Worte wählte und gleich noch Schlimmeres zu erwarten hätte. Ich versuchte mich nicht zu bewegen, kein Lebenszeichen von mir zu geben.

»Warum tust du mir das an? Warum?«, wiederholte er jetzt weinerlich. »Ich bin ein ganz normaler Typ. Ich will einfach nur in Ruhe und Frieden leben. Ist das so schwer zu verstehen? Ich habe Moral, wenn du keine hast, wieso kommst du dann zu jemandem wie mir? Wieso machst du mein Leben zur Hölle? Ich will einfach nur Skaten gehen und arbeiten.« Er schmiss den Duschkopf, den er immer noch in der Hand gehalten hatte, dicht neben mich auf den Duschboden, ein Teil davon traf meinen Fuß, was einen fürchterlichen Schmerz hinterließ, dann verließ er das Badezimmer.

Mein Körper zitterte immer noch und schmerzte wie verrückt. Ich hatte riesige Angst. Wo sollte ich jetzt hin? Hier sitzen bleiben? Wie käme ich hier raus? Ich wollte nach Hause. Nach Deutschland. Zu meinen Freunden und meiner Familie. Ich wollte endlich wieder normal leben. Ich wollte wieder ich selbst sein. Ich weinte jetzt so heftig, dass sich mein Atem überschlug. Ich war vollkommen am Ende mit meinen Nerven und weinte mir die Seele aus dem Leib, es war genau wie damals, wenn ich als kleines Kind beim Streit meiner Eltern unter der Bettdecke geweint hatte.

Ich wusste nicht, wie viel Zeit inzwischen vergangen war, aber ich traute mich immer noch nicht aufzustehen, ich konnte ihn nicht hören, was mich noch misstrauischer sein ließ. Waren es zehn Minuten? Fünfzehn? Oder zwanzig? Ich konnte es nicht einschätzen, aber es fühlte sich wie eine Ewigkeit an. Dann öffnete sich erneut die Badezimmertür, ich schaute hoch, und unsere Blicke trafen sich. Ich konnte ein wenig Entsetzen in seinem Blick sehen und wusste sofort, dass das Monster in ihm verschwunden war. Dann sagte er ruhig: »Du erfrierst ja gleich. Deine Lippen sind total blau. Ich koche dir heißes Wasser, Babe. Es tut mir leid. Es war ein langer Tag heute.« Dann ging er wieder und kam kurze Zeit später mit warmem Wasser zurück, das er mir mit einer Schüssel vorsichtig über meinen Körper und den Kopf goss. Er nahm meine Hand, schaute mich an und sagte noch einmal: »Es tut mir leid. Dieser Stress mit dem Laden, es macht mich fertig. Aber alles wird gut.«

Nein, wird es nicht, dachte ich und empfand puren Hass in mir. Hass auf ihn, mich so zu behandeln, und Hass auf mich, nicht die Kraft zu haben, ihn zu verlassen. Nach der Rückkehr von meiner Reise war es einige Wochen wie im Traum gewesen – wir machten tatsächlich da weiter, wo wir vor der Reise aufgehört hatten. Doch nach und nach kamen immer mehr Situationen, in denen er in der Öffentlichkeit die Kontrolle verlor und aggressiv oder unverschämt wurde. Gegenüber Servicepersonal in Restaurants, an der Tankstelle, im Supermarkt. In Erzählungen über seine Ex-Freundin. Ich mochte diese Seite nicht, und sie machte mir Angst. Trotzdem ging die Aggression nie gegen mich. Außerdem dachte ich, dass er sich ändern könnte. Doch irgendwann, er war betrunken, kamen wieder die Anschuldigungen, dass ich ihn auf meiner Reise betrogen habe.

Es war nur ein Satz, aber dieser Satz zerstörte den gesamten Abend. Das wiederholte sich immer öfter. Nach ein paar Monaten häuften sich die Anschuldigungen, und irgendwann war es nicht mehr nur die Situation auf der Reise, sondern der Verdacht, dass ich ihn immer noch betrügen würde. Zwischendurch ging wochenlang unsere Liebesbeziehung weiter, wir schwebten auf Wolke sieben und genossen die Zeit miteinander in vollen Zügen, doch dann wurde unsere Beziehung für eine Stunde komplett unterbrochen, nur um anschließend so schön wie vorher weiterzulaufen. So schlimm wie heute hatte er sich mir gegenüber allerdings noch nie verhalten. Er hatte eine weitere große Grenze überschritten.

Er hüllte mich jetzt in ein großes Handtuch, föhnte mir die Haare und machte mir einen Tee. Für ihn war die Welt wieder in Ordnung. Zumindest in diesem Moment. Aber wer weiß, für wie lange. Der nächste Sturm braute sich bereits zusammen.

22. Dezember 2017, Mühlheim

Ich kann nicht gehen

Es war ein riesiger Schock für mich. Eigentlich wollte ich über Weihnachten zuhause bei Oma in Deutschland Kraft finden, um einen erneuten Anlauf zu wagen, mich endgültig von Pedro zu trennen. Die Situationen, in denen er mir gegenüber aggressiv wurde, kamen nun immer öfter vor, und ich wusste, dass diese Beziehung nicht mehr zu retten war. Doch dann folgte die alles verändernde Nachricht. Ich saß auf dem Rand der Badewanne im Haus meiner Oma und starrte auf die beiden Streifen im Testfenster: Das Undenkbare war passiert. Ich war schwanger. Meine letzte Periode lag acht Monate zurück, was für mich aber kein Grund zur Beunruhigung war. Ich kannte keinen regelmäßigen Zyklus. Meine Gebärmutter war voll von kleinen Zysten, meine Hormone ganz und gar nicht so, wie sie sein sollten. Ich hatte PCO. Es würde für mich nicht einfach sein, auf natürlichem Wege schwanger zu werden, das hatte mir ein Jahr zuvor die Frauenärztin gesagt. Das war kurz nach dem Tod meiner Mutter gewesen, und dieser Hinweis hatte mir erneut den Boden unter den Füßen weggerissen. Alles, was mich damals, nachdem es unsere Familie nicht mehr gab, noch hochhielt, war die Hoffnung auf meine eigene Familie, und jetzt sollte auch das schwierig und laut den Erfahrungen Betroffener, die ich in Internetforen las, vielleicht sogar unmöglich werden? Es war damals unglaublich schwer gewesen, das zu akzeptieren. Und jetzt, wo alles den Bach runtergegangen war mit Pedro, trat das Ereignis ein, das ich mir zuvor so viele Jahre innigst für meine Zukunft gewünscht hatte. Ein kleines Wunder, wie es meine Frauenärztin nannte, als sie mir mein Kind bei der Ultraschalluntersuchung zeigte und ich seinem Herzschlag zum ersten Mal lauschen durfte. Es zerriss mich innerlich.

Es gab ab hier nur vier Optionen. 1. Ich trieb ab und versuchte, mich weiter von Pedro zu trennen. 2. Ich behielt das Kind und musste mich unbedingt trennen. 3. Ich behielt das Kind, trennte mich nicht, aber Pedro machte für unsere Familie eine Therapie. 4. Ich behielt das Kind, trennte mich nicht, Pedro machte keine Therapie, ich würde ein Leben lang unglücklich sein, mein Kind eine schreckliche Kindheit erleben und vielleicht später genauso wie sein Vater mit anderen Menschen umgehen.

Pedro hatte sein Verhalten schließlich auch von seinem Vater übernommen. Der hatte die Mutter viele Jahre misshandelt, ihr Betrug vorgeworfen und sie nach der Trennung schließlich aufgesucht, um sie zu erschießen. Zu ihrem Glück konnte sie sich retten und verließ kurze Zeit später Portugal für immer. Der Vater endete im Gefängnis. Und obwohl Pedro ihn dafür abgrundtief gehasst hatte und ihn nicht einmal mehr als seinen Vater betrachtete, trat er nun in seine Fußstapfen. Pedro hatte nie gelernt, wie eine glückliche Beziehung aussehen könnte, was Liebe war. Er wusste einfach nicht, wie sich ein guter Vater verhält. Es war naiv zu glauben, dass er es jetzt doch noch lernte, nur weil ich schwanger war.

Rein objektiv betrachtet, gab es für mich also nur zwei Optionen, die Sinn machten, entweder ich behielt das Kind und war zukünftig alleinerziehend, oder ich trieb ab, trennte mich und hatte noch die Chance auf eine richtige Familie. In meinen Augen war damals eine Familie, die aus einer Mutter und einem Kind bestand, nämlich keine richtige Familie. Seit meiner Kindheit träumte ich von der heilen Welt, einer harmonischen Beziehung, am liebsten mit zwei oder drei Kindern und dass wir für immer und ewig zusammenbleiben würden. Niemals wollte ich meinen Kindern eine Trennung, wie ich sie bei meinen Eltern erleben hatte müssen, antun. Doch jetzt war die Zukunft meines Kindes und dessen heile Welt schon vorüber, bevor es überhaupt geboren wurde? Das konnte ich ihm nicht antun. Ich fuhr zur Beratungsstelle für Abtreibungen, heulte mir im Auto die Seele aus dem Leib, den Herzschlag des Kindes laut in meinen Ohren hörend, das kleine Krümelchen vor meinem inneren Auge, und brachte es nicht einmal übers Herz, das Auto zu verlassen. Ich streichelte meinen Bauch und versprach dem winzigen Wesen, dass ich alles dafür tun werde, dass es eine glückliche Zukunft haben könne. Wir gehörten zusammen, das konnte ich ganz klar spüren. Ich fuhr wieder nach Hause.

Als Erstes traf ich meinen Bruder und erzählte ihm alles. Ich machte auch kein Geheimnis daraus, dass die Beziehung mit Pedro definitiv keine Zukunft hatte. Mein Bruder konnte spüren, dass ich das Kind behalten wollte. Er sagte, dass es allein meine Entscheidung sei, aber ich auch bedenken solle, was passiere, wenn ich in Zukunft wegen des PCO vielleicht kein Kind mehr bekommen würde. Es war der gleiche Gedanke, der mir vom Moment des positiven Schwangerschaftstests an im Kopf herumschwirrte. Was wäre, wenn ich das Kind abtriebe und in Zukunft den richtigen Partner an meiner Seite hätte, aber nicht mehr schwanger werden würde? Auch mein Vater, Maria, Xenia und Sandra waren der gleichen Meinung. Also beschloss ich, es durchzuziehen, egal, was kommen möge. Ich liebte dieses Kind vom ersten Moment an und war dankbar, dass es bei mir war.

»Dieses Kind wollte wohl zu Ihnen«, sagte mir die Frauenärztin sichtlich gerührt, und ihre Worte blieben die gesamte Schwangerschaft über in meinem Kopf.

Nachdem ich mich entschieden hatte, das Kind zu behalten, war für mich klar, dass ich nun noch mehr versuchen müsse, mich von Pedro zu trennen. Ich musste es schaffen, endlich die nötige Kraft für mich und nun auch für mein Kind aufzubringen und zu gehen. Gleichzeitig wusste ich, dass das noch ein langer Weg sein würde. Ich war gefangen in Gaslighting und Manipulation. Es war unmöglich, einfach aus der Tür zu treten und frei zu sein, ich brauchte erst die innere Stärke und Sicherheit, diese Trennung wirklich mit aller Konsequenz und ohne Hintertür zu vollziehen. Und ich musste dafür meine riesige Angst vor dem Alleinsein überwinden. Das einzig Gute an meiner Situation in Portugal war, dass ich nun noch einen Praktikumsplatz in einem Forschungsinstitut in Porto bekommen hatte. Die Arbeit dort würde mir sicher guttun, mich stärken und mir Mut und Aussicht auf eine positive Zukunft geben – zwar allein mit Kind, aber vielleicht mit einem tollen Job.

Als ich Pedro schließlich von der Schwangerschaft berichtete, reagierte er, wie ich es erwartet hatte, unglaublich erfreut. Er wollte das Kind unbedingt haben und eine Familie mit mir gründen. War das doch sein großer Traum gewesen. Er malte sich schon alles genau aus. Wie er das Kind abends in den Schlaf wiegen würde, wie er es später von der Schule abholen und ihm das Skateboardfahren beibringen würde. Natürlich war genau das auch für mich eine wunderschöne Vorstellung, und ich hätte mich so gefreut, wenn sie wahr geworden wäre, aber ich wusste, dies alles würde reine Fantasie bleiben! Denn außer einer Therapie konnte Pedro nichts helfen, auch kein Kind.

In den folgenden Wochen wurde ich von ihm erst einmal in Watte gepackt. Er trug die Tüten, band meine Schuhe, als der Bauch immer größer wurde, und stellte sicher, dass ich genug und gesund aß. In dieser Zeit kuschelten wir viel, gingen verliebt spazieren, er sprach mit meinem Bauch, erzählte ihm lustige Geschichten und beteuerte mir und dem Kind immer wieder seine Liebe. Wäre das alles so weitergegangen, hätte uns wohl eine wunderschöne Zukunft bevorgestanden. Doch so ging es natürlich nicht weiter. Seine andere Seite war nicht verschwunden. Und er zeigte sie mir, je weiter die Schwangerschaft voranschritt, immer öfter. Dann bezweifelte er an einem Tag, dass es sein Kind war, warf mir am nächsten vor, mit Absicht von ihm schwanger geworden zu sein, um sein Leben zu zerstören, oder forderte mich wenig später auf, das Kind, obwohl ich schon längst über die zwölfte Woche hinaus war, doch noch abzutreiben. Das größte Problem war jedoch, dass er weiterhin glaubte, dass ich fremdging – auch mit meinem riesigen Schwangerschaftsbauch. Krümel auf dem Küchentisch würden von heimlichen Verehrern stammen, wahrscheinlich wäre dies Sand, den irgendwelche Surfer, die ich traf, in unsere Wohnung eingeschleppt hätten. Er durchforstete meinen Laptop und mein Handy nach Beweisen für meine Liebschaften. Wenn eine Freundin mir Screenshots von WhatsApp-Konversationen mit Männern schickte, um mich nach Rat für ihr Datinglife zu fragen, behauptete Pedro, es seien meine Chats. Irgendwann war er sich sicher, dass ich mit dem Sprachlehrer vom Portugiesischkurs eine Affäre hätte. Das Schwangerschaftsyoga, zu dem ich jeden Mittwoch ging, existiere auch nicht, das wäre meine Ausrede für heimliche Dates.

So sehr ich es wollte, ich schaffte es nicht, die Trennung zu realisieren. Jedes Mal, wenn ich es mir vornahm, begann ich, mich wieder unendlich schwach zu fühlen – und als Schwangere allein in Portugal völlig schutzlos. Das Praktikum machte tatsächlich viel Spaß, aber eine Aussicht auf einen Job in diesem Bereich gab es mir nicht. Im Gegenteil, es machte mir klar, wie schwer dieser Weg sein würde. Auch das ließ meine Sorgen bezüglich der Zukunft nur noch größer werden.

Pedro behandelte mich dann zum Ende der Schwangerschaft – trotz meines großen Bauchs – auch immer wieder körperlich grob. Er schubste mich etliche Male durch die Wohnung, verdrehte mir weiterhin die Arme oder ließ mich im Winter trotz Erkältung im kaltfeuchten Wäschezimmer auf dem Gästebett ohne Decke oder Heizung schlafen. Er schlug den Kleiderschrank kaputt, Löcher in die Glastür, Gläser und Teller gegen die Wand, beleidigte mich, drohte mir mit Gewalt oder dem Tod, schmiss mich unzählige Male nachts aus der Wohnung und demütigte mich immer wieder. Er drohte inzwischen auch meinen Freunden, meiner Familie, dem Kind.

Zwei Mal schaffte ich es dann tatsächlich, mit der Hilfe von meinen Kolleginnen aus dem Praktikum, auszuziehen. Einmal sogar mit all meinem Hab und Gut für einen ganzen Monat. Aber ich kehrte zu ihm zurück. Ohne Hoffnung auf Besserung, dafür war ich reflektiert genug – aber ein Leben ohne ihn war in dieser Zeit für mich schlimmer als ein Leben mit ihm. Lieber ließ ich mich alle zwei Wochen für eine Stunde demütigen und hatte die restlichen Wochen eine wunderschöne Zeit, als schwanger allein und ohne ihn zu sein.

Als das Praktikum vorüber war und meine einzigen Freunde das Land verließen, stand ich völlig isoliert da. Zuhause wusste außer meinem Vater, meinem Bruder, Maria, Sandra und Xenia niemand von meiner Schwangerschaft. Ich ertrug keine Fragen und hatte keine Kraft, eine heile Welt vorzutäuschen, während ich im größten Albtraum gefangen war. Die Wahrheit über Pedro zu erzählen, war eine noch beängstigendere Vorstellung, würde es doch niemand nachvollziehen können. Die Leute würden entweder glauben, dass ich lüge, oder denken, dass ich vollkommen wahnsinnig bin. Niemand würde verstehen, wie schleichend der Prozess war, dass es so nicht angefangen hatte und dass mit Manipulation und Gaslighting sehr viel mehr möglich ist, als man glauben möchte, und jeder dieser Dynamik unterliegen kann. Die Scham war riesig und einer der triftigsten Gründe, aus denen ich bei diesem Mann blieb. Allein mit Kind würde ich gefragt werden, was passiert sei. Man würde sicher wissen wollen, wo der Vater sei, gerade wenn ich schon bei der Geburt allein war. Vielleicht würden die Leute denken, mein Kind sei bei einem One-Night-Stand entstanden, eine Variante, bei der ich als Mutter nicht viel besser dastand. Noch schlimmer wäre allerdings, dass man mich fragen würde, wieso ich mit solch einem wahnsinnigen Mann zusammen gewesen sei, wieso ich geblieben war und schwanger wurde. Ich hätte es doch selbst so gerne anders gewollt, schämte mich so sehr dafür, in dieser kranken Beziehung gefangen zu sein. Es war mein größter Wunsch, endlich zu gehen, ich konnte nur einfach nicht. Ich glaubte damals nicht die Kraft zu haben, mich diesen Fragen zu stellen und blieb lieber in diesem Gefängnis, als mich den Kommentaren der Gesellschaft auszusetzen.

22. Juni 2018, Porto

Ich brauche Hilfe!

»Die Ärztin hat gesagt, dass es dem Baby gut geht«, sagte der Polizist zu mir und schaute mich mit großem Mitgefühl an: »Sie müssen jetzt noch einmal hier im Krankenhaus für den Bericht den Vorfall kurz schildern, und dann fahren wir zurück zur Polizeiwache.«

Ich nickte und lief der Ärztin und ihrer Assistentin hinterher. Neben mir gingen die zwei Polizisten. Die Menschen im Wartezimmer gafften mich an. Alles, was ich die letzten Monate noch hatte verstecken können, kam nun ans Licht. Ich konnte die Scham kaum ertragen. Die neugierigen und zum Teil mitleidigen Blicke bohrten sich tief in meine Haut. Zum Glück ging dann alles ganz schnell, und ehe ich mich versah, war ich zurück auf der Polizeiwache und fragte mich, was Pedro wohl gerade machte.

»Möchten Sie Anzeige erstatten?«, riss mich der Polizist aus meinen Gedanken.

Ich sah erschrocken auf und wusste nicht, was ich antworten sollte. Am liebsten wollte ich weinen und zu meiner Mama gehen. Ich ertrug das alles nicht mehr. Was passierte hier nur?

»Ich kann Ihnen nur dazu raten. Es wird Ihnen helfen«, er schaute auf meinen Bauch, der nun im achten Monat wirklich gut an Umfang zugelegt hatte und fuhr fort: »Und Ihrem Kind ebenso. Machen Sie es für Ihr Kind.«

Ich nickte.

»Okay, können Sie mir noch einmal den gesamten Vorgang fürs Protokoll schildern? Was ist heute passiert?«

Obwohl ich nach allem, was war, gefühlt kein Fünkchen Kraft mehr übrighatte und nach der anstrengenden Fahrt zum Krankenhaus einfach nur noch ein ruhiges Bett benötigte, atmete ich tief ein und war entschieden, die Geschichte erneut zu erzählen. Es war bereits das dritte Mal heute. Ich war in den letzten Monaten mehrere Male im Krankenhaus gewesen, nachdem es zuhause eskaliert war, und hatte versucht, mich den Ärzt:innen anzuvertrauen, aber dann letztendlich doch jedes Mal geschwiegen. Heute war das jedoch endgültig vorbei. Ich hatte bereits zwei Ärztinnen alles offenbart.

»Wir wollten einkaufen gehen«, begann ich meinen Bericht nun von vorne, »aber er wollte plötzlich sauber machen, was er sonst nie tat, dafür bin ich eher zuständig. Er hat dann angefangen, den Boden im Schlafzimmer zu wischen. Das war das erste Mal, dass ich ihn das habe machen sehen. Dabei holte er dann unter dem Schrank eine Packung Kondome hervor. Das waren die, die wir vor der Schwangerschaft benutzt hatten. Er fragte, wie sie dort hingekommen seien. Er habe erst vor Kurzem sauber gemacht, und da sei nichts gewesen. Dann rastete er vollkommen aus. Das ist oft passiert, aber an diesem Tag war es anders, weil er offenbar den Eindruck hatte, als hätte er hier endlich seinen lang ersehnten Beweis gefunden. Er schloss alle Fenster und Rollläden, nahm den Schlüssel von der Eingangstür, die man nur mit Schlüssel öffnen konnte, und sagte, dass ich nun sehen werde, was passieren würde. Man muss dazu sagen, dass er mir in den Wochen davor des Öfteren von einem Mann erzählt hatte, der seine Frau beim Fremdgehen erwischt und dann erst sie und anschließend sich selbst umgebracht hätte. Pedro hatte dann, am Ende der Geschichte, jedes Mal gesagt, dass er dies genauso machen würde. Ich hatte also Todesangst, als er den angeblichen Beweis gefunden hatte und begann, uns zusammen einzusperren. Er schubste mich durch die Wohnung, auch mit dem Bauch gegen den Schrank, weshalb ich natürlich große Angst um mein Kind bekam. Dann schlug er mich mit der flachen Hand auf den Hinterkopf und sagte, das sei erst der Anfang.«

»Ist das schon öfter passiert?«, hakte der Polizist nach.

»Nein, er hat mir bisher nur die Arme verdreht und mich gegen Dinge geschubst. Aus Wut hat er auch Dinge kaputt geschlagen.«

»Okay, und was ist dann passiert?«

»Dann habe ich meine Freundin Sandra in Deutschland angerufen. Das habe ich in so einem Moment immer getan, weil er dann aus Scham aufhörte. Diesmal versuchte er, mir aber das Handy aus der Hand zu reißen, ich wehrte mich mit aller Kraft, es gab eine Rangelei, und ich schrie zu meiner Freundin ins Telefon, dass sie die Polizei rufen solle, wenn ich gleich nicht mehr dran sein würde. Als er das hörte, ging er aus dem Zimmer. Ich versuchte meine wichtigsten Sachen zu nehmen, um die Wohnung zu verlassen, sprach währenddessen die ganze Zeit weiter ins Handy in meiner Hand. Als ich zur Wohnungstür ging, stellte Pedro sich mir in den Weg, schrie weiter auf mich ein und drohte mir, dass es hier heute enden würde. Ich hatte große Angst, weil ich sah, dass ihn jetzt scheinbar selbst der Anruf bei Freunden nicht mehr abschreckte. Ich bat meine Freundin, bei mir am Apparat zu bleiben und ihren Freund zu bitten, mit seinem Telefon die Polizei zu kontakten. Er versuchte es, doch man sagte ihm, von Deutschland aus könne man leider nichts für mich tun. Es blieb mir nichts anderes übrig, als aufzulegen und selbst bei der Polizei hier in Portugal anzurufen. Zum Glück meldete sich sofort jemand. Mir wurde gesagt, jemand sei unterwegs zu mir. Allerdings kam auch nach einer Stunde noch niemand an. Pedro drohte mir weiterhin, beleidigte mich, brüllte und schlug gegen die Wände. Immer wieder lief er vom Wohnzimmer zurück zu mir ins Schlafzimmer und wieder ins Wohnzimmer. Ich hatte riesige Angst, durch den Stress das Kind zu verlieren, und wusste nicht, ob er mir am Ende eben doch etwas antun würde. Irgendwann hörte ich, dass er ins Bad ging. Ich schlich vor ins Wohnzimmer, fand meinen Schlüssel bei seiner Jacke, schloss die Tür auf und rannte raus zur Polizeistation. Den Rest kennen Sie ja.«

»Okay. Gibt es irgendwelche Beweise? Haben Sie blaue Flecken? Verletzungen, die dokumentiert werden können?«

»Nein, ich bekomme nie blaue Flecken.«

»Gibt es Menschen, die mal bei einem Streit dabei waren?«

»Bei den Auswirkungen nicht, aber es gibt viele Freunde und meine Familie, die bezeugen können, wie krankhaft eifersüchtig er ist und wie er mich terrorisiert hat.«

»Aber nicht, dass er handgreiflich wurde?«

»Nein.«

Der Polizist senkte den Blick. Er überlegte kurz und schaute mich dann erneut an: »Haben Sie irgendwelche Beweise? Es tut mir leid, dass ich das jetzt fragen muss, aber das ist wichtig.«

»Ja, ich habe Nachrichten, Fotos, und es gibt Videos, in denen er mir eindeutig Gewalt androht, den Ausgang verwehrt, den Schrank kaputt schlägt, mich mit Dingen bewirft, mich würgen möchte, und etliche Nachrichten, in denen er mir und dem Kind droht. Ich wollte schon lange aus der Beziehung raus und filmte ihn anfangs, um ihm selbst im Anschluss zu zeigen, wie er sich in diesen Situationen mir gegenüber verhielt. Er konnte es meistens selbst nicht mehr glauben. Es war, als hätte er einen völligen Aussetzer und wäre nicht er selbst. Er ist ja nicht immer so. Erst war es vielleicht eine Beleidigung pro Monat, dann irgendwann wurden es Hasstiraden, dann kam das Am-Arm-Festhalten dazu, dann schubsen, den Arm verdrehen. Irgendwann wurde es häufiger, ungefähr alle zwei Wochen eskalierte es dann richtig. Ich wurde nachts rausgeschmissen, gedemütigt, und mir wurde Gewalt angedroht. Später filmte ich, weil ich wusste, dass mir sonst niemand glauben würde. Ich habe auch seine Ex-Freundin über Social Media kontaktiert, die mir berichtete, dass sie das Gleiche sieben Jahre lang durchgemacht und ebenso viele Videos gefilmt hat. Ich weiß, das klingt alles verrückt. Das alles war ein schleichender Prozess. Ich bin ja nicht blöd und lasse mich auf einen Typen ein, der mich von Anfang an schlecht behandelt.«

»Das brauchen Sie mir nicht zu sagen, das weiß ich natürlich. Es sind die üblichen Strukturen, von denen ich immer wieder höre. Und viele Opfer sammeln schon während der Beziehung Beweise.« Er schaute auf seinen Bildschirm, tippte etwas in die Tastatur und sprach weiter: »Okay, gut. Sie müssen in ein paar Tagen noch einmal zu einer anderen Polizeistelle, die für häusliche Gewalt zuständig ist. Holen Sie bitte nicht allein Ihre Sachen aus der Wohnung. Wissen Sie, wo Sie jetzt unterkommen können? Haben Sie Freunde oder Familie hier, die wir jetzt kontaktieren können?«

»Nein. Vielleicht kann ich morgen meine ehemalige Mitbewohnerin kontaktieren, aber sie hat kein Bett frei für mich. Gibt es keine Unterkunft für Frauen wie mich?«

»Doch, aber ich würde Ihnen wirklich nicht raten, dort hinzugehen. Wenn Sie noch ein bisschen Geld übrighaben, tun Sie mir einen Gefallen und fahren Sie in ein Hotel oder ein Hostel. Kennen Sie eines?«

»Ja, ich wurde etliche Male in den letzten Monaten rausgeworfen, ich bin immer in das gleiche Hostel gegangen.«

»Okay, dann fahren wir Sie dorthin. Ich wünsche Ihnen alles Gute. Es tut mir leid, dass Sie solch eine Erfahrung in meinem Land machen mussten.«

Es war vorbei. Ab dem Zeitpunkt gab es kein Zurück mehr. Ich hatte ihn angezeigt. Ich war im Krankenhaus. Alle Nachbarn hatten es gesehen. Ich fuhr im Polizeiwagen schwanger zu einem Hostel. Ich würde in zwei Tagen meine Masterarbeit in Coimbra präsentieren müssen, und dann würde ich heimfliegen und Portugal hinter mir lassen. Was einst mit einem Umzug ins Land meiner Träume begonnen hatte, nahm nun solch eine Wende. Ich fragte mich erneut, was alle denken werden. Und beschloss, es keinem zu erzählen. Selbst jetzt wollte ein Teil von mir wieder zurück zu Pedro. Ich wollte nicht ohne ihn sein. Ich wollte nicht nach Deutschland, wo meine Mama nicht mehr war. Ich wollte zu ihm und wollte, dass alles gut war. Ich bekam Panik, wenn ich daran dachte, dass es jetzt kein Zurück mehr gab. Unsere Zukunft war nun definitiv zerstört. Es würde keine heile Familie mehr geben. Ich würde allein mit einem Kind dastehen. Ich hatte nicht mal einen Job. Ich hatte solche Angst. Würde seine Aggression gegen mich denn damit aufhören? Würde ich endlich aufhören, zu ihm zurückzuwollen? Würde ich jemals frei von seiner Macht über mich sein? Egal, daran durfte ich jetzt noch nicht denken. Heute war der erste Schritt getan. Heute war ich weiter als gestern. Morgen würde ich weiter als heute sein. Ich hatte ihn angezeigt. Heute war ich, waren wir, in Sicherheit.

23. Juni 2018, Porto

Allein aus Scham und Angst

Auch wenn ich mit der Anzeige den Beginn eines neuen Lebens für mich und mein Kind möglich gemacht hatte: Es war noch nicht vorbei.

Einen Tag nachdem ich Pedro angezeigt hatte, kam ich bei meiner ehemaligen Mitbewohnerin Antonia unter. Auch wenn meine andere Mitbewohnerin Daria wieder zurück in Polen war, tat es gut, in einer gewohnten Umgebung zu sein. Ich präsentierte in Coimbra meine Masterarbeit, holte unter Aufsicht der Polizei meine restlichen Kleider aus der Wohnung und stieg mit einem 1er-Abschluss, Graduierten-Stipendium und all meinem Hab und Gut im Gepäck in den Flieger nach Deutschland.

Doch trotz allem, was passiert war, blieb ich innerlich gefangen. Auch wenn ich Pedro und nun sogar Portugal verlassen hatte, war mein Inneres weiter in dieser Beziehung. Es war eine Dynamik entstanden, die ich, obwohl ich sie inzwischen erkannte, einfach nicht durchbrechen konnte. Meine Ängste waren wie eine Mauer. Eine Mauer zwischen mir und meiner Freiheit. Ich war noch immer nicht bereit, allein in die Mutterschaft zu gehen. Ich konnte mir einfach nicht vorstellen, dass ich, aber vor allem Emil glücklich werden könnte. Es war mir so peinlich, mit 27 Jahren allein mit einem Kind dazustehen, dem ich rein gar nichts zu bieten hatte. Ich sah aus wie eine Gescheiterte, als wäre ich komplett dumm! Dabei war ich das doch absolut nicht. Mein größter Wunsch war eine intakte Familie, und zu diesem Zeitpunkt war ich bereit, alles dafür zu geben, und vergaß dabei mein eigenes Wohlergehen.

Heute wünschte ich, ich könnte zurückreisen und meinem damaligen Ich Aufnahmen von heute zeigen, dieser verunsicherten Jasmin von damals Mut zusprechen und sagen, dass alles wundervoll werden wird, wenn sie nur ein wenig Geduld und Vertrauen hat. Damals war ich ein Mensch, der von seinen Ängsten vollkommen beherrscht war. Ängste vorm Scheitern. Vorm Alleinsein. Davor, eine schlechte Mutter zu sein. Und immer wieder die Angst, was die anderen denken könnten. Würden sie Emil als Unfall abtun? Würde er gehänselt werden? Würde ihm etwas fehlen? Das Gedankenkarussell war unerträglich.

Den Geburtsvorbereitungskurs absolvierte ich mit zwanzig glücklichen Paaren um mich herum. Ich erzählte allen, dass mein Partner noch in Portugal arbeiten müsse und daher nicht mit dabei sein könne. Ich lebte lieber eine Lüge, als vor allen zuzugeben, dass ich so blöd gewesen war, von einem Psychopathen schwanger zu werden. Ich weiß bis heute nicht, wie Pedros Störung zu bezeichnen ist, ob er eine narzisstische Persönlichkeitsstruktur, Schizophrenie oder eine ganz andere psychische Erkrankung hat. Ich bin keine Psychologin, und ich glaube, Branding ist oft auch eher eine Form von Wut als eine sinnvolle Einordnung. Jeder, der ihn näher kennenlernte, fand jedoch schnell heraus, dass er keinerlei Empathie besaß, unter Größenwahn litt und erschreckend manipulativ vorging, um zu bekommen, was er wollte und glaubte, dass es ihm zustand. Und den wenigen Freunden und einzelnen Familienmitgliedern, denen ich beichtete, wie Pedro mich behandelte, war es ein Rätsel, wie ich mit solch einem Menschen eine Beziehung führen konnte. Dieser Blick von außen war es, der mich jahrelang quälte und so viel Scham erzeugte. Ich war als starke emanzipierte Frau bekannt. Bei feministischen Diskussionen war meine Meinung laut zu hören. Ich war selbstbewusst, lustig und wortgewandt. Ich war hübsch, gebildet und war viel gereist. Ich schämte mich so sehr, dass ich derart schwach war und mich von einem Mann in dieser Weise behandeln ließ. Ich wollte nicht nach dem Warum gefragt werden.

Denn ich verstand mich selbst nicht. Zum einen hatten sich manche seiner Sätze so stark in mein Gehirn eingebrannt, dass ich, obwohl ich wusste, dass das Gesagte nicht der Wahrheit entsprach, selbst irgendwann anfing zu zweifeln, ob er nicht doch recht mit allem hatte. Ich hatte das Gefühl, den Verstand zu verlieren. Alles, was ich tat, war aus der Überzeugung heraus, ihm meine Unschuld beweisen zu müssen. Ich fühlte mich so gedemütigt, dass ich alles tat, um ihn zu einem Schuldbekenntnis zu bringen. Von ihm zu hören, dass nichts von all den Anschuldigungen stimmte und er mich um Verzeihung bitten müsse. Ich konnte es nicht ertragen, dass er mich als Betrügerin darstellte und dies als Grund für die gescheiterte Familie ansah. Etwas in mir hegte immer noch diese winzige Hoffnung, dass alles noch gut werden könne – er eine Therapie machen würde, um für sein Kind der Vater zu sein, den er nie hatte –, und dann müsste ich auch vor niemandem erklären, warum ich mit ihm zusammen war. Auch wenn ich mir eine richtige Beziehung mit ihm gar nicht mehr vorstellen konnte. Es war eine Co-Abhängigkeit. Seine »Sucht« war das Finden von Indizien für das vermeintliche Fremdgehen. Meine »Sucht« war, zwanghaft meine Unschuld beweisen zu wollen. Und die Frage nach der Schuld ist es schließlich, die auch von der Gesellschaft sofort aufgegriffen wird. Auch nach dem Umzug nach Deutschland besaß ich daher noch lange nicht den Mut, auch emotional zu gehen.

Doch im Grunde ging es nie um »die anderen«. Das, von dem ich glaubte, dass alle anderen es über mich denken würden – dass ich schwach und abhängig war –, es war das, was ich selbst über mich dachte. Ich schämte mich, in diese Abhängigkeit geraten zu sein. Ich war dabei nicht einmal sauer auf Pedro. Aber nicht etwa aus Naivität. Es war die Tatsache, dass ich den Ursprung seiner Problematik kannte. Ich besitze bis heute genügend Empathie für den verletzten Teil in ihm: Er hatte seine Vergangenheit nie aufgearbeitet und war seinem alten Schmerz hilflos ausgeliefert. Wie soll ein Kind es auch verkraften, dass der Vater die Mutter beinah tötete?

Dieses Verständnis für seine Geschichte war der Hauptgrund dafür, dass mein Mitgefühl lange nicht in Wut umschwang. Im Nachhinein fragte ich mich natürlich immer wieder, wieso ich keinerlei Empathie für mich selbst besessen hatte. Wieso war ich überhaupt diese Beziehung eingegangen? Wieso hatte ich mich nicht früher befreit und bin stattdessen immer wieder zurückgegangen? Wie verzweifelt muss ich gewesen sein? Ja, ich war sehr verzweifelt.

Ich war so verzweifelt, dass ich ihn, sogar nachdem ich regelrecht vor ihm geflohen war und mich in weiter Ferne befand, förmlich anbettelte, bei der Geburt dabei zu sein. Ich wollte zwar keine Beziehung mehr mit ihm führen, aber irgendwie glaubte ich völlig realitätsfern, dass die Geburt ihm doch endlich die Augen öffnen würde und er doch noch ein guter Vater für Emil werden könnte. Es verletzte mich sehr, dass er sich unsicher war, ob er kommen würde, denn wie konnte ein Vater die Geburt seines Kindes nicht erleben wollen? Wie konnte er nicht alles dafür geben? Wie konnte es da überhaupt einen Zweifel geben? Es war doch sein Kind. Wenn er nicht für mich kam, dann doch aber für Emil. Er musste ihn doch lieben! Wie hätte ich Emil das je erklären sollen, dass sein eigener Vater es nicht einmal für nötig hielt, bei seiner Ankunft in die Welt dabei zu sein? Als Frau hatte ich keine Wahl, ich würde die Schmerzen meines Lebens ertragen müssen, ob ich Lust hatte oder nicht, aber er, er konnte einfach seinem eigenen Leben nachgehen, ein bisschen mit Freunden skaten, abends ein paar Bier trinken, während ich allein in meinen Wehen lag und die Blicke und Fragen der Menschen im Krankenhaus ertragen musste.

Nach seinem für ihn so typischen Hin und Her entschied Pedro sich schließlich nach Wochen dafür, doch zu kommen, und flog zu mir nach Deutschland.

In meiner neuen Wohnung, einer heruntergekommenen Behausung in einer winzigen Stadt in der Nähe von Frankfurt – passend für gescheiterte Menschen wie mich, wie ich damals dachte – machte er dann drei ganze Wochen lang das, was er am besten konnte: mir die Hölle heiß. Es passte ihm nicht, dass Emil nicht pünktlich kam. Sein Laden würde keinen Umsatz generieren. Allein meine Schuld! Das fand auch seine Mutter, die mir vorwarf, dass ich Pedro viel zu frühzeitig Bescheid gegeben hätte. Irgendwie schienen die beiden nicht zu verstehen, dass eine natürliche Geburt nicht planbar war und ich keinerlei Einfluss darauf hatte, wann Emil kommen würde. Heute weiß ich ganz genau, was diesen Jungen davon abhielt, seinen sicheren Hafen zu verlassen. Draußen würde ihn ein schreiender Vater erwarten und dazu eine Mutter, die nervlich am Ende war. Bei dem Stress wäre ich auch lieber im Bauch geblieben. Ich wusste schon damals, dass es eine kluge Entscheidung von Emil war, hatte absolutes Verständnis für ihn – und für meinen Körper. Doch trotz dieser Erkenntnis war es mir einfach nicht möglich, Pedros Beschwerden zu ignorieren, und ich versuchte alles, um die Sache zu beschleunigen. Ich putzte die ganze Wohnung, ich lief, so viel ich konnte, ich trank Tees, die angeblich die Geburt einleiten würden, rieb mich mit speziellem Wehen-Öl ein und ging sogar zum Heilpraktiker, um Emil mit Hilfe von Akkupunkturnadeln mitzuteilen, dass er doch bitte schnellstmöglich rauskommen solle. Alles nur, damit sein Vater wieder zurück zu seinem Laden gehen könnte, um keine Umsätze einzubüßen. Dabei hatte ich ihm schon in den frühen Monaten meiner Schwangerschaft vorgeschlagen, Geld für diese Zeit und spontane Flüge anzusparen. Das hatte er nicht getan. Und somit standen wir nun, ein halbes Jahr später, vor der Situation, dass ich für sein Essen aufkommen musste, da er bereits die Flüge bezahlt hatte und angeblich pleite sei.

Mich plagt heute noch ein schlechtes Gewissen, dass ich mich in den letzten drei Wochen vor der Geburt weiterhin von diesem Mann stressen ließ und Pedros Wohlergehen noch immer über das meines Kindes stellte. Ganz zu schweigen von meinem eigenen. Er war nicht gewalttätig, schrie mich nicht mehr an, beleidigte mich auch nicht mehr, aber auf emotionaler Ebene machte er mich völlig fertig. Als ich zur Akkupunktur ging, um die Geburt zu beschleunigen, verschwand er bis spät in die Nacht, weil er es »pervers« fand, dass »irgendein Mann Nadeln auf meinem nackten Körper verteilen würde«. Er ließ mich fünf Tage vor der Geburt am See sitzen, weil ich mich im Schatten mit meinem Handtuch zu nah an einen älteren Mann legte. Alles war wie immer. Am liebsten hätte ich ihn ein für alle Mal rausgeschmissen, allein schon als Rache für all die Male, die ich schwanger allein nachts in Porto herumirren musste, nachdem er mich wieder aus der Wohnung geworfen hatte. Schlussendlich brachte ich es aber einfach nicht übers Herz, denn in meinen Augen bestand ja immer noch die Hoffnung, dass die Geburt für den einen, alles verändernden Moment sorgen könnte. Auch das war mir im Nachhinein zutiefst peinlich und fiel mir lange schwer, vor anderen zuzugeben, war es doch das größte Klischee, das man Frauen in solchen Beziehungen nachsagt und sich fragt, wieso sie so naiv sind. Trotzdem kam ich nicht gegen meine Gefühle und die Hormone an.

Einen Tag vor der Geburt flog Pedro zurück nach Portugal. Es war ihm egal, dass Emil bald ohnehin geholt werden musste. Ich war am Boden zerstört. Wofür war er überhaupt die letzten Wochen hier gewesen? Was machte das alles für einen Sinn? Wofür hatte ich mir all das angetan, wenn ich jetzt bei der Geburt doch allein sein würde? Am Mittag musste ich ins Krankenhaus zur Untersuchung, weil Emil schon so lange über dem Termin war. Plötzlich fragte mich die Krankenschwester, ob ich denn keine Schmerzen hätte, man könne schon Wehen verzeichnen. Ich war geschockt, fuhr nach Hause und berichtete Pedro per WhatsApp davon, der mich in seiner Wut, weil er nun gerade heimgeflogen war, erst einmal blockierte. Es war das erste Mal seit Beginn unserer Beziehung, dass mir das recht war. Ich hatte keine Nerven mehr für ihn, und es war mir plötzlich egal. Erschöpft legte ich mich ins Bett und war froh, allein und in Ruhe sein zu dürfen.

Am Morgen erwachte ich mit heftiger Migräne. Ich suchte mir deshalb eine Meditation auf YouTube heraus, legte mich wieder in mein Bett und begann zu meditieren. Innerhalb weniger Minuten fiel die gesamte Last der letzten Wochen von mir ab. Endlich konnte ich entspannen. Ich konnte mich mit meinem Kind verbinden und mich bei ihm entschuldigen. Ich lauschte der Musik, die mich in andere Welten hob. Ich fühlte mich, als wäre ich eine Feder und würde, von der Musik getragen, dahinschweben. Plötzlich sagte eine Stimme in mir, dass alles gut werden würde.

»Nimm dir alle Zeit der Welt«, sagte ich dann zu Emil. »Ich liebe dich, egal, wann du kommst.« Kurz darauf spürte ich, wie eine warme Flüssigkeit meine Hose durchnässte. Ich öffnete die Augen und sah, wie sich auf der Matratze unter mir ein großer nasser Fleck bildete. Die Fruchtblase war geplatzt. Es ging los. Meine Freundin Xenia kam wie ausgemacht sofort zu mir, fuhr mich ins Krankenhaus, wich nicht von meiner Seite und war die wohl beste Begleitung, die ich mir hätte wünschen können.

Währenddessen dachte ich absurderweise tatsächlich nur eines: »Bitte komm noch nicht, Emil, bitte warte, bis Pedro da ist.« Der saß inzwischen nämlich wieder im Flugzeug auf dem Weg zu uns, und wenn er die Geburt nun verpasste, dann hätte ich mich auf etwas gefasst machen können. So quälte ich mich von Wehe zu Wehe. Am liebsten hätte ich mich ins Koma versetzen lassen. Ich zitterte, erbrach mich mehrere Male. Ich ertrug die Wehen kaum. Gleichzeitig konnte ich mir einfach nicht vorstellen, dass gleich wirklich ein Kind, mein Kind, auf die Welt kommen würde. Heute weiß ich, dass viele Schwangere diesen Augenblick als surreal empfinden. Aber damals war ich allein damit und komplett überfordert. Würde ich wirklich gleich Mutter werden? Ich wollte, dass es endlich so weit war und mein Leiden ein Ende hätte, aber gleichzeitig wollte ich, dass Pedro es miterlebt, dass auch er sieht, dass da tatsächlich die ganze Zeit über ein Kind in meinem Bauch war. Dass er die Qualen der Geburt miterlebt, dass er doch ein wenig Empathie entwickelt, Respekt gegenüber Frauen, Ehrfurcht vor dem Leben. Reflektiert, was er mir und diesem kleinen unschuldigen Wesen all die Monate über angetan hatte.

Eine entspannte Geburt, wie ich sie mir ursprünglich erträumt hatte, im Wasser, bei Kerzenlicht und mystischen Klängen, im Arm meines lieben Mannes, konnte ich bei den Umständen und auch aufgrund meiner inneren Zerrüttung natürlich nicht erleben. Dafür arbeitete ich gedanklich viel zu sehr gegen Emil und meinen Körper an, war dadurch angespannt, was zu noch mehr Schmerzen führte.

Nach zehn langen Stunden kam Pedro schließlich in den Kreißsaal, und Emil rutschte nur wenige Sekunden später, als wäre es genau so geplant gewesen, mit der nächsten Wehe heraus. Für einen Augenblick stand die Welt still. Dann hörte ich sein Schreien, die Hebamme trug ihn zur Waage, wickelte ihn in ein Handtuch und legte ihn mir schließlich mit den Worten »Das ist dein Sohn« auf meine Brust. Da lag er. Nach Nahrung suchend. Mit seiner roten Haut und den vielen, vielen schwarzen Haaren. Emil, mein Sohn. Mein eigenes Kind. So wunderschön. So perfekt. Ich weinte bitterlich. Das Auf und Ab meiner Brust schüttelte seinen kleinen Körper durch. Es fiel mir schwer, mich zu beruhigen. Ich wusste, dass die Geburt für mich alles verändern würde. Ich war jetzt wahrhaftig kein Kind mehr, ich war nun selbst Mama. Trauer über den Verlust meiner Mutter machte sich in mir breit, Trauer darüber, dass sie dieses perfekte kleine Wesen nie kennenlernen würde. Gleichzeitig empfand ich Hoffnung, jetzt mit meiner neuen Rolle mehr und mehr mit der Trauer abschließen zu können. Ich hatte das Gefühl, meine Mama sei auf andere Weise wieder da, und ich bräuchte keinerlei Angst zu haben. Alles würde gut werden. Dieses kleine unschuldige Wesen war meines, und es war meine Aufgabe, ihm eine Welt voller Freude zu bieten, ihn mit all meiner Liebe großzuziehen. Zum ersten Mal seit langer Zeit war Pedro egal. Auch wenn er physisch anwesend war, spürte ich ihn nicht mehr. Dieser Mensch war jetzt wie außerhalb unseres Energiefelds. Emil veränderte alles. Er zeigte mir, was wahre Liebe war. Er gab mir meine Kraft zurück und beendete ein für alle Mal diesen gefährlichen Fluch, der mich für Jahre gefangen gehalten hatte. Ich war wieder ich selbst, und ich war bereit, alles für das Wohlergehen dieses kleinen Jungen zu tun. Vor allem aber erkannte ich, dass ich Pedro nicht brauchte, denn ich war glücklich ohne ihn.

25. Dezember 2018, Mühlheim

Der letzte Schritt in die Freiheit

Vier Monate später, es war einen Tag nach Weihnachten, kam Pedro zu Besuch, und ich beendete diese Beziehung für immer. Ich hatte endlich begriffen, wer wirklich meine Familie war: Emil. Ich brauchte Pedro nicht. Auch Emil brauchte ihn nicht. Ich hatte es in diesen Sekunden nach der Geburt gewusst. Und nun hatte ich den Beweis noch einmal vor mir: In Pedros Augen war keinerlei Liebe für dieses Kind. Noch viel eher für mich, aber das bedeutete mir rein gar nichts mehr. Er wagte es sogar, vor Emil zu schreien und wieder vom Fremdgehen anzufangen. Da legte sich in mir endlich der Schalter um. Ich zeigte ihm die Tür. Direkt danach gab ich mein Handy in Xenias Hände und fuhr mit ihr und Emil in ihr altes Familienhaus, wo ich Pedros Entschuldigungen und Liebesbeschwörungen nicht mehr zu lesen bekam. Alles, was ich brauchte, war bei mir.

Eine Woche später musste ich vor Gericht in Wiesbaden erscheinen. Die Videoübertragung nach Portugal funktionierte nicht, also durfte ich mit einem Polizisten unter vier Augen sprechen und ihm all meine Beweise überreichen. Als ich dann die schrecklichen Bilder und Videoaufnahmen in seinem Beisein noch einmal sah, alles erneut detailliert schildern musste, wusste ich, dass es jetzt endgültig und für immer vorbei war. Ich war frei.

Pedro drohte nun eine Gefängnisstrafe. Sein Anwalt schlug vor, dass er sich, um diese nicht absitzen zu müssen, verpflichtete, sich für die nächsten zwei Jahre weder bei mir zu melden noch in meine Nähe kommen. Er würde außerdem an einem Programm für häusliche Gewalt teilnehmen und für die nächsten drei Monate zu einer Therapie gehen. Ich war einverstanden. Das Gefängnis würde aus ihm keinen besseren Menschen machen, alles, was ich wollte, war, dass er mich in Ruhe ließ, damit ich heilen konnte.

Es dauerte noch lange, die Scham, nicht früher gegangen zu sein, abzulegen. Noch Jahre danach wollte ich Wut und Hass auf Pedro empfinden, bis ich endlich verstand, dass ich das nicht muss. Es ist okay, dass ich ihm vergeben habe, es ist sogar richtig. Viel eher musste ich noch lernen, mir selbst zu vergeben. Aufhören, mich schuldig zu fühlen, ihn trotz seines Verhaltens geliebt zu haben. Aufhören, mich dafür zu schämen, von ihm ein Kind bekommen zu haben. Das war nur möglich, indem ich mir bewusst machte, dass es viele verschiedene Gründe gegeben hatte, die zu meinem Handeln geführt hatten. Die für mich völlig neue Intensität der Beziehung, die Schwangerschaft, der Verlust meiner Mutter kurz zuvor, die Isolation in Portugal. Heute kann ich verstehen, wieso ich damals nicht in der Lage war, zu Emils und meinem Wohl zu handeln. Es war eine jahrelange Manipulation. Und all das, was ich erlebte, war neu für mich. Ich hatte die Muster häuslicher Gewalt nicht gekannt. Ich hatte vorher noch nie mit diesem Thema zu tun gehabt und wusste nicht, welche Frühwarnzeichen es gibt. Ohnehin war ich immer davon ausgegangen, dass mir so etwas nie passieren könnte, und wenn, dass ich schneller weg wäre, als die Person Auf Wiedersehen sagen könnte.

Heute weiß ich, dass sehr viele Menschen so denken. Sie gehen davon aus, dass Opfer selbst falsch gehandelt haben und ihnen das nie passieren würde. So können sie sich selbst einreden, dass ihnen keine Gefahr droht, weil sie diese vermeintlichen Fehler nicht begehen würden.

Für mich ist es moralisch verwerflich, die Schuld beim Opfer zu suchen. Doch leider machen es so viele Menschen immer wieder. So werden Opfer von sexuellem Missbrauch beispielsweise danach gefragt, welche Kleidung sie trugen, ob sie allein unterwegs waren, ob sie betrunken waren. Es ist einfacher, Opfern Verantwortung zuzuschreiben, als die Stimme gegen die Täter zu erheben und sich für eine Welt einzusetzen, die Menschen besser schützt, die Gewalt früher sichtbar macht, die detaillierte Informationen liefert und es Tätern damit schwerer macht, andere so zu behandeln. Und genauso ist es einfacher zu behaupten, dass Opfer häuslicher Gewalt ebenfalls selbst verantwortlich sind für das, was sie erlebt haben. Wahrscheinlich handelt es sich um naive dümmliche Frauen, so die immer noch sehr verbreitete Meinung.

Doch was viele nicht wahrhaben wollen, wogegen sie sich mit Händen und Füßen wehren, ist die Tatsache, dass es wirklich jeden treffen kann. Ob jung oder alt, reich oder arm, egal, welcher Herkunft oder welchen Geschlechts. Obschon inzwischen bereits mehr darüber bekannt ist, wird die Macht von Gaslighting und Manipulation noch immer unterschätzt. Es wird weiterhin zu wenig über die Details und Mechanismen gesprochen, und somit sind sich die wenigsten Menschen der Muster und Trigger bewusst.

Heute habe ich eine gewisse Dankbarkeit dafür entwickelt, das erlebt zu haben. Dadurch habe ich Emil bekommen, und mit meinen Erzählungen kann ich Betroffenen helfen und alle anderen davor warnen. Ich bin mir sicher, dass alle Menschen im Laufe ihres Lebens mindestens einmal etwas gemacht haben, worauf sie nicht stolz sind oder wofür sie sich schämen. Gerade wenn Liebe mit im Spiel ist, man den Kopf völlig ausschaltet, kann man im Nachhinein das eigene Verhalten oft nicht mehr ganz nachvollziehen. Diese unangenehmen Geschichten behalten wir jedoch meist für uns. Viel lieber erzählen wir von unseren Heldentaten. Doch gerade aus den weniger schönen und ruhmreichen Erlebnissen können wir und andere lernen. Sie geschehen uns allen und sind Teil unseres Lebens. Es ist menschlich, Fehler zu machen. Wir müssen nur lernen, die Scham abzulegen und offen darüber zu sprechen.

Drei Jahre liegen nun hinter mir, hinter uns. Drei Jahre, in denen ich mir viel Zeit zum Heilen gab, und nach einer intensiven Bewältigungsarbeit langsam Frieden schließen konnte – mit all dem Geschehenen und mit mir selbst. Es waren auch drei Jahre, in denen Emil und ich zu einer glücklichen kleinen Familie zusammenwachsen durften. Natürlich war es nicht immer einfach. Aber das erste Jahr war grandios. Wir reisten quer durch die Welt, schon seit Emil ein paar Wochen alt war. Ich ging auf Bali surfen, wir fuhren im Kanu durch Schweizer Bergseen, schwammen in Kroatien unterm Sternenhimmel, machten Schneewanderungen in Österreich und besuchten in Griechenland einsame Strandbuchten. Doch dann fing der Stress mit den vielen Jobs an. Trotzdem war nichts mehr so schlimm wie die grauenvolle Zeit, in der ich emotional gefangen und an Pedro gebunden war. Emil und ich hatten zwar nicht viel Geld, kein großes Zuhause und nicht so viel gemeinsame Zeit, wie ich es mir wünschte, aber jedes Handeln, jede Entscheidung, alles, was ich in meinem Leben machte, war zu seinem Wohl, weil Emil alles für mich ist.

Heute bin ich wieder ich selbst. Ich bin wieder stark, und ich bin stolz auf mich und meine Leistung. Für die Gesellschaft mag vielleicht meine Schwäche im Vordergrund stehen, für mich ist es meine Stärke.

Was du brauchst, ist Mut und Geduld. Und irgendwann wirst du frei sein. Freier als je zuvor.

6.

Blick nach vorn!

20. August 2021, Tournon-sur-Rhône

Komplett im Hier und Jetzt

Den Himmel, der heute über uns schwebt, ziert keine einzige Wolke, er strahlt förmlich in sattem Blau beschützend auf uns herab. Die Luft ist warm und dennoch frisch. Und unsere Strecke hat kaum Steigung. Dennoch bin ich kurzatmig.

Ich umgreife den Lenker ganz fest und hole tief Luft, atme wieder aus. Wie soll ich Emil nur von all dem erzählen? Wie kann ich das, was passiert ist, in eine kindgerechte Sprache verpacken? Ich weiß es nicht, und vielleicht gibt es auch kein Richtig und kein Falsch. Ich möchte so nah wie möglich an der Wahrheit bleiben.

»Emil, dein Papa hat leider eine Krankheit«, höre ich mich selbst sagen. »Und wegen dieser Krankheit ist er manchmal böse zur Mama gewesen.« Mein Puls überschlägt sich fast. Ich weiß nicht, ob das die passenden Worte waren. Ich will ihm die Wahrheit sagen, und gleichzeitig will ich ihn schützen und sein Bild von seinem Papa nicht zerstören.

»Dann geh ich zu ihm«, entgegnet Emil. »Und dann sag ich ihm, er soll nicht böse zu dir sein. Dann ist er lieb, und wir sind eine Familie.«

Mir steigen die Tränen in die Augen. Natürlich war mir klar, dass er sich irgendwann wundern würde, wo sein Vater ist, dass er im Kindergarten die Väter der anderen Kinder sieht und sich fragen würde, warum er keinen hat. Aber es jetzt aus seinem Mund zu hören, dass er sich eine Familie mit einem Papa wünscht, ist eine Qual für mein Mama-Herz. Es war das, wovor ich ihn so lange Zeit bewahren wollte.

»Emil, dein Papa ist lieb, wenn er gesund ist«, versuche ich es weiter. »Und dich hat er immer lieb. Er will nicht zum Arzt gehen, und deshalb musste ich weggehen, aber vielleicht geht es ihm irgendwann wieder gut, und dann ist er nicht mehr böse, und du kannst ihn besuchen gehen.« Ich schlucke. »Aber weißt du, wir sind auch ohne ihn eine richtige Familie. Du, ich, dein Opa, deine Omas und deine vielen Patentanten. Wir alle haben dich lieb. So eine große Familie hat nicht jeder.«

»Ich habe aber meinen Papa auch lieb«, sagt Emil und fängt an, ein Lied über seinen tollen Papa zu dichten.

Ich glaube, es hat geklappt. Ich wollte, dass Emil weiß, warum ich gegangen bin, aber dass er auch weiß, dass es nichts mit ihm zu tun hatte und er trotzdem geliebt wird. Irgendwo auf seine seltsame Weise liebt Pedro ihn vielleicht auch. Er ist Opfer seiner eigenen Vergangenheit und schließlich Opfer seiner selbst.

Die Sonne steht schräg hinter uns und wärmt meinen Körper beim Fahren. Dunkelgrüne Berge reihen sich vor und neben uns auf, als würden sie uns demonstrieren wollen, wie klein wir eigentlich sind. Davor blühende Apfelbäume zu unserer Linken und Rechten, dicht an dicht auf grüner Wiese stehend. Schmetterlinge fliegen am Rand des Weges, der mittig durch die atemberaubende Landschaft führt.

Verglichen mit meinen anderen Reisen auf fernen Kontinenten mag die Kulisse hier nichts Besonderes sein. Ayers Rock, die Gletscher von Neuseeland oder die Tempel Indiens sind natürlich eine ganz andere Hausnummer gewesen. Imposant und selbstbewusst ziehen sie jährlich Millionen von Tourist:innen an. Dieses Stück Natur hier, irgendwo oberhalb von Valence, scheint hingegen niemanden zu interessieren. Wir sind die einzigen Menschen weit und breit.

Ein Vogel fliegt von Ast zu Ast vor uns her, als würde er uns begleiten wollen, und packt zur Feier des Tages sein schönstes Lied aus. Mein Herz hüpft mir bis zum Halse, und ich fühle, wie sich meine Augen plötzlich mit Tränen füllen. Auf meinem Gesicht macht sich ein riesiges Lächeln breit, während die Tränen mir über die Wangen rollen. Ich richte meinen Lenker zur Seite und fahre so dicht wie möglich an die zum Weg zeigenden Äste, strecke meinen rechten Arm in die Höhe und streife die Blätter im Vorbeifahren. Wenn all die Qualen, all der Horror mit Pedro mich hier mit meinem kleinen Emil an diesen Ort geführt haben, dann war es all das wert. Ich bin ich, aufgrund all dessen, was ich erlebt habe, und niemand anderes möchte ich sein als Emils Mama.

»Mamaaaa«, ruft Emil aus seinem Anhänger und reißt mich aus meinen Gedanken.

»Ja Emil?«, rufe ich zurück und schaue ihn mir durch den Seitenspiegel meines Fahrrads an.

»Mama, ich bin glücklich«, ruft er und schaut sich zufrieden die Natur an seiner Seite an.

Ich muss schlucken. Ich möchte ihm antworten, doch aus meinem Mund kommen keine Worte heraus. Viel zu trocken fühlt er sich an. Und selbst wenn mein Mund in der Lage wäre, findet mein Kopf keine passenden Worte zum Aussprechen. Mein Sohn ist glücklich. Ein fast dreijähriges Kind ruft einfach mal so, dass es glücklich ist. Meine Haare am ganzen Körper stellen sich auf, und eine elektrisierende Welle durchfährt mich. Warum ist Emil glücklich? Sein Geburtstag ist doch erst morgen. Er hat doch noch gar keine Geschenke erhalten. Kein Eis in der Hand. Kein neues Spielzeug. Nichts, was sonst irgendwie außergewöhnlich wäre. Er sitzt doch einfach nur in seinem Anhänger und fährt mit mir durch die Natur. Ich versuche meine Stimme wiederzufinden und rufe: »Ich auch, Emil. Ich bin auch so unendlich glücklich.« Und wie ich das bin. Allein sein Glück bedeutet mein Glück. Was wäre ein schöneres Geschenk für eine Mutter als dieser Satz aus dem Mund ihres Kindes?

Auf dem restlichen Weg nach Valence finden wir auf einer kleinen Kirmes noch ein Kinderkarussell, mit welchem Emil mehrere

Runden drehen darf. Vier sogar umsonst, weil der Betreiber es nicht fassen kann, dass wir tatsächlich aus Deutschland mit dem Fahrrad hierhergekommen sind. Eigentlich bekommt nur das Kind die nächste Fahrt umsonst, welches die Mickey Mouse, die über den Köpfen an einer Schnur schwebt, als Erstes fängt. Es erinnert mich an meine Urlaube als Kind am französischen Atlantik. Damals hielt man mir die Mickey Mouse laut Erzählungen direkt vor die Nase, und ich fing sie trotzdem nicht, was all die umstehenden Eltern köstlich amüsierte. Heute stehe ich hier und beobachte das Gleiche bei meinem Kind. Als würde ich meine schönsten Kindheitserinnerungen vom Urlaub am Atlantik nun doch mit ihm teilen können.

Schließlich kommen wir nach sechzig Kilometern in dem schönen Valence, in einer wunderschönen Ferienwohnung mit kleinem Garten und einem überaus zuvorkommenden älteren Gastgeber an. Dieser Ort eignet sich perfekt zum Dekorieren und Geburtstagfeiern. Noch einmal schlafen, und mein kleiner Engel ist schon drei Jahre alt. Ich kann es kaum erwarten.

21. August 2021, Bourg-lès-Valence

Ein einzigartiger Geburtstag

Ich hatte unsere Ferienwohnung mit vielen bunten Luftballons geschmückt, Emil kleine Geschenke besorgt, einen gekauften Kuchen mit Smarties und Kerzen bestückt, und nach der Bescherung verbrachten wir den Tag im Rutschenparadies des örtlichen Schwimmbads. Unser Gastgeber gab Emil auch ein paar tolle Geschenke, so dass der kleine Zwerg völlig außer sich vor Freude war. Verglichen mit dem üblichen Stress an Kindergeburtstagen war es erstaunlich, wie leicht es hier fiel, ihm eine Freude zu bereiten. Es brauchte kein buntes Geschenkpapier, eine Papierserviette und ein Stück Kordel reichten aus. Es störte ihn nicht, dass der Kuchen nicht selbst gemacht war, Hauptsache, er durfte drei Kerzen auspusten und sich etwas wünschen. Vor allem aber war ich erstaunt darüber, dass er so glücklich über seine Geschenke war. Zuhause hätte ich mindestens das Fünffache aus dem Hut gezaubert. Hier gab es eine Barbie, drei kleine Autos, ein Kartenspiel, ein großes Überraschungsei und Smarties. Für ihn war es genug. »MAMA!!! TUUUUHHHL! DANKE!«, schrie er bei jedem geöffneten Geschenk, und ich hätte ihn jedes Mal aufs Neue abknutschen können, wenn ich seine Aussprache des Wortes »cool« hörte. Er fühlte sich reichlich beschenkt, und der finanzielle Wert spielte für ihn keinerlei Rolle.

Obwohl ich mich als reflektierte Person beim Thema Konsum betrachte, bemerke ich mal wieder, dass ich doch auch Opfer des Kapitalismus und Teil der Konsumgesellschaft bin. Nicht Emil braucht das teure Spielzeug, ich bin es, die glaubt, dass er es braucht, um glücklich zu sein. Ich überlege: Was mochte ich eigentlich an meinen Geburtstagsfeiern als Kind am meisten? Es war definitiv nicht der Fakt, dass meine Mutter die teuersten Geschenke machte, sondern dass sie die zauberhaftesten Feste für uns arrangierte. Keine andere Mutter, die ich kannte, betrieb solch einen Aufwand wie sie. Dabei ging es nicht um die Fülle an schicken Party-Accessoires, die man heute so oft bei Instagram sieht, sondern um die liebevolle Aufmerksamkeit, die sie dem Ganzen widmete. Angefangen bei den aufwändig selbst gebastelten Einladungskarten, die ich meinen Freunden immer so stolz überreichte, bis hin zu der märchenhaftesten Dekoration, die man sich vorstellen kann. Es fällt mir schwer, nicht nur in Superlativen zu denken, wenn es um Erinnerungen an meine Mama geht – es war wirklich zu genial. Ich erinnere mich noch heute daran, wie sie auf dem Wohnzimmerboden kniend mühevoll alle Utensilien für den Geburtstag bastelte – ich durfte natürlich nur von Weitem schauen. Aber allein sie dort so glücklich versunken zu sehen, in der Vorbereitung meiner Feier, weckte ein richtig großes Glücksgefühl in mir. Es war der Traum eines jeden Kindes. So feierten wir an meinem neunten Geburtstag zum Beispiel eine Dschungel-Party, für die meine Mutter grüne Netze über das gesamte Wohnzimmer unserer Dachgeschosswohnung gespannt hatte. An den Netzen seilten sich wilde Kuscheltiere ab, Tücher aus verschiedenen Grüntönen hingen herunter, grüne Luftballons und Girlanden rundeten das Ganze schließlich ab. Der Anblick überwältigte mich vollkommen, als ich nach der Schule nach Hause in diese wilde Fantasiewelt eintrat. Als meine Freunde dann kamen, bastelte meine Mutter stundenlang mit uns, wir tanzten und spielten die lustigsten Spiele. Papa machte anschließend beim Abendessen den Alleinunterhalter und amüsierte alle bestens, bevor meine Freunde unsere Wohnung mit einer Tüte voller Süßigkeiten und kleiner Geschenke wieder verließen. Zurück blieb die kleine glückliche Jasmin, die zufrieden in ihr Bett fiel.

Ich habe schon als Kind Dankbarkeit für diese Mühe und Hingabe meiner Mutter gespürt und fand Kinderpartyspiele, die keinerlei Geld kosteten, sogar wesentlich spaßiger als teure Aktivitäten. Kostspielige Geburtstage mit Horden von Kindern auf der Schlittschuhbahn oder im Schwimmbad fand ich sogar ziemlich doof.

Und tatsächlich hat auch Emil offenbar ein solches Bewusstsein für das Einfache. Es spielt für ihn keine Rolle, mit welchem Material ich hier die Ferienwohnung dekoriert habe, er kann die Verwandlung der Unterkunft zu seinen Ehren sehen, freut sich, dass er Geschenke auspacken darf, egal, wie teuer sie waren, und ist happy, mit mir einen schönen Tag zu verbringen. Um nichts anderes geht es letztendlich für ein Kind. Und mit Emil diesen Spaß erleben zu dürfen, war für mich das größte Glück der Welt.

22. August 2021, La Voulte-sur-Rhône

Ermutigung to go

Seit wir von Lyon runter Richtung Mittelmeer fahren, habe ich mehr und mehr das Gefühl, im Urlaub zu sein. Nichts sieht mehr aus wie zuhause. Wir sind in einer vollkommen neuen Welt. Und wir sind tatsächlich mit dem Fahrrad hierhergekommen. Langsam empfinde ich so etwas wie Stolz auf unsere Leistung.

Alles fühlt sich schon so maritim an. Auch wenn wir nur an einem Fluss entlangfahren. Auf irgendeine Weise gleicht die Rhône dem Meer. Die blaue Farbe, die glitzernde Oberfläche, dazu die warme Sonne auf meiner Haut. Ich habe das Gefühl, jeden Moment das große blaue Meer am Horizont erblicken zu können. Es erinnert mich an lang zurückliegende Kindheitstage, wenn wir in den Sommerferien mit der ganzen Familie im Auto bis an den französischen Atlantik fuhren. Unser Auto war bis unters Dach vollgepackt, in jeden kleinen Luftraum wurde noch und noch mehr hineingestopft, so dass wirklich jede freie Fläche vollkommen ausgenutzt war. Aus heutiger Sicht natürlich absolut unverständlich, ich will mir gar nicht ausmalen, was passiert wäre, wenn mein Vater nur einmal hätte richtig in die Bremsen treten müssen. Damals schien es völlig normal. Mein Vater fuhr die ganze Nacht durch, und irgendwann früh in den Morgenstunden kam der Moment, in dem sich vor uns die Weite des Meeres zeigte. Der Streit zwischen meinem Bruder und mir, die durch die Müdigkeit erzeugte Gereiztheit meines Vaters, die leicht genervte Art meiner Mutter, all das war in diesem Augenblick vergessen und ließ uns eine glückliche Familie sein. Auch heute, 25 Jahre später, empfinde ich noch immer die gleiche Euphorie wie damals die kleine Jasmin, die mit ihren blonden geflochtenen Zöpfen, den übermüdeten Augen und ihrem Balu, dem Bären, den sie fest im Arm hielt, aus dem Fenster schaute und sehnsüchtig auf die Ankunft wartete. Am meisten freute ich mich allerdings immer auf den Campingplatz und hoffte, dort auf viele Kinder zu treffen. Dieser Wunsch wurde natürlich erfüllt. Es gab immer reichlich Kinder aus aller Welt, die alle in ganz unterschiedlichen Sprachen miteinander kommunizierten. Dass dies kein Problem darstellt, durfte auch Emil schon oft auf unserer Reise feststellen. So auch heute.

Wir waren auf einem großen Spielplatz. Emil war ganz außer sich. Besonders das riesige Piratenschiff mit den vielen Rutschen hatte es ihm angetan, als ein Junge, nicht viel älter als er, auf ihn zukam. Es war amüsant zu beobachten, wie die beiden sich verständigten. Emil war der stumme Part, während der andere Junge ihn mit Französisch bombardierte. Der Junge wiederholte ein und denselben Satz immer und immer wieder und sprach dabei besonders langsam und laut auf Emil ein. Ein bisschen wie bei einem Schwerhörigen. Emil hatte dennoch keinen Schimmer, was ihm der Junge so dringlich sagen wollte. »Mama, der Junge spricht Franzööööisch«, rief Emil mir zu, während der kleine Franzose mit großen Augen erst ihn ansah und dann fragend zu mir herüberschaute. Ich musste laut lachen. Mit viel Gestik und Mimik und etlichen lauten und laaaangsamen Wiederholungen schaffte der Junge es aber schließlich doch noch, bei Emil ein Nicken hervorzuzaubern, was den Jungen wiederum zum Strahlen brachte. Die beiden rannten zum nächsten Spielgerät. Es war so spannend zu sehen, dass Emil wirklich kein Wort sprach, sondern ausschließlich mit Nicken, Kopfschütteln, Lachen und verwirrten Gesichtsausdrücken kommunizierte. Als würde er begreifen, dass wir hier diejenigen sind, die die falsche Sprache sprechen und nicht andersherum.

Es ist inzwischen 14 Uhr. Emil hat seinen Mittagsschlaf hinter sich und sitzt gut gelaunt mit Spiderman in der einen und dem kleinen roten Auto in der anderen Hand in seinem Anhänger. Er lässt sie um die Wette fliegen und dann mit einem riesigen »Bumm« gegen die Innenwand des Anhängers knallen: »Unfall! Unfall.« Schließlich fallen Spiderman und Auto zu Boden.

Vom Meer trennen uns heute tatsächlich nur noch sage und schreibe 200 Kilometer Luftlinie. Wahnsinn! Im Vergleich zu den über 1000 zurückgelegten Kilometern ist das nun wirklich ein Katzensprung. Fahren müssen wir allerdings noch fast 400 Kilometer, bis wir wirklich da sind. Doch auch das erscheint mir nicht mehr allzu weit. Es fällt mir schwer, im Moment zu bleiben, da die Vorfreude sich kaum unterdrücken lässt. Seit zwei Jahren war ich nun wegen der Pandemie nicht mehr am Meer. Dieses Gefühl der Lebendigkeit und Freiheit, die Erinnerungen an die schönsten Tage meiner Kindheit und das Surfen haben mir so gefehlt. Das Meer ist für mich immer noch ein Sinnbild von Glücklichsein. Noch vor wenigen Jahren hätte ich das Meer täglich an meiner Seite haben können, wenn ich geblieben wäre. Doch fühlte sich Portugal nach allem, was dort geschehen war, viel zu sehr wie ein Gefängnis an, als dass ich hätte dort weiterleben oder bald zurückkehren können.

»Hiiiii, was seid ihr denn für ein cooles Team! Woher kommt ihr?«

Eine Fahrradfahrerin fährt mit ihrem Gravelbike und kleiner Satteltasche von links hinten an uns heran und bremst auf meiner Höhe, um sich meinem Tempo anzupassen. Ihre gebräunten Arme und Beine schauen aus ihrem schwarz-pinken Fahrradoutfit heraus. Sie wirkt extrem durchtrainiert. Das hier scheint nicht ihre erste Tour zu sein. Sie trägt einen dieser Helme, den man wohl erst ab einer bestimmten Geschwindigkeit »verliehen bekommt«, weil er einen schon von Weitem als Radprofi kennzeichnet. Dazu eine schicke Fahrradbrille mit rötlich getönten Gläsern. Kein Zweifel, das ist keine Amateurin, hier meint es jemand ernst!

»Hi, danke, wir sind aus Frankfurt«, antworte ich lachend. »Woher kommst du?«

»Ich komme aus Holland«, erzählt sie strahlend. »Ich bin vor ein paar Tagen mit dem Zug nach Lyon gefahren und fahre jetzt Richtung Meer. Dort wohnt eine Freundin von mir. Was ist euer Plan?« Sie spricht sehr schnell und wirkt überhaupt voller Euphorie und auch ein wenig aufgedreht. Ihre Energie ist wunderbar ansteckend.

»Oh cool«, sage ich und lächle. »Ja, wir wollen auch ans Meer und dann weiter die Küste entlang nach Spanien bis zur Fähre nach Marokko.«

»Wow, und das machst du alles allein mit deinem Sohn?«, fragt sie erstaunt.

Ich nicke.

»Ich habe auch einen Sohn, er ist inzwischen aber schon zwanzig«, lacht sie, »wie alt ist deiner?«

»Emil ist gestern drei geworden. Und du hast einen Sohn, der zwanzig ist? Du siehst noch so jung aus, wie ist das möglich?«, frage ich sie und bin wirklich mehr als irritiert. Ich hätte sie auf Mitte, höchstens Ende dreißig geschätzt.

»Ich bin letzte Woche fünfzig geworden«, antwortet sie gut gelaunt. Man merkt ihrer Stimme an, dass sie sich sehr über mein Kompliment freut.

»Krass! Das kann ich kaum glauben«, entgegne ich. »Das Fahrradfahren hat dich aber sehr jung gehalten. Da weiß ich ja, was ich die nächsten Jahre zu tun habe.« Ich lache ihr zu.

»Ja, ich fahre wirklich viel Fahrrad, aber weißt du, es geht gar nicht so sehr um den Sport. Mein Geist ist jung geblieben«, erzählt sie dann. »In Lyon habe ich in einem Hostel geschlafen, dort waren nur junge Leute so in deinem Alter oder noch jünger, aber es hat sich für mich überhaupt nicht komisch angefühlt. Im Gegenteil, ich finde junge Menschen so inspirierend und hätte niemals in einem teuren Hotel übernachten wollen. Was bringt einem der Luxus, wenn die interessanten Gespräche fehlen?«

Ich muss innerlich lachen, weil ich sie mir nur zu gut im Hostel feiernd vorstellen kann. Dann fährt sie fort: »Ich bin auch allein gewesen mit meinem Sohn und war oft mit ihm gemeinsam auf solchen Trips, da war er aber schon älter. Dieses Jahr wollte ich etwas für mich allein machen.« Sie lächelt stolz. »Fünfzig ist schon eine besondere Zahl, das kann ich nicht leugnen. Da denkt man schon viel über das eigene Leben nach, wenn man dieses Alter erreicht. Ich wollte das feiern und etwas Verrücktes machen. Deshalb fahre ich jetzt mal 450 Kilometer Rad zu meiner Freundin. Wir machen dann zusammen noch eine Woche Wanderurlaub auf Madeira.«

Ich mag sie. Nicht nur, weil sie alleinerziehend ist und mich nicht fragt, wo der Vater ist. Nicht, weil sie abenteuerlustig zu sein scheint und eine besondere Verbindung zu ihrem Sohn pflegt. Nein, ich mag sie auch für ihre Art. Sie bricht das Eis nicht vorsichtig, sondern stößt einfach mitten hindurch und ist voll da, mit all ihrer Wärme. Dabei ist sie charmant und in keiner Weise übergriffig.

»Wow, das hört sich so cool an! Ich hoffe, mein Sohn wird später in dem Alter auch noch Lust haben, mit seiner Mutter auf Reisen zu gehen.« Ich muss lachen, wenn ich an dieses Bild von dem coolen Emil und seiner alten peinlichen Mama denke. »Die wenigsten Kinder haben ja in dem Alter noch Lust auf ihre Eltern. Da musst du echt etwas richtig gemacht haben. Mir graut es jetzt schon vor der Zeit, in der er mich plötzlich uncool findet und nichts mehr mit mir zu tun haben möchte.« Tatsächlich habe ich in den vergangenen Tagen bereits viel darüber nachdenken müssen. Der Gedanke scheint kaum greifbar, dass unser Verhältnis irgendwann einmal nicht mehr so intensiv sein könnte. Und doch weiß ich, dass es so kommen wird. Die wiedergewonnene Freiheit wird dann bestimmt auch einige Vorteile mit sich bringen, aber dass er sich nur alle paar Monate mal notdürftig bei mir meldet: keine schöne Vorstellung.

Die Holländerin muss den nachdenklichen Ton aus meinen Worten herausgehört haben und entgegnet: »Ach weißt du was, du darfst gar nicht so sehr auf die anderen hören. Die Pubertät muss nicht zwangsläufig so schwer werden, wie oft behauptet wird. Ich wette, du hast dich auch bei dieser Reise bereits gegen viel Gegenwind behaupten müssen. Das Wichtigste ist wohl, dass du gelassen bleibst. Wir haben uns nicht wegen unwichtigen Dingen gestritten. Wenn mein Sohn mal wieder die dreckigen Teller stehen lassen hat, dann habe ich ihm das ganz ruhig gesagt, aber ich habe ihn nicht angeschrien, und ich habe ihn auch nicht bestraft. Es sind auch am Ende des Tages einfach nur Teller, und manchmal hat man eben einfach keinen Bock darauf.«

Ich weiß genau, was sie meint. »Ja, viele glauben einfach, dass sie jetzt einen erwachsenen Menschen und kein Kind mehr vor sich haben, und verlieren ihre Geduld. Dabei machen Teenager mindestens genauso viel Entwicklung durch wie Kleinkinder. Über so Lappalien hinwegzusehen ist in der Theorie aber einfacher gesagt als in der Praxis gelebt. Ich weiß nicht, ob ich das so könnte. Wirklich Hut ab, dass du das tatsächlich so geschafft hast.«

»Ach, ich verwette mein Fahrrad darauf, dass du das auch schaffst«, lacht die Frau fröhlich, »du bist der Inbegriff von Gelassenheit. Du fährst hier mit deinem Sohn auf dem Fahrrad ganz allein durch fremde Länder. Ich weiß doch ganz genau, wie viele Eltern auch in dieser Phase von Kleinkindern die Geduld verlieren. Später ist es die Pubertät, in diesem Alter nennen sie es die Trotzphase.« Sie bricht in lautes Lachen aus. »Ich kenne dich zwar nicht, aber du behandelst deinen Sohn doch jetzt schon total auf Augenhöhe, sonst würdest du ihm das doch niemals zutrauen. Freu dich auf alles, was noch kommt! Das ist nur der Anfang. Mein Sohn ist heute erwachsen, und trotzdem haben wir noch immer die gleiche enge Beziehung wie damals, als er noch so klein war wie deiner jetzt.« Sie dreht sich zu Emil um und winkt ihm in seinem Anhänger zu.

»Das ist echt das erste Mal, dass ich das höre«, antworte ich nachdenklich. »Normalerweise wird mir immer gesagt, dass ich diese Zeit, wenn sie noch so klein sind, besonders genießen soll, weil es die schönste Zeit mit Kindern sei.«

»Ja, das liegt daran, dass die meisten Leute keine Widerworte vertragen und irgendwann begreifen müssen, dass ihre Kinder doch eigenständige Wesen mit einer eigenen Meinung sind.« Ihr Lachen klingt so laut und ehrlich, als wäre sie komplett allein oder als wäre es ihr eben vollkommen egal, was irgendjemand von ihr halten könnte.

Ich bin überwältigt von ihrer Energie. Auf der einen Seite fällt es mir schwer, mit ihrem Tempo mitzuhalten, wir fahren durchweg mindestens 22 km/h, was deutlich über meiner Wohlfühlgeschwindigkeit liegt, auf der anderen Seite strahlt sie so viel Lebensfreude aus, dass sie mich irgendwie total in ihren Bann zieht und meine Beine gerne für sie schneller treten. Wir fahren noch ein paar Kilometer gemeinsam im schnellen Tempo nebeneinanderher, bis der Weg endet und wir über eine Treppe nach oben zur Brücke müssen, um auf die andere Seite des Flusses zu gelangen. Normalerweise hätte ich jetzt ein riesiges Problem und hätte das Fahrrad, das Gepäck, Emil und den Anhänger einzeln die Treppe rauf und runter tragen müssen. Jetzt hingegen ist die Holländerin da. Sie hievt mit einer Bärenkraft den Anhänger die Fahrradrampe seitlich der Stufen hoch, während ich vorne am Lenker schiebe. Die 85 Kilogramm kann sie zwar auch deutlich spüren, aber wie bei ihrer Energie zu erwarten war, kann ihr das nichts anhaben. Lachend steht sie da und drückt den Anhänger mit einer Wucht nach oben, dass ich vorne fast kein Gewicht mehr spüre. So bin ich bereits in Sekundenschnelle mit Fahrrad, Anhänger und Emil oben angekommen. Dort verabschiede ich mich von ihr, um mein Handy in einem Café zu laden. Fröhlich winkend rast sie davon. Puh, das war ganz schön anstrengend, aber auf die schönste Art und Weise! Da fährt man nichts ahnend gemütlich an einem französischen Fluss entlang, und plötzlich kommt jemand angerast und gibt einem in nur wenigen Minuten mehr Input als so manche Person, die man zuhause bereits seit Jahren trifft! Ich kenne nicht einmal ihren Namen, dennoch haben mir ihre Worte so viel Mut gegeben und waren genau das, was ich heute hören musste. Dafür liebe ich das Reisen. Man ist losgelöst von allem, weiß nie, was einen erwartet, ist den neuen

Impulsen ausgeliefert und kann sich und seine Denkmuster vollkommen neu erfinden.

Das Café neben der Brücke entpuppt sich als dunkle verqualmte Spielothek. Die Kellnerin, eine Frau mittleren Alters, deren großzügig aufgetragenes Make-up die durch die vergangenen Nächte erzeugte Müdigkeit nicht verbergen kann, trägt ein hautenges Kleid, dessen Rotton in diesem Moment wahrscheinlich dem meines Kopfes gleicht. Sie scheint sichtlich erstaunt über unseren Besuch, bringt uns umgehend die zwei gewünschten Gläser Apfelsaft und schenkt Emil sogar noch ein kleines Vanilleeis am Stiel. Mein Handy steckt sie mit großer Selbstverständlichkeit im Laden in die Steckdose und schafft es, uns ein Gefühl zu vermitteln, dass wir wirklich gern gesehene Gäste sind. Selten fühlte ich mich derart willkommen, und das ist definitiv nicht der lieblos hergerichteten Außenterrasse zu verdanken, auf der es außer zwei Stühlen und einem Tisch nichts zu sehen gibt. Da sind keine Pflanzen, kein Zaun, keine Deko, man hätte auch meinen können, dass die wenigen Möbel für den Sperrmüll nach draußen auf den Gehweg gestellt wurden. Sehr untypisch hier in Frankreich. Trotzdem fühle ich mich heimisch. Es ist ihr großes Lächeln, die strahlenden Augen, aber auch der stolze Blick, den sie den vorbeilaufenden Passant:innen zuwirft, als würde sie sagen wollen: »Hey, schaut mal her, bei mir ist's so schön, dass sogar Mütter mit ihren Kindern hier Rast machen.«

Die beiden Wanderer, die gerade vorbeikommen, wirken dabei eher irritiert. Es scheint nicht gerade der Ort zu sein, wo man als Familie ein Erfrischungsgetränk genießt. Vielleicht gelten die Blicke aber auch dem vollgepackten Fahrrad, und ich bilde mir den Rest ein. Vielleicht bin ich auch einfach k.o. von der Hitze und meiner schnellen Tour mit der Holländerin. Wer weiß das schon. Letztendlich ist es auch total egal. Wir sind allein auf der Terrasse irgendeiner Spielothek in irgendeinem kleinen Dorf in Frankreich, mit einer überaus herzlichen Frau, mein Handy wird wieder aufgetankt – und wir ebenso. Emil wirkt dank seines Eises voll und ganz zufrieden. Ich setze den Apfelsaft an, genieße die kalte Süße, die mich umgehend stärkt, und könnte mir keinen besseren Ort für unsere Pause vorstellen.

Zurück auf dem Fahrrad gehe ich wieder in unser gemütliches Tempo über. Es liegt laut Navi heute in etwa bei 16 km/h. Was für eine Wohltat. Ich merke immer wieder aufs Neue, wie sehr ich das Alleinsein genieße. Total untypisch für mich. Amanda, wie ich die Computerstimme des Navis gestern getauft habe, kündigt an, dass wir in 50 Metern rechts abbiegen und vom Fluss wegfahren sollen. Es war längst überfällig, ihr einen Namen zu geben. Immerhin fahren wir bereits seit Wochen gemeinsam durch die Landschaften, und ohne sie und ihre monotone Stimme wären wir längst vollkommen aufgeschmissen.

»Jetzt rechts!«

»Wohin auch sonst, Amanda?«, frage ich heiter zurück und zeige auf das vor uns liegende Wegende.

Es dauert jetzt nur noch eine halbe Stunde, dann kommen wir auf dem Campingplatz an, bauen das Zelt auf, springen in den Pool, kochen uns Reis mit Gemüse, kaufen uns ein Eis und genießen den Abend am See.

23. August 2021, Ancône

Eine harte Prüfung

Das Wetter ist weiterhin ein Traum. Wir fahren inzwischen sechzig Kilometer pro Tag, ein bisschen mehr als üblich, weil eine gute Freundin und ihre kleine Tochter, Emils beste Freundin, am Meer auf uns warten. Wir wollen Katherina und Malie auf einem Campingplatz in dem kleinen Ort La Couronne, ungefähr 30 Minuten von Marseille treffen, um mit ihnen ein paar Tage am Wasser zu verbringen.

Die Strecke ist auch abseits des Flusses wunderschön, und ich bin voller Ruhe. Die Campingplätze auf diesem Teil der Route sind jetzt alle mit einem Pool ausgestattet, die Menschen scheinen noch gelassener, und es wirkt, als wären hier alle bereits in Urlaubsstimmung.

Am Nachmittag aber wird es extrem windig. Straßenschilder, Äste und sogar Mülltonnen fliegen durch die Gegend, auf den Fahrten über große Autobrücken halte ich die Luft an und muss mit aller Kraft den Lenker gegen den Seitenwind richten, um nicht vom Fahrrad zu fallen. Auf dieser Brücke ist es ganz besonders heftig. Mein Herz rast, und ich umklammere die Griffe des Lenkers, so fest ich kann. Dann fährt noch ein Lastwagen an uns vorbei, und der heulende Wind reißt mich fast komplett vom Fahrrad. Wie immer, wenn ich lauten Wind höre, denke ich an meine Mutter. Und sofort spüre ich, wie ich innerlich wieder ruhiger werde.

Wir fahren von der Brücke ab und biegen in einen Feldweg ein. Ich habe Glück, dass der Wind mich von hinten anschiebt. Danke,

Mama! Würde dieser Wind von vorne kommen, hätte ich heute pausieren müssen. So haben wir bereits 50 Kilometer ohne große Mühe hinter uns lassen können. Trotzdem stehen uns noch 20 bevor. Ich bin ein bisschen in Eile, um noch rechtzeitig zu unseren Freunden ans Meer zu kommen. Vielleicht hätte ich gar nicht zusagen dürfen, kommen erste Zweifel in mir auf, während der Wind mir wieder laut um die Ohren pfeift. Er wirkt nicht sanft heute, wie an dem Tag, nach dem meine Mutter gestorben war, sondern stark und furchterregend. Gegen seine Kraft kann ein Mensch nicht ankommen. Ich denke daran, dass Wirbelstürme ganze Häuser einfach so davontragen. Zwar gibt es das nicht häufig in Europa, aber das ändert nichts an meiner Angst davor. Ich fahre, so schnell ich kann, und überlege, ob mir meine Mutter etwas sagen will. Und weiß sofort, was die Botschaft sein muss. »Mama, wenn wir da sind, werde ich eine Pause machen, versprochen. Bitte lass uns einfach nur noch heil ankommen«, spreche ich laut vor mich hin und frage mich zugleich, ob ich nun völlig den Verstand verloren habe. Zum Glück kann mich keiner hören, während ich hier durch einsame Gegenden fahre und dabei mit dem Wind spreche. Scheinbar muss man dafür nicht extra nach Santiago de Compostela laufen, es reicht, sich einfach nur der Einsamkeit auszuliefern.

Emil schläft wie üblich in der zweiten Hälfte unserer Tour und bekommt vom Wind und meiner Angst nichts mit. Heute Vormittag, als er wach war, war noch alles in Ordnung. Da mussten wir nicht dauernd über riesige Autobrücken oder über offene Felder radeln. Es flogen auch noch keine Dinge durch die Gegend, sonst wären wir ja gar nicht erst losgefahren.

Ich fühle eine riesige Anspannung in mir. Weit und breit sehe ich keinen Menschen. Gleich muss ich nach links abbiegen, dann werden wir seitlichen Wind haben wie auf den Brücken, und das auf ziemlich langer Strecke. Was ist, wenn ich vom Fahrrad gerissen werde, ein Weiterfahren unmöglich wird? Zurück gegen den

Wind werde ich es auch nicht schaffen. Dann sitzen wir hier fest. Für wie lange? »Mama, bitte, was habe ich denn falsch gemacht?«, spreche ich erneut gegen den Wind an, »ich wollte doch nur rechtzeitig am Meer ankommen, nicht nur für mich, auch Emil hätte sich so sehr gefreut.« Gefühlt wird der Wind nur noch heftiger. »Ist ja gut! Ich werde es lassen! Ich werde weniger Kilometer fahren, egal, wann wir am Meer ankommen. Bitte! Lass uns aber wenigstens heute noch den Campingplatz erreichen!« Wir biegen links ab. Jetzt weht der Wind stark von der linken Seite und das auf offenem Feld. Es kostet mich große Mühe und Kraft, den Lenker gegen diese kräftige Energie festzuhalten. »Jetzt bloß nicht fallen, Jasmin. Halt den Lenker fest. Egal, was passiert«, denke ich mir und bewege unter größter Anstrengung meine Beine auf den Pedalen auf und ab. Noch zwei Kilometer geradeaus. Links und rechts von uns liegen die Gräser komplett flach gebogen auf dem Boden. Auch sie hat der Wind unter Kontrolle. Ich spüre die enorme Anspannung in meinem Körper, besonders meine Arme fangen durch den enormen Kraftaufwand an zu schmerzen. Meine Haare schlagen mir immer wieder ins Gesicht. Dann kommt das, wovor ich seit einer Stunde Panik habe, ich verliere die Kontrolle. Der Wind reißt mir mit all seiner Macht das Fahrrad zur Seite. Ich kann gerade noch rechtzeitig abspringen. Der Anhänger und mein Hinterrad stehen durch das Gewicht felsenfest auf dem Boden. Doch mein Vorderrad trägt keine Taschen und ist zu leicht, um dem Wind standzuhalten. Ich halte den Lenker weiter fest, kämpfe gegen den Wind an und schaffe es, das Vorderrad wieder auf den sandigen Boden und nach vorne zu drücken, aufzusteigen und erneut loszufahren. Da reißt es mich erneut herunter. »ICH HABE ES VERSTANDEN!!!«, schreie ich gegen den Wind, der meine Worte umgehend davonträgt. Ich stehe da und beginne zu weinen. ich traue mich nicht, mich zu bewegen. Mit aller Kraft stemme ich das Fahrrad gegen den Wind. Dann geht es weiter. Noch eineinhalb Kilometer. Weinend trete ich in die Pedale. Mein ganzer Körper ist im Ausnahmezustand. Noch

500 Meter, 300, 80, 20, zehn, fünf. Amandas Stimme kann ich nicht hören, aber sie zeigt mir, dass ich wieder nach rechts abbiegen kann. Der Wind ist jetzt an unserer anderen Seite, dann in unserem Rücken, gibt uns wieder Schub. »Danke, Mama!«, sage ich leise. »Ich werde eine Pause machen, ich verspreche es! Scheiß-egal, wo das Meer ist!« Vom Wind getragen, rasen wir die restlichen Kilometer bis zum Campingplatz nur so dahin. Es gibt keine Autobrücken mehr, die jetzt bei dieser Windstärke ohnehin für uns nicht mehr befahrbar wären, und es geht tatsächlich nur noch geradeaus mit mächtig Rückenwind.

Dann, kurz vorm Ziel, steht uns eine kleine Schlucht bevor, über die eine winzige Fußgängerbrücke führt. Dahinter befindet sich ein Ort mit dem poetischen Namen Orange. Was für ein schönes Ziel. Aber wir schaffen es nicht hier rüber, der Anhänger ist zu breit. Panik steigt in mir auf. Sitzen wir jetzt so kurz vorm Ziel fest? Es gibt keinen anderen Weg! Ich merke, wie mir der Schweiß aus den Poren schießt. Was ist das für ein Witz hier heute? Als hätte man das mit Absicht gemacht. Wir können doch jetzt hier nicht festsitzen! Doch dann, mit viel Rumprobieren und großem Willen, schaffe ich es, das Fahrrad, Emil und den Anhänger jeweils einzeln über die Schlucht zu transportieren, fahre zum Campingplatz und baue an einem windgeschützten Ort unser Zelt auf.

23. August 2021, Orange

Wer nicht hören will, muss fühlen

Mit Fahrrad und Anhänger hat man nicht die Möglichkeit, alle interessanten Orte zu besuchen, sie müssen auf der Route liegen und natürlich nicht zu weit oben. Umso mehr erfreut es mich, wenn wir ganz ohne Planung und rein zufällig auf diese ganz besonderen Fleckchen Erde stoßen. Orange ist magisch! Zugegeben habe ich von diesem Dorf zuvor noch nicht gehört, doch diese bezaubernde Altstadt zieht mich sofort in ihren Bann. Und das antike Amphitheater noch mehr. Bis zum Sonnenuntergang verweilen wir auf den oberen Tribünen und malen uns aus, wie früher genau dort die alten Römer saßen. Emil ist so fasziniert, dass er an Fasching nun auch Römer werden möchte. Ein cooler Wunsch für einen Dreijährigen, wie ich finde.

Da sich der Wind am nächsten Morgen gelegt hat, fahren wir doch weiter über Avignon nach Arles. 72 Kilometer – wieder weit mehr als üblich. Doch eine Tour nur bis nach Avignon, das 31 Kilometer von Orange entfernt ist, wäre mir viel zu kurz gewesen, und vor Arles gab es keinen anderen Campingplatz mehr. Ich habe also keine Wahl. Die Strecke ist schön, nur die abgerissenen Äste erinnern noch an den Sturm vom Vortag. Doch ungefähr zehn Kilometer vor unserer Ankunft verlassen mich langsam meine Kräfte. Ich habe seit Lyon keine richtige Pause mehr gemacht und täglich um die siebzig Kilometer zurückgelegt. Mein Körper sehnt sich nach Ruhe, doch jetzt, wo wir fast das Meer sehen können, kann ich doch nicht einfach aufgeben. Die letzten zwei Kilometer zähle ich die Meter herunter, gerate in den üblichen Tunnelblickmodus, stelle meine Gedanken aus und lasse meinen Körper über seine Grenzen hinausgehen. Dann, nach 72 Kilometern, unserer bisher längsten Strecke, komme ich schließlich völlig entkräftet am Campingplatz an. Ich will mich nur noch auf den Boden schmeißen, mit Wasser übergießen und ein kaltes Getränk zu mir nehmen, doch plötzlich sehe ich, dass der Campingplatz geschlossen hat. Ich könnte einfach nur heulen.

Meine schnelle Internetrecherche verrät mir, dass es weder einen anderen Campingplatz im Umkreis noch ein freies Zimmer in Arles gibt. Dennoch fahre ich in die Stadt hinein und verzweifelt von Hotel zu Hotel – und bekomme eine Ablehnung nach der nächsten. Ich überlege, ob wir uns einen Schlafplatz draußen suchen sollten, aber dann müssen wir erst wieder aus der Stadt fahren und etwas Verstecktes finden. Dafür habe ich einfach keine Kraft mehr. Ich denke an das Versprechen an meine Mama und habe das Gefühl, selbst schuld zu sein. Hätte ich nur einfach die kürzere Strecke gewählt und in Avignon gehalten. Ich hatte es doch gestern versprochen, langsam zu machen.

Letztendlich übernachten wir im teuersten und zugleich ekelhaftesten Hotel der gesamten Reise. Das Zimmer stinkt nach Rauch, überall sind Flecken, Staub und Haare. Fast 70 Euro zahlen wir dafür, dass wir am Ende das Zelt als Plane auf das Bett legen und in unseren Schlafsäcken schlafen. Was für ein Luxus! Emil hatte die Anweisung bekommen, nichts anzufassen, die Dusche war nicht betretbar, und ich bin um 5.30 Uhr heilfroh, dass endlich die Sonne aufgeht und wir nun packen und pünktlich um 7 Uhr das Hotel wieder verlassen können.

»Meer, Meer, Meer, wo bist du, mein schönes Meeeeer!«, singt Emil dann vergnügt in seinem Anhänger mit seiner pinken Glitzersonnenbrille auf der Nase und einem tanzenden Spiderman in der Hand.

»Gleich können wir es sehen, Emil. 50 Kilometer vor uns liegt es bereits. Das große Meer, und dann sind wir im Urlaub!«

»Baut Malie auch ein Zelt, Mama?«

»Ja, sie haben das sogar schon aufgebaut und warten auf uns auf einem wunderschönen Campingplatz direkt am Meer, und wir kommen heute noch dort an. Kannst du das fassen, Emil? Heute werden wir am Meer sein! Als wir das letzte Mal zusammen am Meer waren, warst du noch ein kleiner Zwerg und hast gerade Laufen gelernt. Du wirst es so lieben!«, schwärme ich, während mir die Tränen vor Vorfreude in den Augen stehen und Emil wieder sein Lied »Meer, Meer, Meer« anstimmt.

Der Weg sieht aus wie im Film. 40 Kilometer geht es nur geradeaus durch einen einzigartigen Nationalpark. Überall unberührte, wild blühende Wiesen. Zu meiner Linken ein Bach. Außer ein paar Vögeln, Schmetterlingen, Libellen und Herden weißer Pferde ist weit und breit niemand zu sehen. Die Vorfreude auf das Meer gibt mir unerwartete Kraft, so dass wir die 40 Kilometer in einem Rutsch durchfahren. 40 Kilometer, ohne auf andere Menschen zu treffen. Das hatten wir noch nie. Irgendwie mystisch, als wären wir allein auf dieser Erde. Emil ist vergnügt und scheint sich ebenso sehr auf die Ankunft zu freuen wie ich. Mit dem Fahrrad bis ans Meer! Ich kann es einfach nicht fassen! In den ersten Tagen unserer Reise hätte ich es nicht für möglich gehalten. Wenn ich an den anstrengenden ersten Tag, an die erste Tour bis zu Sandra und Michael nach Darmstadt, denke oder an Britta, die uns lachend in Mannheim begrüßte, als ich dort völlig erschöpft am zweiten Tag ankam. Das hat keiner für möglich gehalten! Ich habe das Gefühl, dass alles, wirklich alles auf dieser Welt zu schaffen ist, wenn man dafür kämpft. So viele Auf und Ab allein bis hierher, und gerade das macht die Ankunft doch so bedeutsam. Die Freude nur noch größer! Denn wir sind ein großes Risiko eingegangen, haben Mut und Stärke bewiesen und hart für diese Ankunft gekämpft.

Doch noch sind wir nicht am Ziel angekommen. Der einsame Feldweg entpuppt sich urplötzlich als Sackgasse. Ein paar Hundert Meter vor uns ist eine riesige Schranke. Mehrere Autos fahren an uns vorbei, einige Fahrer rufen mir lachend irgendwelche Worte zu. Ich kann sie nicht verstehen, aber ein mulmiges Gefühl überfällt mich. Wollen sie mir etwas sagen, oder ist das diese Art von Männern, die gerne Frauen aus der Ferne anpöbeln? Ich kann es nicht deuten und ärgere mich darüber, dass wir Frauen heute überhaupt an so einem Punkt angelangt sind, an dem wir oft nicht mehr wissen, ob wir Männer ignorieren oder ernst nehmen sollen.

Heute hingegen ist es kein Catcalling, sondern eine tatsächliche Warnung, dass wir tatsächlich umdrehen müssen. Als wir an der Schranke ankommen, an der die Wagen stoppen, sehe ich, dass die Fahrer ihre Pässe vorne in eine Kamera halten. Wo sind wir denn hier jetzt gelandet? Schließlich steigt ein Mann aus seinem Auto aus und erklärt uns, dass wir hier nicht fahren dürfen und zurück müssen. Komoot sagt mir etwas völlig anderes. Laut Komoot liegt hinter dieser Schranke in ein paar Kilometern das Meer. Google Maps schickt mich ebenfalls hier lang. Ich fahre zurück, bleibe am Anfang der Straße stehen und suche nach alternativen Routen. Über die Bahnschienen könnten wir laut Google angeblich fahren. Also nehme ich wieder die Straße in Richtung Schranke und biege dann aber links zu den Bahnschienen ab. Hier fahren zwar keine Züge mehr, aber dennoch sagt ein Schild, dass der Durchgang verboten ist. Aus welcher Zeit stammt das Schild wohl? Sowohl Google Maps als auch Komoot sagen mir, dass ich hier entlangfahren solle, aber ich traue mich nicht. Irgendetwas sagt mir, dass das hier nicht unser Weg ist, auch wenn die beiden Apps es mir anweisen. Ich drehe um und stehe wieder auf der Straße, die zur Schranke führt. Wohin denn nun? Ach egal, ich fahre doch über die Bahnschienen, so wie es die Apps sagen, einen anderen Weg gibt es nicht. Wieder drehe ich um und fahre in den Wald hinein, doch wieder schaffe ich es nicht, gegen mein Gefühl anzukämpfen. Ich kann die Schienen einfach nicht überqueren, auch wenn ich nicht weiß, weshalb. Erneut drehe ich um und stehe auf der Straße, dann kommt ein Auto mit Blaulicht auf uns zu. Ich mache schnell Platz, doch dann bemerke ich, dass wir das Ziel des Autos sind. Mit quietschenden Reifen bleibt es kurz vor uns stehen, ein Mann steigt aus und fährt mich in schroffem Ton an:

»Sie müssen das Gelände sofort verlassen. Was machen Sie hier?«

»Ich will zum Meer«, antworte ich wahrheitsgemäß und komme mir dabei etwas albern vor.

Er schaut uns ungläubig an, redet mit seiner Kollegin und sagt dann wieder: »Hier kommen Sie nicht zum Meer. Sie müssen zurück zur Schnellstraße.«

Ich zeige auf mein Display: »Meine App sagt mir, dass ich hier entlangfahren kann.«

»Nein! Das ist verbotenes Gelände. Drehen Sie sofort um!«, wird er lauter, und ich folge umgehend seinem Befehl.

Was zur Hölle passiert hier? Wo befinde ich mich hier und wer war das? Es war jedenfalls nicht die Polizei. Ich habe das Gefühl, als wäre ich in *The Stranger Things* und würde gerade auf das Hawkins Lab zusteuern.

Die von dem Mann aufgezeigte Straße ist der pure Albtraum. Für kurze Zeit habe ich das Meer sehen können, doch viel zu beschäftigt war ich damit, auf den gefährlichen Verkehr zu achten. Autos sind mein Endgegner. Auf dem Rennrad wäre das kein Problem, aber mit Emil im Anhänger versuche ich solche Straßen einfach zu vermeiden, egal, wie viel Platz auf dem Seitenstreifen ist. Emil ist, wie immer bei allen blöden Situationen, am Schlafen und hat zum Glück weder von dem Blaulicht noch von der Schnellstraße etwas mitbekommen. Noch 25 Kilometer stehen uns bevor. 55 haben wir bereits hinter uns gelassen. Wir hätten auch hier in Fos-sur-Mer in irgendeinem Hotel übernachten können, aber wir sind doch nun so kurz vorm Ziel. »Ja, Mama. I know. Ich habe es versprochen, und ja, ich weiß, dass es viel zu viel ist. Aber es sind doch nur ein paar

Tage gewesen, wenn wir heute ankommen, machen wir doch Pause! Bitte lass uns jetzt einfach nur noch heil am Meer ankommen.«

Wenn ich ehrlich zu mir bin, weiß ich seit Tagen, dass ich langsamer machen sollte. Das Leben zeigt es mir an jeder Ecke. Es versucht mich permanent zu bremsen, schickt mir Zeichen noch und nöcher. Doch ich höre nicht auf sie. Ich will einfach nur noch ankommen und habe keine Geduld mehr. Dafür muss ich jedoch auch die Konsequenzen tragen.

Dann endlich kommt der Moment, auf den wir seit Wochen gewartet haben. Plötzlich haben wir das Meer direkt vor unserer Nase. Ich steige schnell ab und öffne in Windeseile Emils Gurt. Er ist wach und springt sofort heraus und mir in die Arme. »JUHUUUUU«, ruft er. »MEINE MAMA IST DIE STÄRKSTE AUF DER GANZEN WELT!« Mir laufen die Tränen, und ich strahle wie ein Honigkuchenpferd. Ich hüpfe mit Emil im Arm auf der Stelle und führe ein kleines Freudentänzchen auf, dann drücke ich Emil, so fest ich kann, während ich über seine Schulter hinaus in die Weiten des glitzernden blauen Meeres schaue. Ich kann es nicht fassen. Wir sind da. Ich bin so dermaßen glücklich! Ich hebe Emil vom Boden auf, setze ihn auf einen Felsen und klettere dann neben ihn. Was habe ich diesen Anblick vermisst. In der Ferne sind mehrere große Schiffe zu sehen. Alles funkelt, als würde das Wasser mit uns tanzen. Zu unserer Linken ist ein kleiner Strand, an dem Kinder im Sand spielen. Mit jeder neuen Welle spritzt das Wasser auf unseren Felsen und lässt Emil vor Vergnügen laut aufschreien. Wir sind die Stärksten auf der ganzen Welt. Wir können alles schaffen, wenn wir nur wollen.

Ich könnte noch ewig hier weiter sitzen, aber wir sind noch nicht am Ziel. Hier ist zwar das Meer, aber wenn ich mich umdrehe, sehe ich nun auch die großen Chemiewerke, durch die ich vor ein paar Stunden wohl hindurchfahren wollte. Nicht gerade die schönste

Gegend zum Urlaubmachen. Ich muss laut auflachen, wenn ich an die Konversation mit dem Mann aus dem Auto mit Blaulicht denke. »Wir wollen zum Meer.« Das hat er wahrscheinlich auch noch nicht erlebt, wie eine Mutter mit ihrem Kind im Fahrrad bei der Fabrik das Meer sucht. Au backe! Na ja, weiter geht's! Jetzt müssen wir nur noch über den einen Hügel, und auf der anderen Seite liegt bereits unser Campingplatz. Sechs Kilometer bei acht Prozent Steigung. Ab acht Prozent fange ich normalerweise bereits an zu schieben. Diese sechs Kilometer würden sich also sehr wahrscheinlich stark in die Länge ziehen. Und das nach bereits 70 Kilometern Fahrt: ein Horror! Doch wenn ich das schaffe, dann geht es nur noch bergab bis zum Campingplatz, bis zu Katherina und Malie, bis zum Urlaub am Meer! Als ich mich gerade den letzten Kilometer mit meinen allerletzten Kräften hochquäle, kommt erneut ein Auto mit Blaulicht von hinten angefahren und hält direkt vor uns an. Das kann doch echt nicht wahr sein, schon wieder?! Was habe ich denn jetzt wieder falsch gemacht? Dieses Mal sind es zwei Männer in Grün, offenbar Förster, die aussteigen und mir erklären, dass ich hier nicht fahren dürfe. Der letzte Kilometer sei nur für Autos gestattet. Es gebe einen Fahrradweg, der um die Straße herumführt, den ich aber nun verpasst hätte. Was ist das nur für ein Tag?! Heute bleibt uns auch wirklich gar nichts erspart.

»Wir helfen dir«, sagt einer der beiden Männer aber dann zu meiner Überraschung. »In einem Kilometer geht es wieder bergab, und dort darfst du auch wieder fahren. Es geht nur um diese Kurve hier, sie ist zu eng und gefährlich. Komm, ich schiebe das Fahrrad, du bist sicherlich müde.« Dann nimmt er mein Fahrrad und schiebt es den Berg hinauf. Sein Kollege fährt mit Blaulicht hinter uns her. Hinter ihm eine riesige Schlange an Autos und ich irgendwo zwischen dem ganzen Chaos, das ich ausgelöst habe. Normalerweise wäre mir so etwas unfassbar peinlich, aber heute ist mir alles egal, ich möchte nur noch ankommen. 80 Kilometer mit 80 Kilo Fahrrad, Gepäck, Anhänger plus Kind ist einfach zu viel des Guten gewesen. Als wir endlich oben ankommen, bedanke ich mich bei ihm, setze mich auf das Fahrrad und fahre im schnellen Tempo, den Fahrtwind genießend, den Berg hinunter zu Katherina und Malie. Wir haben es geschafft. Wir haben es tatsächlich geschafft. Wir sind endlich im Urlaub am Meer!

Ich hätte auf die Zeichen hören sollen, dann wäre uns all dieser Wahnsinn, all diese Hürden und diese immense Anstrengung erspart geblieben. Das ist mir wahrhaftig eine Lehre und wird auf dieser Reise nie wieder vorkommen. Vielleicht ist es einfach unmöglich, sich mit Freund:innen zu verabreden auf so einer Tour. Termine zu haben, während Treibenlassen doch eigentlich das Ziel ist. Von nun an gehen wir alles definitiv langsam an. Nie mehr Stress! Weder heute, morgen noch irgendwann auf oder nach dieser Reise!

Manchmal lohnt es sich innezuhalten, um die Zeichen zu sehen.

7.

Albtraum im Paradies

26. August 2021, La Couronne

Reichtum ist relativ

Die letzten beiden Tage vergingen wie im Flug. Es ist irre schön, diese Zeit mit Katherina und Malie zu verbringen. Und das Meer tut unfassbar gut. Jeder erneute Blick auf die glitzernden Weiten lässt mein Herz noch höher hüpfen. Nur diese heftige Aufregung, die sich seit Wochen angestaut hatte, die ist verflogen. Übrig bleibt die Freude, gepaart mit einer riesigen Portion Dankbarkeit für diese Zeit am Meer.

Wir haben die Nachmittage bisher dennoch lieber alle gemeinsam am Pool verbracht, weil die Kinder es sich so wünschten. Emil zeigte Malie ganz stolz, wie man ins Wasser springen und unter Wasser tauchen kann. Sie schien vom Baden jedoch noch nicht ganz so begeistert zu sein und beobachtete das Ganze lieber vom Beckenrand aus. Ihre Vorliebe gilt dem Malen mit Wasserfarben.

Die Steuerrückzahlung ist inzwischen auf meinem Konto eingegangen und ermöglicht es mir, ein bisschen sorgenfreier zu sein. Gerade rechtzeitig, denn mein Erspartes neigte sich langsam, aber sicher dem Ende entgegen. Man muss eben auch mal Glück haben! Am Abend gehen wir gemeinsam essen, und ich freue mich darüber, endlich auch einmal ohne schlechtes Gewissen zu solchen Aktivitäten zusagen zu können. Die Rechnung von über hundert Euro bringt mich zwar trotzdem kurz ins Stocken, weil ich mit solchen Zahlen in Restaurants für üblich nicht konfrontiert werde, aber das hier ist unser wohlverdienter Urlaub. Ich will es genießen, ohne wie sonst immer über jeden investierten Euro grübeln zu müssen. Natürlich stimmt es, dass Geld nicht glücklich macht, aber Geldsorgen machen eben auch keinen Spaß. Ich brauche keinen Luxus, im Gegenteil, ich würde gerne hier weiter in meinem kleinen Zelt auf der dünnen Luftmatratze schlafen, auch dann noch, wenn ich plötzlich stinkreich wäre. Aber sich einfach keine Sorgen mehr machen zu müssen, das wäre solch eine Erleichterung. Im Supermarkt einzukaufen, ohne innerlich den Preis zusammenzurechnen und immer nur die günstigste Butter oder den günstigsten Käse zu suchen. Emil Kleidung zu kaufen, noch bevor die alte viel zu klein geworden ist. Sich über Geburtstagseinladungen zu freuen, ohne direkt einen Schweißausbruch zu bekommen, weil man nicht weiß, wie man die Geschenke bezahlen soll. Am Abend in der Bar auch einfach etwas zu essen bestellen und nicht behaupten, man hätte den Tag über bereits zu viel gegessen. Und vielleicht auch mal etwas für die spätere Rente zurücklegen können, ohne gleich auf Urlaub verzichten zu müssen. Es ist anstrengend, wenn man nicht so viel Geld hat und gleichzeitig am sozialen Leben teilnehmen möchte – und sich dadurch der Großteil der Gedanken ständig um dieses Thema dreht. Natürlich weiß ich, dass ich nicht arm bin. Geld ist immer relativ. Allein die Möglichkeit, jetzt gerade nicht zu arbeiten und trotzdem genügend Geld für die Campingplätze und die Verpflegung zu haben, macht mich reicher als viele andere Menschen. Die Reise hat mich glücklich gemacht, aber ohne Geld wäre sie nicht möglich gewesen. Es ist ein seltsames Thema. Gefühlt scheint jeder Mensch auf der Welt zu wenig Geld zu haben. Ich jammere hier, während ich mir meine Traumreise erfüllen darf und andere ums Überleben kämpfen. Es kommt schließlich immer auch darauf an, mit wem wir uns vergleichen. In meinem Umfeld zuhause in Deutschland besitze ich mit Abstand am wenigsten Vermögen, aber macht mich das gleich zu einem armen Menschen? Ich wohne immerhin in einer eigenen Wohnung mit meinem Kind. Zwar kein schicker Altbau mit Dielenboden, keine Designer-Vintage-Möbel, kein Wohnzimmer, kein Balkon, kein Garten, kein Pool oder was die Familien in meinem Umfeld ihren Kindern sonst noch so bieten können, aber unsere Wohnung ist trotzdem schön. Sie ist mit Liebe eingerichtet. Ich habe das Beste aus jedem kleinen Zimmer herausgeholt, alles mit meinem Mini-Budget und viel Herzblut nach und nach über Monate hinweg gestaltet. Ich fühle mich wohl und zuhause, und ich glaube, das geht Emil genauso. Ich muss an Rolf Zuckowskis Lied von Maike denken: »Die Zeit ging schnell vorüber. Maike hat heut selbst ein Kind. Die Wohnung ist nicht groß, in der die zwei zuhause sind. Und doch hat jeder Winkel hier sein eigenes Gesicht. So kuschelig und friedlich haben's viele Kinder nicht.« Dieses Kinderlied begleitet mich jetzt bereits das ganze Jahr über. Es ist wie für uns geschrieben und eines von Emils Lieblingsliedern. Er stimmt es fast täglich an, während er hinten in seinem Anhänger sitzt – und ich stimme laut in den Gesang mit ein.

Wer weiß denn überhaupt, was die Zukunft noch für uns bringt? Vielleicht lebe ich ja doch irgendwann noch in meinem eigenen Tiny House irgendwo mitten in wunderschöner Natur. Jetzt für den Moment reicht jedoch die Mietwohnung, die sich wie ein Zuhause anfühlt. Wieso also mein Gejammer? Ich kenne es nur zu gut aus meiner Familie. Mein Vater jammerte bereits seit meiner Kindheit, kein Geld zu haben. Tatsächliche Geldsorgen hatte er allerdings nie. Was er sich wünscht, das holt er sich. Ein SUP, ein Kajak, ein Boot, eine Harley, ein zweites Auto. Was auch immer das Herz begehrt. Er lebte schon immer auf großem Fuß, aber war auch großzügig, was vor allem in meiner Kindheit für viele unkomplizierte und glückliche Momente sorgte. Wo die Eltern meiner Freunde, ob wohlhabend oder nicht, ganz klar Nein sagten, da war mein Vater sofort dabei. Im Kinderkarussell noch und noch eine Runde: Auf jeden Fall! Dann auch noch Trampolin springen: wieso nicht? Zuckerwatte, na klar! Ich kann es kaum zählen, wie oft wir damals jedes Jahr im Freizeitpark waren. Insbesondere im Urlaub gab es kein Halten. Spaß stand ganz einfach immer im Vordergrund. In diesem Sinne lebt mein Vater schon immer vollkommen im Augenblick. Er genießt das Leben in vollen Zügen. Diese Fähigkeit machte ihn unter all den Vätern für mich und all meine Freunde zu dem allercoolsten, und für Emil ist das heute genauso.

27. August 2021, La Couronne

Geht hier alles zu Ende?

Wir haben es heute, an unserem dritten Tag, seit Katherina und Malie da sind, doch endlich zum Meer geschafft. Es ist ein 15-minütiger Weg über Felsen und Steine und mit den Kindern nicht ganz so einfach. Aber es lohnt sich absolut. Der Campingplatz liegt oben auf dem Hang, so dass man einen wunderschönen Blick auf die Klippen und das Meer genießen kann. Und hier unten ist es wirklich traumhaft schön. Die Kinder hüpfen Hand in Hand von Stein zu Stein. Es ist zuckersüß, die beiden dabei zu beobachten, und allein dieser Anblick sorgt bereits für ein Lächeln in meinem Gesicht. Zwei kleine Zwerge mit ihren zotteligen Haaren, ihrer gebräunten Haut, Malie in blauem Sommerkleid mit weißen Blümchen, Emil in kurzer brauner Hose mit weißem Lego-T-Shirt. Das mit den Pailletten, das er so liebt. Dem überdrehten Lachen nach zu urteilen sind die beiden mehr als reif für ihren Mittagsschlaf. Albern kichern sie über jeden noch so kleinen Hüpfer, während Katherina und ich ihnen zurufen, dass sie doch bitte ein bisschen schneller laufen sollen, wenn wir heute noch ankommen wollen. Sie sind so unbesorgt und genießen in aller Ruhe ihren Sommertag. Ich freue mich so für Emil, dass er seine Freundin bei sich hat. Die beiden kennen sich bereits, seit sie ein paar Wochen alt sind. Und ich genieße es mindestens genauso sehr, dass Katherina an meiner Seite ist. Gespräche mit einer Erwachsenen sind auch für mich jetzt mal sehr wohltuend. Auch wenn ich zugeben muss, dass ich Emil ein wenig vermisse. Sobald andere da sind, bin ich bei ihm völlig abgeschrieben. Katherina war seine Erzieherin in der Kita, wenn er

Hilfe braucht oder etwas möchte, dann wendet er sich an sie statt an mich. Während Malie die Nähe zu ihrer Mama konstant sucht, würdigt mich Emil momentan keines Blickes. Wenn ich ihn frage, ob alles okay sei, dann winkt er schnell ab und sagt: »Ja, ja, Mama, ich will jetzt spielen gehen«, als hätte ich es mit einem Teenager zu tun. Er möchte auf Katherinas Arm, so wie Malie. Er gibt ihr Bescheid, wenn er auf die Toilette muss oder Hunger hat. Er möchte beim Essen neben den beiden sitzen, das essen, was sie essen, und am liebsten auch bei ihnen mit im Zelt schlafen. Es ist ein krasser Unterschied zu den vorherigen Wochen, wo es nur uns zwei gab, und irgendwo schmerzt es zu sehen, wie das eigene Kind einen vollkommen ignoriert. Gleichzeitig verstehe ich, dass Katherina seine Bezugsperson war, und weiß, dass es nur gesund ist, dass er auch ohne seine Mama sein kann.

Malie hingegen klebt an Katherina, was diese wiederum aktuell nervt und unter den beiden für viele Diskussionen sorgt. Vollkommen verständlich, Malie genießt die Zeit mit ihrer Mama, die sonst auch viel arbeiten muss, und Katherina ist von Arbeiten, Hausbau und Haushalt absolut ausgelaugt und bräuchte selbst dringend Urlaub und eine Pause. Pausen gibt es allein mit Kind jedoch nicht.

Ich behalte meine Gedanken für mich, um Emil von nichts abzuhalten und ihn in seiner Selbstständigkeit zu unterstützen. Emil war schon immer so. Schon als kleines Baby streckte er allen möglichen Menschen, ob fremd oder nicht, die Arme entgegen, saß in der S-Bahn, im Restaurant, im Supermarkt und wo auch sonst wir unterwegs waren, ständig bei anderen auf dem Schoß. Wenn Freunde zu Besuch waren, dann war er über Stunden von mir getrennt, ohne dass es ihn auch nur ansatzweise störte, so dass ich das Loslassen schon sehr früh trainieren konnte. Seit er ein Jahr alt ist, schläft er regelmäßig am Wochenende bei meiner Oma oder meinem Papa und würde am liebsten Wochen dortbleiben. In der Zeit konnte ich dann auch mal wieder als Jasmin und nicht als Mama mit Freunden unterwegs sein, was mir sehr guttat. Es fiel mir trotzdem immer schwer, es nicht persönlich zu nehmen, wenn mein Vater mir mal wieder unter die Nase rieb, dass Emil gefragt habe, ob er bei ihm wohnen dürfe. Zu dieser Zeit machte ich meine viele Arbeit für Emils Sehnsucht nach mehr Nähe zu anderen verantwortlich. Klar fand er es bei seinem Opa cooler, weil er ein Wochenende lang ein durchgängiges Spaßprogramm erlebte, wo weder Geld noch Zeit eine Rolle spielten. Bei mir gab es Haushalt, Arbeit und nochmal Arbeit, das hieß Zeitdruck. Und dazu wenig Geld. Wahrscheinlich erinnert mich die Situation mit Katherina auf irgendeine Weise an diese Momente der Zurückweisung. Besonders an den Augenblick, beim Abholen in der Kita, als Emil sich weigerte, mit zu mir zu kommen. Die Situation heute ist eine ganz andere. Er war seit Wochen ausschließlich auf mich fokussiert, und es ist gesund, dass er mich loslassen kann. Ich übe mich also in der friedlichen Begleitung und versuche ihm ohne Druck zur Seite zu stehen. Vielleicht ist für ihn ein Klammern eben auch nicht notwendig, weil seine Mama ja trotzdem immer da ist. Vielleicht hat er das seit dem Verlust des Armbands verinnerlicht. Jetzt kann ich die Zeit für mich selbst nutzen. Ich würde jedoch auch gerne Katherina entlasten, sie hat sich die paar Tage Urlaub mehr als verdient, aber sie winkt nur ab und sagt, dass es ihr an nichts fehle und ich mir keine Sorgen um sie machen solle.

Als wir am Strand ankommen, breite ich unser großes Handtuch aus und lege mich darauf. Emil hat sich schon im Sand eingebuddelt, bevor er überhaupt seine Badesachen angezogen hat. Ich lege mich hin, stütze meinen Kopf seitlich auf meine Hand ab und schaue aufs Meer hinaus. Es ist unmöglich, als Mama immer alles richtig zu machen. Jedes Kind ist anders, mit völlig anderen Bedürfnissen. Unsere eigene Kindheit, die berufliche Situation, unser Umfeld, alles spielt so eine enorme Rolle bei der Erziehung und lässt es gar nicht zu, alles perfekt zu machen. Aber was ist überhaupt perfekt? Alles, was ich machen kann, ist, aus Liebe zu handeln und meine eigenen Gefühle und mein eigenes Verhalten immer und immer wieder zu reflektieren.

Der Strand ist heute ziemlich voll, doch weniger mit Tourist:innen als mit unfassbar vielen Französ:innen. Es ist Wochenende. Kein Wunder also, von hier aus ist es weniger als eine Stunde Autofahrt nach Marseille. Wenn man genau hinschaut, kann man die Stadt sogar vom Campingplatz aus ganz am Ende der Küste erkennen. Der Hafen führt seitlich ins Meer hinein, wo man täglich die großen Dampfer beobachten kann, wie sie in die Weiten des großen Ozeans hinausfahren.

Die Kinder rennen ins Wasser, holen eimerweise Wasser an Land und bauen sich mit dem nun nassen Sand eine Badewanne, während Katherina und ich uns nahe dem Meer an eine kleine Wand aus Steinen lehnen. Sie ist kaum 30 Zentimeter hoch und trennt den Strand vom Weg, der etwas erhöht liegt. Da sitzen wir und schauen stumm den beiden beim Spielen zu. »Schneeeell! Mehr Wasser!«, ruft Emil Malie zu. Gemeinsam laufen sie mit dem Eimer immer wieder zum Meer und füllen ihn bis zum Rand mit Wasser, so dass es beim Zurücklaufen bereits an allen Seiten überschwappt. Nachdem die Kinder genug vom Bauen haben, ziehen wir in den Schatten um und liegen alle für eine Weile still da. Katherina und Malie rechts von uns im Schatten der Bäume. Malie ist im Handtuch eingewickelt eingeschlafen, und Katherina nippt genüsslich an ihrer Weinflasche. Ich weiß nicht, wie sie bei dieser Hitze den Alkohol abkann. Aber Katherina ist einfach eine robuste Frau. Auch wenn sie für Außenstehende auf den ersten Blick so gar nicht danach wirkt. Im Gegenteil, die meisten schätzen sie auf maximal 20 und sind erstaunt darüber, dass diese zarte junge Frau bereits ein eigenes Kind hat. Doch wer sie kennenlernt, weiß, dass sie kein schüchternes, kleines Mädchen, sondern eine selbstbewusste, erfahrene Frau ist, die ganz genau weiß, was sie im Leben will und auch dementsprechend handelt. Wie ihr zierlicher Körper den Wein bei der Hitze verträgt, ist mir dennoch ein Rätsel. Mir wird allein bei dem Gedanken zu trinken schon übel. Ich liege perfekt positioniert. Der Kopf im Schatten, der restliche Körper in der warmen Sonne. Ich liebe es, die Hitze auf meinem Körper zu spüren, wenn mein Kopf dabei schön kühl bleibt.

Emil liegt mit seiner Spiderman-Badehose auf dem Rücken im Sand. Die Beine und Arme sind weit auseinandergestreckt, als würde er zum Sandengel ansetzen wollen. Seine Beine, sein gesamter Bauch, seine Haare und auch Teile seines Gesichts sind mit Sand bedeckt, und gerade greift er mit beiden Händen eine neue Ladung, führt sie wie einen Kran über seinen Körper und lässt den Sand auf den großen Sandhaufen auf seinem Bauch rieseln.

»Emil, komm doch mal bitte in den Schatten. Du bekommst noch einen Sonnenstich«, versuche ich ihn zu überreden.

»Was?«, erwidert er, während er gerade dabei ist, den Kran mit neuer Ladung zu füllen.

»Komm bitte in den Schatten!«, wiederhole ich. »Sonst bekommst du heute Abend Kopfschmerzen, und dir wird ganz schlecht. Zu viel Sonne ist nicht gesund.« Emil bewegt sich nicht, dafür aber Malie, die gerade aufgewacht ist, sich hinsetzt, mit wuscheligen Haaren und mich ganz verschlafen ansieht. Katherina nimmt sie in den Arm und sagt: »Ich glaube, wir gehen jetzt mal langsam zurück. Bis wir da sind und geduscht haben, ist es schon wieder Zeit fürs Abendessen.«

Ich nicke. »Ja, du hast recht. Wenn wir noch länger bleiben, bekommt Emil außerdem wirklich noch einen Sonnenstich.« Ich stehe auf, ziehe mich an und packe die Tasche. Emil ist immer noch nicht aufgestanden, ich glaube, er ist todmüde, normalerweise hätte er in seinem Anhänger längst seinen Mittagsschlaf gemacht, aber seit wir hier angekommen sind, hat er noch keinen Rhythmus gefunden.

Ich habe inzwischen schon alles gepackt, nur meine Flasche fehlt.

»Katherina, ich glaub, ich hab meine Trinkflasche vorhin an den Felsen stehen lassen«, sage ich. »Ich geh nochmal vor zum Wasser. Guckst du kurz nach Emil?«

»Ja klar, kein Problem«, antwortet sie mir, und ich laufe los in Richtung Meer. Das wird nicht so einfach werden wie gedacht. Als wir vorhin hier saßen, war es noch nicht so voll, und zwischen all den Menschen kann ich mich gar nicht mehr so richtig erinnern, auf welcher Höhe der Steine wir nun eigentlich waren. Vielleicht da vorne? Ein paar der Menschen schauen mir dabei zu, während ich den Strandabschnitt oben vom Weg aus absuche. Von dieser Perspektive aus kann ich die Flasche jedoch nicht sehen. Ich steige vom Weg aus auf einen der großen Steine unten und setze meinen anderen Fuß runter auf den Sand. Beim Absetzen rutscht mein Schuh an einem Stein ab, den ich unter dem Sand gar nicht wahrgenommen habe. Ich falle, und ein Blitz durchfährt meinen Körper. Ich schreie auf. Mein Fuß schmerzt bestialisch. Ich kann gerade so die Tränen zurückhalten. Ich bekomme einen Schweißausbruch, und gleichzeitig zittert mein Körper vor Kälte. Mir ist schlecht. Es ist gar nicht meine Art, derart zu schreien, denke ich. Normalerweise wäre mir das furchtbar peinlich. Aber jetzt gerade ist mir alles egal. Ich sterbe hier, was interessieren mich da die Leute.

Inzwischen drehen sich immer mehr Menschen zu mir um, setzen ihre Sonnenbrille ab, um zu sehen, was genau passiert ist, aber niemand kommt zu mir herüber. »Bitte helft mir«, versuche ich das nächst sitzende Pärchen auf Englisch anzusprechen. »Bitte. Ich kann mich nicht bewegen. Bitte. Mir ist so schlecht«, und endlich stehen sie auf und kommen zu mir herübergelaufen, knien sich beide vor mich hin. Niemand scheint zu verstehen, was passiert war. Ich kann es ihnen nicht verübeln. Ich sitze hier komplett angezogen im Sand und schreie vor Schmerz. Kein Blut, keine gefährliche Situation, ich bin bei Bewusstsein, wie sollten sie es auch verstehen. Und meine wenigen Französischkenntnisse sind auch verschwunden, ich kann überhaupt nichts Sinnvolles sagen. Da zeigt die braunhaarige Frau mit der großen Sonnenbrille auf meinen Knöchel und spricht irgendetwas auf Französisch mit ihrem Mann. Jetzt sehe ich es: Mein Knöchel ist inzwischen auf die doppelte Größe angeschwollen. Die Frau fragt, ob ich meine Zehen bewegen könne, aber ich will es gar nicht erst probieren.

»Du musst ins Krankenhaus«, sagt sie. »Dein Fuß muss geröntgt werden. Man muss schauen, ob etwas gebrochen ist. Wahrscheinlich bist du umgeknickt.« Sie dreht sich zu ihrem Mann, spricht mit ihm, und er läuft davon.

Hat sie gerade etwas von gebrochen gesagt? Nein, nein, nein! Das kann nicht sein! Ich muss Fahrrad fahren. Ich muss laufen können. Das darf gerade nicht passiert sein. Ich kann hier nicht verletzt sein. Ich würde am liebsten laut anfangen zu heulen.

»Ich reise mit dem Fahrrad mit meinem Sohn«, versuche ich ihr verzweifelt die Situation zu erklären. »Wir sind aus Deutschland hier. Wir wollen in zwei Tagen weiter.« Hier geht es um mehr als nur einen kaputten Knöchel im Sommerurlaub. Ich hatte alles hierfür gekündigt. Es konnte jetzt nicht einfach so vorbei sein. Nicht jetzt, an unserem ersten Nachmittag am Meer. Nicht so. Nicht deshalb. Das kann einfach nicht wahr und wirklich passiert sein!

Die Frau schiebt sich ihre Sonnenbrille hoch in die Haare und schaut mich mit einem mitfühlenden Blick an: »Es tut mir leid. Das wird definitiv nicht mehr möglich sein. Dein Fuß ist nicht in Ordnung, schau, wie dick er geworden ist. Wo ist dein Sohn jetzt?«

Ich zeige nach hinten zu dem Baum, kann aber so tief im Sand sitzend, ohne mich zu bewegen, nichts erkennen. »Meine Freundin sitzt da hinten mit ihm und ihrer Tochter.« Gefühlt ist bereits eine Ewigkeit seit dem Sturz vergangen, wieso sieht mich Katherina nicht? All die Strandbesucher beobachten inzwischen das Geschehen. Ich kann immer noch kaum klar denken oder richtig atmen. Mir ist so verdammt schlecht.

»Musst du dich übergeben? Du siehst sehr blass aus!« Ich zucke mit den Schultern, weil ich es nicht weiß. Ich möchte es jedenfalls nicht. Jeder Satz scheint anstrengend. Dieser Schmerz ist unerträglich, ich habe noch nie so etwas erlebt. Wie kann ein Knöchel solch einen Schmerz verursachen? Inzwischen kommt der Mann der Braunhaarigen mit zwei weiteren Männern im Schlepptau zurück: Es sind Lifeguards. Sie schauen mich an, messen mir den Puls und reden Dinge, die ich nicht verstehe, bis sie sich schließlich zu mir umdrehen und einer der beiden fragt: »Wo ist deine Freundin? Hat sie ein Auto? Kann sie dich ins Krankenhaus fahren?« Ich schüttle den Kopf. Ich schaue auf und sehe, dass sich inzwischen eine noch größere Menge an Menschen um mich versammelt hat. Ich verstehe nur Bruchstücke, sie sprechen von Katherina. Eine kann sich wohl an sie, Emil und Malie erinnern. Sie läuft davon und kommt kurze Zeit darauf mit Katherina und den beiden Kindern zurück.

»Scheiße, Jassy, was ist passiert?«, fragt mich Katherina panisch, während sie sich vor mir in die Hocke setzt.

»Ich weiß es nicht. Ich bin ausgerutscht. Katherina, ich habe solche Schmerzen.«

»Scheiße! Sorry, ich habe überhaupt nichts mitbekommen. Die beiden haben da hinten so einen Quatsch gemacht. Ich habe mich schon gewundert, wo du bleibst. Es tut mir so leid!«, redet sie auf mich ein.

»Wir haben jetzt den Krankenwagen gerufen«, unterbricht uns ein Mann der Lifeguard. »Sie muss ins Krankenhaus. Ihr Fuß muss geröntgt werden.«

»Okay, okay«, sagt Katherina, und ich kann an ihrem Tonfall hören, dass sich auch für sie absolut gar nichts okay anfühlt.

»Katherina! Meine Reise! Ich will nicht zurück! Ich will weiterfahren!« Mir steigen nun doch die Tränen in die Augen.

»Mama, was hast du?«, flüstert Emil. Er steht vollkommen unter Schock und klammert sich mit seinen beiden Ärmchen an meinen Hals.

»Emil, alles gut. Alles wird gut, okay. Die Mama hat ganz doll Aua am Fuß. Ich gehe kurz ins Krankenhaus, und dann bin ich sofort wieder da, okay? Alles ist gut!«, versuche ich ihn zu beruhigen.

»Du wirst deine Mama nie wiedersehen«, trällert Malie vergnügt. Sie begreift nicht den Ernst der Lage. Wie auch, sie ist drei Jahre alt, für sie ist das gerade alles amüsant. Aber ich sorge mich um Emils Wohlergehen: »Katherina, pass bitte auf Emil auf und dass Malie ihm keine Angst einjagt, wenn ich weg bin.« Mein armer Emil. So ein Schock für ihn, seine Mama so zu sehen.

Kurze Zeit später kommt der Krankenwagen, und drei Sanitäter tragen mich auf einer Trage durch die Menschenmenge. Ich würde am liebsten im Erdboden versinken. Ich, die es hasst, im Mittelpunkt zu stehen, wird gerade unter den Augen Hunderter Französ:innen zu einem Krankenwagen getragen, weil ich mir meinen Fuß ein bisschen verdreht habe. Passiert das gerade wirklich? Ich winke Emil zu, schenke ihm ein Lächeln und einen Kuss, bevor sich die Türen des Krankenwagens schließen.

28. August 2021, Martigues

Worum geht es wirklich?

Es ist inzwischen zwei Uhr nachts. Ich warte seit vier Stunden auf einem Stuhl sitzend, ohne Möglichkeit, meinen Fuß hochzulegen, auf eine Untersuchung. Mein Fuß ist doppelt so dick wie üblich, der Knöchel, den man kaum noch als solchen wahrnehmen kann, blau und rot. Wieso ist mir das passiert? Wieso konnte ich diese blöde Flasche nicht einfach liegen lassen? Mir laufen die Tränen die Wange herunter, und ich kann nicht aufhören, darüber nachzudenken, dass nun alles vorbei ist. Ich habe so viel Mut bewiesen. So viel Stärke. Habe alles gekündigt. Ohne Sicherheit, aber mit so viel Vertrauen. Und trotzdem zwingt mich das Leben wieder in die Knie. Wie oft denn noch? Wieso wird mein Mut nie belohnt? Was soll aus meinem Buch werden? Wer will schon ein Buch lesen, das auf solche Weise endet? Ich wollte doch anderen Mut machen, ihnen zeigen, was alles möglich ist, wenn man sich nur traut. Jetzt schaut, wo ich gelandet bin! Es ist alles ein großer Witz. Dieses ganze Leben. Es hätte so verdammt schön werden können, und jetzt muss ich nach Hause, wo ich nicht einmal in meine Wohnung kann und keinen Job habe.

Kann jetzt endlich mal jemand kommen und mich untersuchen? Ich werde bald wahnsinnig. Zum Glück kümmert sich Katherina um Emil. Wie beschissen es wäre, wenn er mit mir hier sein müsste, so wie es zuhause schon öfter in den letzten Jahren war, wenn ich mich verletzt hatte oder krank war. Als Alleinerziehende hat man in solchen Situationen, vor allem nachts, wenn alle schlafen, schlechte Karten.

Dann plötzlich öffnet sich die Tür der Notaufnahme, und ein kleines Mädchen wird auf einer Trage eingeliefert. Ihre Mutter läuft neben ihr, hält ihre Hand. Das Mädchen wimmert, und der Mutter laufen die Tränen übers Gesicht. Sie werden sofort abgeholt, das Mädchen auf ein Bett gelegt und schnell den Krankenhausgang entlanggeschoben. Dieses Bild schnürt mir die Kehle zu. Wie kann ich hier sitzen und wegen einem Knöchel jammern, nein, wegen einer Reise, die früher zu Ende geht als geplant, während andere Menschen hier um ihr Leben bangen müssen? Habe ich denn gar nichts von meiner Mama und ihrem Schicksal gelernt? Ich kann uns noch sehen, wie wir Arm in Arm schluchzend im Wartezimmer saßen und darüber sprachen, was sie alles verpassen würde: mein erstes Kind, meinen künftigen Wohnort, meinen Job, meine Reisen, eben meine gesamte Zukunft, die sie natürlich so gerne miterleben wollte. Ich weiß noch, wie ich auf dem Boden im Treppenhaus des Krankenhauses saß, nachdem sie die Mitteilung bekommen hatte, dass die letzte Hoffnung auf Heilung mit dieser Operation erloschen ist. Wie meine gesamte Welt in sich zusammengefallen ist und ich über Selbstmord nachdachte. Ich wollte kein Leben ohne sie führen müssen. Alles um mich herum schien mir banal, einfach sinnlos. Ich sehe meine Mutter noch, wie sie, auf mich gestützt, in Zeitlupe über den Krankenhausflur lief und ich innerlich wusste, dass sie nie mehr dieselbe sein würde. Und ich weiß noch, als wenn es gestern gewesen wäre, wie ich aus ihrem Zimmer ging und sie für immer zurücklassen musste, als sie nach jahrelangem Kampf in meinen Armen gestorben war. Was war mein Knöchel, diese Reise, das Buch, die Kündigung schon gegen all das? Es war vollkommen egal. Es sind Luxusprobleme! Ich bin gesund, ich habe ein gesundes Kind, das Leben meint es sehr gut mit mir. Wie kann ich nur von etwas anderem ausgehen?

Der Arzt nimmt an, dass eines oder mehrere Bänder gerissen sind. Er rät mir, umgehend nach Hause zu fliegen und dort so bald wie möglich mit der Krankengymnastik zu starten. Ein Weiterfahren mit dem Fahrrad wäre erst in acht Wochen denkbar. Er gibt mir Krücken und die Anweisung, meinen Fuß mindestens eine Woche nicht aufzusetzen.

Als ich zurück zum Campingplatz komme, sagt mir Katherina, dass sie mit Malie noch eine Nacht bleibt. Das ist eine große Hilfe. Aber ab dann bin ich mit Emil auf mich allein gestellt. Ich wünschte, wir hätten mehr Zeit mit den beiden verbringen können. Die Tage mit ihnen waren so spaßig und haben Emil und mir so gutgetan. Es ist so traurig, dass alles so enden muss. Ich telefoniere mit dem Arzt meiner Reisekrankenversicherung. Er bietet mir an, uns beide direkt abzuholen und nach Hause bringen zu lassen. Gleichzeitig betont er aber auch, dass man in Deutschland bei Bänderrissen oft keine Krankengymnastik mehr mache, sondern einfach nur abwarten würde und ich das theoretisch auch vor Ort machen könne.

Ein paar Tage später gibt mir schließlich eine MRT-Untersuchung in Marseille Gewissheit: Ein, vielleicht sogar zwei Bänder sind gerissen. Der Knöchel ist verstaucht und mein Fuß voller Flüssigkeit. Der Arzt dort rät mir, nach Hause zu fliegen. In meinem Fall würde man sicher Krankengymnastik verschreiben, und die sollte ich baldmöglichst beginnen. Fahrrad fahren könnte ich, wenn alles gut geht, vielleicht in drei Wochen wieder, wenn ich die Schiene abnehmen darf.

Ich weiß inzwischen gar nicht mehr, was ich tun und wem ich glauben soll. Jeder Arzt sagt etwas anderes. Drei Wochen könnte ich auch hier warten. Bei acht sieht die Sache schon wieder ganz anders aus. Wir haben bereits Ende August, und die meisten Campingplätze schließen Mitte, spätestens Ende September in Südfrankreich. Ich bin mit der Situation total überfordert.

Zum Glück habe ich eine Physiotherapeutin in meinem engsten Freundeskreis: Anna, meine frühere Ruderpartnerin. Ich rufe sie an, und sie berät mich sofort via Facetime. Sie ist der Meinung, dass ich nicht unbedingt nach Hause müsse, weil ich dort nichts anderes machen könne als vor Ort. Wie lange das Ganze insgesamt dauern würde, kann sie mir allerdings auch nicht sagen. Ich entscheide mich trotzdem dafür, in Frankreich zu bleiben. Wem würde es helfen, wenn ich nun zuhause in Omas Gästezimmer sitze? Da warte ich lieber hier. Anna verspricht mir, mich zu unterstützen. Sie schaut sich nun täglich meinen Fuß und die Schwellung an und nimmt Videos mit Übungen für mich auf. Die erste Woche ist eine riesige Herausforderung für mich und eigentlich auch für Emil – aber der wächst vollkommen über sich hinaus. Von morgens bis abends muss er mithelfen, und das macht er mit völliger Hingabe und Selbstverständlichkeit. Ich kann es selbst kaum glauben, dass dieser dreijährige Junge, der den Topf mit Wasser vom Waschhaus bis zum Zelt und anschließend das ganze dreckige Geschirr wieder zurückträgt, der gleiche kleine Spatz ist, der sonst so gerne auf den Arm genommen und herumgetragen wird.

Auf einem Campingplatz nicht laufen zu können, ist kein einfaches Unterfangen. Die Toiletten, die Duschen, das Spülhaus, der Supermarkt, die Rezeption, der Pool, der Strand, alles liegt super weit von unserem Zelt entfernt. Zuhause hätte ich es wahrscheinlich mit der Hilfe meiner Oma wesentlich einfacher gehabt, aber zuhause regnet es, Emil ist vom Kindergarten abgemeldet, und wir haben keine Wohnung. Ich habe im Gefühl, dass wir einfach hierbleiben sollten und schauen, wie sich das Ganze in ein paar Wochen entwickelt. Vielleicht kann ich mit etwas Glück doch noch ein bisschen weiter in den Süden fahren, mit klitzekleinen Etappen. Dann wird es zwar nicht Marokko, aber es ist doch ohnehin völlig egal, wo diese Reise endet. Denn schließlich ist das Ziel der Reise, das zu erleben, was Tag für Tag passiert. Auch die Wochen hier mit Bänderriss auf dem Campingplatz. Im Prinzip habe ich also rein gar nichts verloren, sondern einfach eine längere Pause gewonnen. Wir sind hier im Paradies gestrandet. Der Campingplatz ist wirklich schön. Und von dem riesigen Pool aus können wir zu den Klippen hinunter und auf das weite Meer schauen.

An diesem Pool liege ich nun, während Emil im Kinderbecken spielt und neue Freundschaften schließt. Mir wird von allen Seiten geholfen. Zeltnachbar:innen gehen für uns einkaufen, laden uns täglich zum Essen ein, fahren uns zum Bahnhof, wenn wir zur Untersuchung nach Marseille müssen, und eine Familie gibt uns sogar den Schlüssel zu ihrer Wohnung in der Stadt, falls es im Krankenhaus so lange dauert, dass kein Zug mehr zurück geht. Ich bin vollkommen überwältigt von dem Vertrauen und der immensen Hilfe, die mir zuteilwird. Nicht zu vergessen: die tägliche Physiotherapie durch meine Freundin. Es könnte nicht besser sein. Glaube ich. Denn dann kommt noch eine Überraschung für uns.

In der zweiten Woche, als ich meinen Fuß mit den Krücken wieder leicht aufsetzen darf, hält eine Familie mit ihrem Campervan auf dem Zeltplatz neben uns. Sie haben sich nachts verfahren und sind per Zufall hier gelandet. Lena ist sechs Jahre älter als ich und auch alleinerziehend, mit ihrem Sohn Alexander, der schon fünf ist. Sie sind mit ihrer Mischlingshündin Sonse, die von Lena und Alexander auch gern »Socke« oder »gelber Hund« genannt wird, unterwegs. Gestartet sind sie von ihrem Zuhause, das nur gut eine Stunde von unserem entfernt in der Nähe von Würzburg liegt.

Alexander ist ein ganz besonderer Junge. Er unterhält den ganzen Campingplatz. Mal sitzt er bei der einen Familie mit am Tisch und erzählt aus seinem Leben, dann legt er wieder einen Stopp bei dem älteren Pärchen ein und quatscht mit ihnen. Es verwundert nicht, dass er es ist, der uns alle zusammenbringt, als er eines Tages am Pool mit seiner Taucherbrille auf den Augen zu mir kommt und mich fragt, warum ich mit Krücken laufen muss. Es ist ihm ganz wichtig zu wissen, wie es mir geht, ob ich Schmerzen habe und er mir helfen könne. Dann erzählt er mir von seinem Leben, bis er Emil entdeckt und ihn sofort fragt, ob er sein Freund sein wolle. Nichts lieber als das, denkt sich Emil. Ein älterer Junge, der mit ihm befreundet sein will, das ist für Emil natürlich das Highlight der Reise. Dann kommt Lena hinzu. Eine große Frau, so durchtrainiert, dass jeder Muskel ihres Sixpacks deutlich zu sehen ist. Mit einem Strahlen im Gesicht stellt sie sich mir vor, und wir führen umgehend ein tiefgründiges Gespräch über das Leben und den Tod. Erst als alle Badegäste verschwunden sind, verlassen wir als die Letzten den Pool. Und weil Lena sofort versteht, wie schwierig mein Alltag mit Krücken ist, lädt sie uns kurzerhand zum Abendessen ein. Zum Glück fahren sie dann auch nicht weiter zu ihrem ursprünglichen Ziel, welches eine Stunde weiter Richtung Montpellier liegt, sondern entscheiden sich, bei uns zu bleiben.

Ab jetzt gibt es uns nur noch im Viererpack. Eigentlich fünf, aber Sonse ist die meiste Zeit über verschwunden und taucht dann irgendwann nach Stunden wieder auf, als wäre nie etwas gewesen. Ich befürchte jedes Mal, dass die Hündin sich verlaufen hat. Lena nimmt es gelassen. So wie alles in ihrem Leben. Sie hat volles Vertrauen.

Lenas Beziehung zu Alexander ist in meinen Augen ein Traum. Ich liebe es, den beiden zuzuhören und zu erleben, wie geschickt Lena es schafft, jede schlechte Stimmung ihres Sohnes sofort aufzulösen. Zudem beeindruckt mich ihre unbändige Energie. So findet sie am dritten Tag, dass ich mal etwas von der Stadt sehen soll, setzt mich in den Bollerwagen und schiebt mich vier Kilometer lang die Hügel rauf und runter. Die Leute schauen ganz schön lustig, als sie unsere Chaos-Truppe sehen. Später sagt Lena mir, dass es für sie gerade das schönste Geschenk ist, gebraucht zu werden. Diese Reise ist auch für sie nicht irgendein Urlaub. Auch sie hat eine Geschichte im Gepäck. Lena hat nach dem Tod ihres Vaters ihren Sohn eingepackt und ist einfach drauflos in den Süden gefahren. Wir verstehen einander ohne große Worte.

Die Kinder sind einander ebenso verbunden. Alexander ist Meister im Teilen. Alles, was seins ist, gehört auch Emil – so untypisch für Kinder dieses Alters. Ich genieße es in vollen Zügen, den beiden beim Spielen zuzuschauen, und hoffe, dass Emil von seinem neuen Freund etwas fürs Leben lernt, ich lerne definitiv von seiner Mutter.

Sie steckt noch tief in der Trauer, und wir beide fühlen uns durch unsere gesamte Biografie sehr verbunden. Es ist ein Geschenk, dass wir uns hier treffen, gegenseitig das geben können, was wir gerade brauchen, und wir sprechen oft davon, was gewesen wäre, wenn ich an jenem Tag nicht umgeknickt wäre. Ich wäre längst weitergezogen, inzwischen bereits in Spanien und hätte unsere tiefe Verbindung wohl nie erleben können.

07. September 2021, La Couronne

Alles ist gut, so wie es ist

Sphärische Klänge schweben durch die Nacht. Emil, Alexander, Sonse und ich sitzen um das kleine Lagerfeuer und schauen gebannt auf Lena. Sie trägt nur ein schwarzes Bikinioberteil und ein buntes Tuch um ihre schmalen Hüften. Ihre blauen Augen leuchten im Schein der Flammen. Sie greift nach ihren Pois, hält sie ins Feuer, bis sie entflammen, und beginnt, sich mit ihnen langsam schwingend zu bewegen. Wir beobachten ehrfürchtig ihre akrobatischen Drehungen. Über uns strahlen der Mond und die Sterne durch die dunkle Nacht. Wir sind vollkommen allein hier draußen vor dem Campingplatz. Und außer dem Zischen der Feuerkois und der leisen Musik ist kein Geräusch zu hören. Ich weiß, es ist das Lied, das sie während der Feuershow am Grab ihres Vaters spielte. Feuer ist solch ein magisches Element. Es ist stark und gefährlich, gleichzeitig faszinierend und zutiefst beruhigend. Und Lenas Bewegungen mit dem Feuer gleichen einem Gedicht. Ich bekomme Gänsehaut. Ich bin so unfassbar glücklich, diese Frau kennengelernt zu haben. Sie, Alexander und Sonse. Sie fühlen sich an wie Familie, und um das erlebt haben zu dürfen, nehme ich die gerissenen Bänder nur allzu gerne in Kauf. Ich würde mir auf unserer Reise nichts anders wünschen. Alles ist perfekt, so wie es ist.

Und das nach allem, was geschehen ist und obwohl wir ständig zu schnell unterwegs waren. Das Leben hat mir tausend Zeichen geschickt, es endlich ruhiger anzugehen, aber ich habe sie alle ignoriert. Mir mussten erst zwei Bänder reißen, damit ich endlich die Geschwindigkeit drossele. Wir glauben so oft, genau zu wissen, was gut für uns ist. Rasen an den besten Sachen nur so vorbei, weil wir irgendein Ziel vor Augen haben. Auf dem Weg verpassen wir dann das, was wir am Ziel erwarten, aber dort nie finden werden. Eben weil es ganz woanders auf uns wartet. Ich bin dankbar, dass mich das Leben gebremst hat. Nirgendwo anders wäre ich jetzt lieber als an diesem Ort mit diesen Menschen. Wir haben Freunde fürs Leben gefunden.

»Mama, ich will mit dir tuscheln«, flüstert Emil, als Lena sich vor uns verbeugt, und klettert auf meinen Schoß.

Ich lasse ihn zu mir krabbeln und drücke ihm einen Kuss auf die Wange, während wir alle ekstatisch klatschen.

»Du bist mein bester Freund, Mama«, sagt mir Emil dann ins Ohr, schließt seine Arme um mich und gibt mir auch einen Kuss. Einen Riesenkuss, wie er ihn nennen würde.

»Kannst du endlich mal gesund sein, Mama?«, fragt er dann und guckt mich mit großen Augen an.

Ich lache. »Ganz bald«, sage ich. »Ich spüre es schon. Ganz bald kann ich wieder normal laufen und alles mit dir machen. Tut mir leid, dass ich schon so lange krank bin.«

»Nicht schlimm, Mama, ich bin da.«

Dann hüpft er von mir herunter, rennt mit Alexander zu Lena und darf einen großen Balken, der jeweils an seinen Enden brennt, mit ihrer Hilfe von rechts nach links wippen lassen. Ehrfürchtig blickt Emil in die Flammen. Dieses Bild von ihm, wie er mit seinem viel zu großen rosa Pullover, seiner gebräunten Haut, den inzwischen hellblonden Haaren und seinen großen grünen Augen in das Feuer schaut, ich werde es wohl nie vergessen.

»Sieh mal, was ich tanne, Mama!«, ruft er zu mir herüber, als Lena den Balken lachend auf dem Boden absetzt und Alexander die leuchtenden Bälle reicht.

»Ein bisschen gefährlich, oder?«, fügt Emil an. »Aber ich bin schon tros. Riesentros!«

Ich könnte platzen vor Glück. Das hier ist Leben. Das hier ist das, um was es geht. Um Freundschaft. Familie. Und Liebe.

Manchmal finden wir nicht das, wonach wir gesucht haben. Manchmal finden wir etwas viel Besseres. Oder es findet uns.

8.

Langsamkeit lernen

09. September 2021, La Couronne

Abschied und Neubeginn

Als Lena und Alexander wieder nach Hause fahren, ist die Stimmung erstmal gedrückt. Aber wir haben dafür gesorgt, dass wir uns auf jeden Fall zuhause wiedersehen: Sie haben unser Skateboard im Gepäck. Zwar hatten Emil und ich riesigen Spaß auf den Rampen, die wir unterwegs fanden, doch nach dem Bänderriss will ich jetzt bestimmt kein weiteres Risiko mehr eingehen – und die beiden freuten sich über die Leihgabe, die jetzt ein richtig schönes Symbol unserer Verbindung ist.

Einen Tag nach der Abreise unserer neuen Freunde gibt mir meine liebe Physiotherapeutin Anna dann grünes Licht, den Fuß wieder vollständig belasten zu dürfen. Noch während ich die Nachricht lese, wage ich einen ersten Versuch, um zu sehen, wie sich mein Fuß anfühlt. Aber es funktioniert gar nicht! Es ist, als hätte ich vergessen, wie man richtig läuft, und vor allem, welch riesiges Gewicht auf unseren Füßen lastet. Ich muss mich richtig anstrengen, meinen Fuß in einen normalen 90-Grad-Winkel zu bekommen. Als wäre hinten an der Ferse ein Band verkürzt, bekomme ich den Fuß gar nicht flach auf den Boden gestellt. Im Pool klappt es etwas besser, aber selbst, wenn der Fuß endlich gerade auf dem Boden steht, schaffe ich es nicht, ihn vollkommen zu belasten. Immer wieder kehrt mein Körper automatisch in eine Schonhaltung zurück.

Doch Tag für Tag klappen die Bewegungen besser, und bald schon laufe ich mit Emil, nach fast drei Wochen auf dem Campingplatz, wieder ohne Hilfe zum Strand. Es fühlt sich nach purer

Freiheit an, und wieder einmal wird mir bewusst, wie selbstverständlich mein gesunder Körper oft für mich ist. Erst wenn ein Teil nicht mehr funktioniert, bemerkt man, dass der Körper die Voraussetzung für fast alles darstellt. Wieso bin ich ihm nicht entsprechend dankbar? Immerhin hat er mich bis nach Frankreich ans Meer gefahren!

Die nächsten Tage lege ich immer längere Strecken zu Fuß zurück. Als wir schließlich unsere erste Minirunde auf dem Fahrrad über den Campingplatz drehen, jubelt uns das Personal zu, die Dauercamper und alle, die mich über Wochen mit den Krücken gesehen und so viel unterstützt haben. Niemand kann es so recht glauben, als wir nach einer weiteren Woche schließlich unser Hab und Gut ins Fahrrad packen, die Krücken im hohen Bogen in die Mülltonne werfen und uns von unserem treuen Zuhause und all den lieben Menschen verabschieden. Über drei Wochen zu bleiben war selbst unter den erfahrenen Campern hier eine Seltenheit. Sie wechseln fast immer alle paar Tage mit ihren Wohnwagen und Campervans den Stellplatz. Wir gehörten also schon fast zu den Dauercampern. Dass ich irgendwann tatsächlich weiterfahren kann, damit hatten sie nicht gerechnet. Aber ich hatte es von Anfang an im Gefühl. Ich war mir sicher, dass wir es wieder zurück aufs Fahrrad schaffen würden, ich wusste nur nicht genau wann.

Mit großer Freude, aber auch mit ein wenig Angst im Gepäck, lenke ich das schwere Fahrrad zum Bahnhof, wo es einen Teil der Strecke bergauf geht. Das ist das größte Problem: Schieben und Laufen. Das ist gefährlicher, als zu fahren, denn dabei könnte mein noch instabiles Fußgelenk wieder umknicken. Daher trage ich immer noch meine Schiene. Als wir es die Steigung hoch schaffen und am Bahnhof ankommen, fahren wir mit dem Zug zurück nach Arles, wo wir vor über drei Wochen zu unserer letzten Etappe vor dem Unfall aufgebrochen sind. Durch die Zugfahrt vermeide ich den großen Berg, die gefährliche Straße und das Blaulicht, das uns damals begleitete. Von Arles fahre ich dann schließlich 19 Kilometer auf gerader Strecke durch die Felder zum nächsten Ort.

Das Gefühl, ich werde es nie wieder vergessen, es ist gigantisch. Der absolute Wahnsinn. Ich quietsche, schreie und weine vor Glück. Emil jubelt laut im Anhänger. Wir haben es geschafft! Entgegen aller Prognosen der französischen Ärzt:innen sitze ich schon nach drei Wochen wieder im Sattel, und das ohne irgendwelche Schmerzen. Mehrere Libellen und viele bunte Schmetterlinge fliegen die gesamte Feldstrecke über an unserer Seite. Die Sonne liegt warm auf meiner Haut. Die Gräser um uns herum tanzen wild im Wind. Die Luft ist so frisch wie nie. Die Landschaft ist wunderschön, wie sie es wohl auch zuvor war, aber jetzt nehme ich alles noch viel intensiver wahr. Als wären wir in einem Film und würden durch eine zauberhafte Märchenwelt radeln. Mein Fuß macht keinerlei Zeichen, dass ihm etwas nicht passt. Es läuft absolut perfekt. Immer wieder strecke ich einen Arm nach den Blättern der Bäume aus. Am liebsten würde ich mit der Natur verschmelzen. Ich bin rundum glücklich wie seit Ewigkeiten nicht mehr.

29. September 2021, Platja dels Gossos

Eine neue Weite

Ich liege auf dem Rücken und schaue auf die Blätter der Palmen über mir, die sich vor dem kobaltblauen Himmel im Wind wiegen. »Emil, wenn wir irgendwann wieder zuhause sind, werden wir das so vermissen. Zu den Palmen hochschauen, das Meer sehen, immer zusammen sein.«

Emil ist versunken in sein Spiel mit ein paar Muscheln und Steinen und hat mich offenbar gar nicht gehört. Ich schließe die Augen und spüre den Sand unter meinem Körper. Meine Zehen graben sich tief hinein, und wenn ich die Füße dann langsam hebe, rieseln die feinen Sandkörner über meine Haut. Unter den Palmen lässt es sich gut leben. Was für ein wunderschönes Stück Erde, um Pause zu machen. Ich habe absolut keine Ahnung, wo wir hier sind, aber der Ort scheint auch sonst niemandem bekannt zu sein. Zumindest erscheint der leere Strand wie ein geheimes Kleinod. Ich liebe es, dass wir an all den überfüllten Stränden und aneinandergereihten Restaurants vorbeifahren, gefühlt wie Außerirdische, die das fremde Leben auf der Erde von außen beobachten, und dann wieder in die wunderbare Idylle des Nichts und der verlassenen Orte eintauchen. An paradiesischen, unberührten Stränden mit kilometerweit nur weißem Sand.

Seit Wochen geht unsere Reise jetzt die meiste Zeit am glitzernden Meer entlang. Zwei Mal fuhr ich an riesigen atemberaubenden Wasserstraßen mitten durch große Seenlandschaften hindurch. Ein magisches Gefühl, wenn um einen herum nichts als Wasser ist. Unsere Pausen fanden fast immer an einsamen Stränden statt.

Nicht eine Sekunde bereute ich die Entscheidung, ans Mittelmeer statt an den Atlantik gefahren zu sein. Ich bin positiv überrascht und hatte es mir ganz anders und viel touristischer vorgestellt. Aber nein, diese Seite Frankreichs ist ebenso ein Traum. Und so genießen wir momentan jeden einzelnen Tag unserer Reise in vollsten Zügen.

Zwar gab es in den letzten Wochen auch immer wieder mal kleine Momente der Aufregung, wie an dem Abend, als unser Handy leer war und wir uns ohne Navi in einem riesigen Feld komplett verfahren hatten – während der Sonnenuntergang näher rückte. Oder eine Off-Road-Straße, die im Sand mündete und mich viel Kraft kostete. Aber ich habe gelernt, dass diese Situationen nicht nur zur Reise, sondern zum Leben dazugehören. Ich nahm sie an, egal, wie beängstigend sie wirkten, akzeptierte sie und lernte von ihnen und meiner Angst, so dass sie gefühlt immer unwichtiger und schließlich auch seltener wurden.

Der traurigste Moment der letzten Wochen war aber wohl Mamas Todestag. Dicht gefolgt vom Abschied von Frankreich. Ich habe dieses Land so sehr in mein Herz geschlossen, die Gastfreundschaft und Hilfsbereitschaft so geschätzt, dass mir die bevorstehende Fahrt über die Pyrenäen besonders schwerfiel. Ich wusste nicht, ob Spanien auch so schön sein und ob die Spanier:innen genauso nett zu uns sein würden. Doch woher sollten wir es wissen, wenn wir es nicht ausprobierten, also fuhren wir mit dem Zug über die Pyrenäen. Ein wichtiger Moment unserer Reise! Denn auch wenn es sich nach Schummeln anfühlte, war ich unglaublich stolz auf mich, dass ich es schaffte, mein Ego hintenanzustellen und auf meinen Körper zu hören. Etwas, das ich während meiner Kindheit und Jugend im Hochleistungssport nie gelernt hatte. Ich wusste, dass ich auf dieser Reise bereits steilere Strecken gemeistert hatte, ich wusste, dass ich es schaffen würde, aber ich musste es mir nicht beweisen. Kein Risiko war es wert, die zurückgewonnene Freiheit und meine tiefe Zufriedenheit aufs Spiel zu setzen. Ich wusste nun, worum es ging: Es ging um Emil und mich und darum, dass wir beide glücklich sind.

Seit wir nun in Spanien sind, ist etwas neu in mir. Ich habe aufgehört, über meine Vergangenheit nachzudenken. Es fühlt sich an, als hätte ich alles mit mir geklärt und wäre im Reinen, mit allem, was war. Als hätte ich jegliches Verhalten von mir und allen anderen Menschen, die großen Einfluss auf mich hatten, ausreichend analysiert und hätte mir und ihnen für alles, mit dem sie mir Leid zugefügt haben, vergeben.

Und: Ich habe aufgehört zu glauben, dass ich als Alleinerziehende irgendwie gescheitert bin. Jede vierte Familie in Deutschland lebt allein- oder getrennterziehend. Der Großteil dieser Familien hat sich das so nicht gewünscht, aber es ist passiert. Dass ich für die Liebe so weit gehe, ist wundervoll. Dass ich allein das Kind behalten wollte, ist mutig. Dass ich mich rechtzeitig aus der Manipulation befreien konnte, ist stark. Jede dritte Frau hat in Deutschland bereits sexuelle oder physische Gewalt erfahren. Jeden Tag versucht ein Mann in Deutschland, seine Frau oder Ex-Frau zu töten. Jeden dritten Tag gelingt es. Ich bin nicht allein. Ich fühle mich nur manchmal allein, weil so selten darüber gesprochen wird.

Emil läuft geradewegs auf das Meer zu, ich springe auf und renne ihm schnell hinterher. Dort angekommen, nehme ich ihn an der Hand, und wir laufen mit unseren nackten Füßen ins angenehm kühle Meer. Dabei sieht es aus, als würde ich weiße Socken tragen. Während meine Beine tiefbraun sind, strahlen meine weißen Füße geradezu hervor. Die Fahrradkleidung hat auch auf dem Rest meines Körpers ihren Abdruck hinterlassen. Mann, sieht das blöd aus, denke ich mir und muss laut lachen. Nachdem wir eine Weile über die Wellen gesprungen sind, gehen wir zurück zum Schatten unter den Palmen, um uns auszuruhen.

Ich frage mich, wieso ich immer so offen über all die Schattenseiten im Leben spreche? Auch mit Fremden. Und auf Social Media. Es ist ja nicht gerade so, dass ich nur melancholisch bin und die meiste Zeit Trübsal blasend mit meinen Freunden herumsitzen würde. Im Gegenteil, meistens reißen wir einen albernen Witz nach dem anderen. Aber gerade, wenn ich auf Social Media etwas teile, geht jeder meiner Texte in die Tiefe. Es ist mir wichtig, dieser Seite, die alle Menschen in sich tragen, in der Öffentlichkeit mehr Gehör zu verschaffen. In meiner Familie wird über Probleme geschwiegen. Nach außen muss heile Welt gespielt werden, das ist bei meinen Großeltern so gewesen und wurde von meinen Eltern so weitergelebt. Was hinter den Türen passierte, war hingegen bei ihnen allen etwas völlig anderes. Ich möchte diesen Kreislauf ein für alle Mal durchbrechen. Die Kriegsgenerationen haben einige schreckliche Haltungen und Erziehungsmethoden weitergegeben. Zum Teil haben sie noch heute Auswirkungen auf unser Leben. Wir sind alle Menschen. Wir haben alle unsere Geschichten. Ein Banker im Anzug genauso wie der Punk auf der Straße. Die Welt ist nicht so, wie es bei den meisten auf Social Media auf den ersten Blick wirkt.

Wir haben unsere Wunden, die heilen müssen, und unsere Herausforderungen, die wir ganz allein zu meistern haben. Manchmal ist das Leben eine echte Aufgabe. Aber wenn wir durch das Dunkle gegangen sind, wieder einen Sprung gewagt und etwas hinter uns gelassen haben, dann können wir das Ganze sehen: Alles ist dann gut, so wie es war und wie es ist. Der Tod meiner Mutter war eine meiner größten Aufgaben. Ich werde sie natürlich auf ewig vermissen, aber der Dank, diese enorme Liebe erlebt zu haben, überwiegt heute, ist größer als alles andere. Gerade durch die Erfahrung ihrer Krankheit und ihres Todes habe ich am Ende so viel Kraft und Glauben entwickelt und wieder zum Glück im Leben gefunden. Und ich habe angefangen, für meine Träume zu kämpfen. Es ist ein wunderbar befreiendes Gefühl.

Zwar hat sich am Gewicht des Fahrrads nichts verändert, trotzdem fühlt es sich leichter an, wenn ich nun in die Pedale trete. Es gibt nichts mehr, was mich irgendwie belasten könnte. Kein Thema, das zur Seite geschoben wurde und dann irgendwann für Schmerzen in der Magengegend sorgt. Das habe ich über viele Jahre zur Genüge gemacht, bis der Berg an Themen kaum noch ignoriert werden konnte. Doch selbst wenn ich gewollt hätte, es war gar keine Zeit, sich mit alldem so ausführlich auseinanderzusetzen. Und ich wusste auch nicht wie. Jetzt hier auf der Reise kam es ganz natürlich zum Vorschein. Ein Thema nach dem anderen. Natürlich sind sie jetzt nicht gänzlich verschwunden. Das werden sie auch nie sein, sie sind schließlich Teil von mir. Doch die Gefühle, die die Gedanken an diese Themen auslösen, sind nun positiv und machen aus dem riesigen Berg einen kleinen überschaubaren Haufen. Damit kann ich gut leben. Endlich Platz zum Atmen. Ich schaue aufs Meer, in dem gerade ein Segelboot in der Ferne vorbeizieht. Aber an was denke ich denn nun? Ich habe keine Ahnung. Ich muss laut lachen. Wie wäre es mit nichts? Denk doch einfach mal an nichts, Jasmin! Und während ich meinem eigenen Vorschlag folgen möchte, strömen natürlich dann doch wieder neue Gedanken in meinen Kopf. Nichts gibt es wohl nicht.

»Das Leben ist so unfassbar schön, Emil«, sage ich, drehe mich dabei zu ihm und schaue zu, wie er jetzt mit seinen Autos durch den Sand rast. Ich lege mich wieder nach hinten und stütze mich mit meinen Ellbogen im Sand ab. Ich spüre immer noch den Schmerz von der Fahrt in meinen Beinen.

»Bruuuumm, bruuuuumm«, macht Emil laute Motorgeräusche und fährt nun mit dem Auto den Stamm der Palme hoch. Er wirkt so zufrieden, die ganze Zeit über. Ich hätte nie geglaubt, dass er so extremen Spaß an unserer Tour hat. Dass er sich ohne sein Zimmer mit Spielzeug so gut beschäftigen kann. Dass er sich so selten allein fühlt, ohne seine vertrauten Freunde, weil er überall welche findet. Dass er Zelten so liebt. Dass ihm das Fahren im Anhänger so viel Spaß macht. Das war bei der Abfahrt alles ungewiss. Letztes Jahr auf der Fahrt war er noch ein Baby und trug Windeln. Dieses Jahr ist er ein kleiner selbstständiger Junge. Doch irgendwie haben wir einen Rhythmus gefunden, der für uns beide perfekt scheint. Erst recht jetzt, wo wir uns so entschleunigt haben. Zwei Stunden fahren, eine Stunde Pause, Mittagsschlaf und Ankommen. Die 50 Kilometer vergehen mittlerweile ohne Stress und wie im Flug. Gut, seit wir am Meer sind, sind die Fahrten zusätzlich unterbrochen von den vielen Besuchen an immer noch schöneren Stränden und von unzähligen Spielplatz-Stopps. So sind wir oft wesentlich länger unterwegs, erleben aber schon so viel, dass wir bei der Ankunft dann nur noch essen und müde ins Bett fallen. Und genau so ist es stimmig. Alles, was ich jetzt möchte, ist, so langsam wie möglich zu fahren. Denn je näher wir dem Süden kommen, umso näher kommen wir auch dem Ende unserer Reise.

Mein Handy surrt. Jorge hat geschrieben. Er hat einen neuen Tipp für unsere Weiterfahrt. Der Spanier hat mich vor zwei Wochen auf Instagram kontaktiert und hilft mir seitdem täglich beim Planen unserer Routen. Er hat vor ein paar Jahren seine Frau verloren und nun im Nordwesten Spaniens eine Pension für Pilger eröffnet. Seine Tochter ist bereits erwachsen, und er liebt es, Menschen bei der Realisierung ihrer Träume zu unterstützen. Er ist selbst Bikepacker, hat mal in Katalonien an der Küste gelebt und findet immer geeignete Strecken für uns. Einmal organisierte er sogar einen Konvoi für eineinhalb Kilometer, als es mir zu gefährlich erschien, eine Straße entlangzufahren. Ich war gerade auf dem Weg zum nächsten Bahnhof, um die 1,5 Kilometer mit dem Zug zu fahren. Genervt davon, dass es keinen sicheren Weg für uns gibt. Doch Jorge ließ nicht locker. Er rief einen Freund an, der in der Nähe von Girona arbeitete, und erzählte ihm von uns. Sein Freund ist ebenfalls Bikepacker und kam erst vor wenigen Wochen von einem Trip aus Holland nach Spanien. Er kannte sich aus mit dem, was wir hier machen. Also kam er nach Feierabend zu unserem von Jorge organisierten Treffpunkt und fuhr mit seinem Motorrad die 1,5 Kilometer mit Warnblinklicht schräg hinter uns her, so dass die Autos abstoppen und langsam im großen Bogen um uns herumfahren mussten. Letztendlich war der Seitenstreifen aber ohnehin breit genug, was wir vorher aber nicht wissen konnten. Für mich gilt, lieber einmal zu vorsichtig mit Emil im Straßenverkehr zu sein als einmal zu wenig. Jorges Freund lud uns dann noch zu sich nach Hause ein, wo Emil mit seiner Nichte auf dem Trampolin sprang und mit dem Bobbycar um die Wette fuhr. Sein Vater ölte in der Zwischenzeit meine Fahrradkette. Das war schon lange nötig. Er betreibt einen Fahrradladen, und so schaute er auch gleich, ob mit meinem Fahrrad sonst noch alles in Ordnung war. Und während all dem musste ich ständig daran denken, wie unfassbar großzügig die Menschen, auf die wir bisher trafen, zu uns sind. Und nicht nur die, die wir persönlich trafen, Jorge zum Beispiel haben wir noch nie gesehen, und trotzdem hilft er uns Tag für Tag. Manchmal scheint es mir, wenn ich nur zuhause meinem Alltag nachgehe und täglich Nachrichten schaue, als gäbe es mehr schlechte als gute Menschen auf der Welt. Wenn man dann jedoch tatsächlich draußen in der Welt unterwegs ist, ist man von der Gutherzigkeit und Offenheit völlig überrascht.

Die Wege sind in Spanien zum Teil perfekt für das Fahrradfahren geeignet, zum Teil allerdings auch ein absoluter Albtraum, zumindest wenn man mit Kind unterwegs ist. Ich muss oft im Zick-Zack um die großen Straßen herumfahren, lande dabei irgendwo im Landesinneren, wo es wiederum steil die Berge rauf und runter geht. Aber letztendlich ist mit viel Planung und der enormen Hilfe, die uns von allen Seiten zuteilwird, alles möglich. Die Belohnung sind schließlich aufregende Städte wie Girona, aber natürlich auch die gigantischen Strandbuchten und paradiesischen Strände, so wie jener, an dem wir gerade liegen. Es fühlt sich gut an, sich ganz ohne Zeitdruck einfach treiben lassen zu können und alles unterwegs ausführlich zu genießen.

»Mama, sieht Opa deine Mama im Flugzeug?«, fragt Emil mich plötzlich.

Ich schaue ihn fragend an: »Was meinst du damit, Emil?«

»Weil Opa mit dem Flugzeug in Himmel geht. Zu deiner Mama im Himmel. Können wir auch mal zu deiner Mama im Himmel gehen?«

Ich wünschte, dass es so funktionieren würde. Ich würde wahrscheinlich nur noch im Flugzeug sitzen.

»Weißt du, Emil, meine Mama ist gar nicht ganz weg, sie ist immer noch hier bei uns«, sage ich in sanftem Ton. »Nur ihr Körper ist verschwunden, aber sie, sie ist noch da. Wenn du mit ihr sprechen möchtest, kannst du das jederzeit tun, dafür musst du nicht mit dem Flugzeug fliegen. Wir sind gerade auch im Himmel. Der Himmel ist überall. Man kann ihn nur nicht sehen.«

Emil überlegt, dann legt er den Kopf schief. »Aber warum bist du dann traurig? Manchmal weinst du wegen deiner Mama.«

Ich streiche ihm über die Haare. »Es ist nicht schlimm, traurig zu sein. Manchmal bist du auch traurig, oder? Dann ist es gut, dass du weinst. Das gehört zum Leben dazu. Ich würde meine Mama einfach oft gerne in den Arm nehmen. Ich vermisse ihren Körper. Aber dafür kann ich dich dann in den Arm nehmen, und dann geht es mir wieder besser.«

Emil kommt auf mich zu und legt seine Arme um mich. Dieser kleine Mensch ist ein wahres Geschenk.

»Mama, du musst auch mal ein Kind werden!«, sagt Emil dann mit fester Stimme.

Ich muss lachen. »Wieso soll ich ein Kind sein?«, frage ich. »Was kann ich denn als Mama nicht machen, was ich als Kind könnte?«

»Dann kauf ich dir einen Roller, und wir fahren zusammen. Und rutschen. Und bauen Burgen.« Emil gräbt seine beiden Hände in den Sand. Dann hält er inne. »Aber dann kannst du nicht Fahrrad fahren. Das ist blöd.« Er schaut mich nachdenklich an.

Ich drehe mich ganz zu ihm und nehme seine Hände in meine. »Ich verrate dir mal was«, sage ich ruhig. »Als Mama hat man Superkräfte, man kann Mama, aber auch Kind sein, und wenn du es dir wünschst, dann bin ich von jetzt an ein bisschen öfter wieder Kind, okay?«

»Ja, das müssen wir mal probebieren«, antwortet Emil mit einem großen Lächeln im Gesicht.

Wie recht er hat. Ich muss mal wieder mehr Kind sein. Das Spielen wiederentdecken und die Leichtigkeit, mit der wir momentan reisen, noch mehr aufleben lassen. Das Leben sollte nicht so ernst sein. Dinge passieren. Wir machen Fehler. Mal sind andere gemein zu uns. Mal passieren Sachen ganz unvorhergesehen. Wir scheitern. Fallen immer wieder hin. Doch wie die Kinder es uns täglich vormachen, sollten auch wir immer wieder aufstehen und es mit viel Freude einfach ein weiteres Mal versuchen. Bis es irgendwann klappt. So haben wir schließlich auch krabbeln, stehen, laufen, springen und tanzen gelernt. Das Leben ist wie ein Spiel. Und wir spielen es nur ein einziges Mal durch.

Noch am selben Tag klettere ich mit Emil auf ein riesiges Klettergerüst und rutsche mit ihm um die Wette. Am nächsten Tag spielen wir Fußball, bauen eine Sandburg, und ich schlage Räder am Strand. Wir suchen Wolkenbilder, springen mit unseren Kleidern direkt vom Fahrrad ins Meer, tanzen im Regen, und ich erfinde Dinosauriergeschichten. Zum ersten Mal in meinem Erwachsenenleben lebe ich wieder vollkommen im Hier und Jetzt. Für die Vergangenheit bin ich dankbar. Die Zukunft will ich noch nicht erreichen. Ich möchte den Weg zum Ziel erleben – befreit, leicht und vollkommen entschleunigt.

Langsam ist das neue Schnell.

9.

Gelassenheit finden

30. September 2021, Canet de Mar

Die Leute reden lassen

»Dann sollte es wohl nicht sein«, schreibt Sandra mir per WhatsApp auf meine letzte Voice Message an sie. Ich beobachte Emil, wie er neben mir in aller Ruhe eine Mandarine schält, wie so oft ganz versunken und konzentriert auf seine Sache. Es ist wieder ein heißer Tag, und wir haben heute schon viel erlebt, aber Emil scheint trotzdem kein bisschen müde.

Ich will den weiteren Text von Sandra gar nicht lesen und stecke das Handy wieder zurück in die Tasche. Ich bin ohnehin schon viel zu traurig und enttäuscht über die Absage des Verlags. Sie hatten über Wochen hinweg großes Interesse an meinem Reisebuch gezeigt, den Schwerpunkt mit mir besprochen und sich nun doch noch anders entschieden. Das war es nun. Ich hatte so große Hoffnung, dass ich nach unserer Reise zuhause an dem Buch schreiben kann und nicht in das Leben von vorher zurückkehren muss. Wie soll das gehen? Wie kann ich nach dieser wundervollen Zeit mit Emil wieder in den Schrecken meines alten, stressigen Lebens zurückgehen? Ich Vollzeit am Arbeiten, er Vollzeit im Kindergarten. Das kann ich nicht mehr! Nicht nach dieser Reise. Es ist unmöglich. Aber niemand aus meiner Familie und keine meiner Freundinnen scheint das verstehen zu können. Sie meinen es alle nur gut mit mir, das weiß ich natürlich, was sollen sie mir auch schon sagen?

»Such dir erstmal irgendeine Arbeit, eines Tages wirst du schon deinen Traumjob bekommen, oder beantrage eben Arbeitslosengeld.« Ein nachvollziehbarer Rat. Trotzdem beides keine Option für mich. Ich will kein Geld geschenkt bekommen, während alle anderen arbeiten gehen. Ich will kein schlechtes Gewissen haben, meine Ausgaben ständig vorlegen und betteln müssen, auch einmal in den Urlaub fahren zu dürfen. Genauso wenig möchte ich allerdings in irgendeinem Job, der mir keinerlei Freude bereitet, von morgens bis abends arbeiten und den ganzen Tag über Emil vermissen.

Er hat die Frucht nun aus ihrer Schale befreit und löst die Spaltenn voneinander, reicht mir eine. Ich muss lächeln und stecke mir das Stück Mandarine in den Mund. Der süße Geschmack hebt meine Laune. Unglaublich, wie fruchtig die hier schmecken. »Mmmmmhhhh«, mache ich. Und Emil macht »Mmmmhhh«, und wir summen und essen genüsslich kauend und lachend die kleine Mandarine auf, bevor wir langsam alles wieder zusammenpacken. Wir wollen heute noch zu einem Campingplatz kurz vor Barcelona fahren. Es trennen uns nur noch zwölf Kilometer von unserem Tagesziel.

Als ich wieder auf dem Fahrrad sitze, wandern meine Gedanken zurück zum Buch und zu dem, was nach dieser Reise kommen wird. An der Doktorarbeit kann ich nur arbeiten, wenn ich nebenbei Geld verdiene, und mich für das Stipendium zu bewerben benötigt Unmengen an Zeit, die ich wiederum durch die Arbeit nicht habe. Das war doch genau das Problem in den letzten Jahren. Die Doktorarbeit, gemeinsam mit Hunderten von Jobs. Das kann doch alles nicht wahr sein. Ich habe den Sprung aus dem Hamsterrad geschafft, habe so viel Mut bewiesen, und jetzt gibt es keine andere Möglichkeit, als in genau dieses Hamsterrad wieder zurückzukehren und alles wieder genauso wie vorher zu machen? Das geht einfach nicht. Wir sind so glücklich wie nie zuvor, ich kann das doch nicht einfach wegschmeißen. Ich will nicht in den Stress zurück und irgendwann an Krebs sterben, wie meine Mama.

Plötzlich ist direkt vor uns eine riesige Schafherde. Dicht an dicht stehen sie mitten auf dem Weg. Ich ziehe die Bremsen, und das Rad bleibt umgehend stehen. Ich stelle meine Füße auf den Boden. Die Schafe schauen alle gleichzeitig in unsere Richtung. »Guck mal, Emil! Wie lustig ist das denn?!«

»Määääääh«, erwidert das am nächsten bei mir stehende Schaf und schaut mir dabei direkt in die Augen, als würde es fragen wollen, was genau so lustig an ihnen sein soll.

»Wow! Mama! TUUUUUHL! MÄH!«, ruft Emil von hinten aus dem Anhänger, während ich versuche, einen Weg durch die Schafsherde zu finden. Es sind bestimmt 100 von ihnen, die frisch geschoren links aus dem Wald herauslaufen und unseren Weg blockieren. Als sie mich erblicken, rempeln sie sich gegenseitig an und springen mähend davon, um uns Platz zu machen. Dabei wird der Staub des sandigen Bodens hoch in die Luft gewirbelt. Aus der Ferne erklingt lautes Hundegebell. Langsam schlängeln wir uns durch sie durch. Es riecht wie im Stall. Der Sandstaub brennt in meinen Augen. Als wir durch die Herde hindurch sind, belagern sie wieder den Weg und schauen uns hinterher. Was für ein Anblick. Ich liebe es, nie zu wissen, was hinter der nächsten Kurve auf uns wartet. Ein Mörderanstieg? Ein traumhafter Strand? Oder eben eine riesige Schafsherde!

Es ist mir egal, was dieser Verlag sagt, ich schreibe weiter, und es wird sich zeigen, wohin das führt. Ich glaube an mein Projekt. Und dass es andere wie mich gibt. Die meisten Fahrradbücher sind von Männern oder Paaren ohne Kinder geschrieben. Ich habe all die letzten Jahre einen riesigen Bogen um die Reiseliteratur gemacht, weil Abenteuer mit Kind nicht mehr möglich scheinen. Es geht ja gar nicht darum, dass ich die weiteste, gefährlichste, abenteuerlichste und längste Reise gemacht habe – sondern darum, anderen Eltern Mut zu machen, dass auch mit Kind noch ein Leben außerhalb des Hamsterrads möglich ist. Vor allem auch dann, wenn man nicht so viel Geld hat und einen Schulbus ausbauen oder ein Wohnmobil kaufen kann. Für Eltern, die glauben, dass ein freies Leben mit Abenteuern einfach nicht mehr möglich ist. Dass sie ihren Traum, egal, wie er aussehen mag, einfach nicht mehr umsetzen können, weil die Zeit, das Geld und vielleicht sogar ein:e Partner:in dazu fehlt. Ich möchte Mut machen, denn wenn ich es ganz allein ohne finanzielle Unterstützung oder große Ersparnisse geschafft habe, mit meinem Sohn Tausende von Kilometern auf dem Fahrrad zurückzulegen, dann können es auch viele andere schaffen, ihren Traum und ihr Abenteuer in die Tat umzusetzen.

Wir fahren von dem Waldweg ab. Dann geht es fünf Kilometer durch eine kleine Stadt, wo ich an einer roten Ampel nach der nächsten stehe. Bis wir schließlich die letzten Kilometer bis zum Campingplatz gemütlich am Meer entlangfahren können. An den Fahrradweg grenzt direkt der Strand. Ohne Zaun, ohne Absperrung, als würden wir geradewegs im Sand fahren. Alle paar Minuten kommt uns jemand joggend oder auf dem Fahrrad entgegen. Es wird voller, man merkt, dass wir es bald nach Barcelona geschafft haben. Ich kann es kaum glauben. Noch vor ein paar Wochen saß ich in Frankreich auf dem Campingplatz fest, und jetzt sind wir schon bald in Barcelona. Kann mich mal bitte jemand kneifen?

Wieder kreisen meine Gedanken um das Buch. Mein Reiseblog wurde damals so gerne gelesen. Und alle Menschen, die wir unterwegs treffen, wollen ständig mehr und mehr von unserer Geschichte hören, sei es am Campingplatz, im Restaurant oder auf dem Parkplatz vom Supermarkt. Ich will diese Geschichte raus in die Welt bringen, und das werde ich auch schaffen. Ich gehe nicht zurück in mein vorheriges Leben!

Ich fahre an den Rand des Weges, halte an und hole mein Handy aus der Tasche. Bunte Fischerboote reihen sich im Sand aneinander. Daneben ein Mast, an dem die spanische Flagge weht. Ich schreibe die örtliche Zeitung unserer Heimatstadt an. Ich muss einfach wissen, ob es irgendjemanden gibt, der Interesse an meiner Message hat.

11. Oktober 2021, Sagunt

Ein Shitstorm bricht los

Barcelona war ein Traum. Drei Tage blieben wir in der Stadt, machten Sightseeing und trafen uns mit Anne. Ich habe sie mit 19 Jahren in Australien kennengelernt. Sie ist Französin, war damals 25 und auch mit dem Work-and-Travel-Visum auf dem anderen Kontinent gereist. Inzwischen hat sie ein zweijähriges Kind, so dass wir die Nachmittage gemeinsam mit den beiden Jungs auf dem Spielplatz verbrachten. Wäre Barcelona nicht so unheimlich teuer, könnte ich es mir super vorstellen, dort zu leben. Ich liebe die Kunst- und Skatekultur der Stadt. Gepaart mit den unheimlich schönen angrenzenden Gegenden wie Sitges, wo sich die Surfer im Wasser nur so tummelten, ein Traum. Auf einem Campingplatz in der Nähe von Sitges lernten wir dann Dominic kennen. Er war aus Deutschland nach Gibraltar geflogen und fuhr von dort mit dem Fahrrad in knapp drei Wochen nach Barcelona. Ganz schön schnell im Vergleich zu uns. Er musste um die 100 Kilometer pro Tag fahren und hatte nicht einmal ein richtiges Zelt, sondern nur eine Plane als Dach dabei. An dem Tag, als wir ihn trafen, sind wir in unserem Zelt fast im Dauerregen ertrunken. Dominic musste sich dann ein Hotelzimmer nehmen. Wir tauschten Nummern wegen der Route, aber seine Wege führten meist über Berge oder an Autobahnen entlang, so dass ich weiterhin mit Jorge eigene Wege für uns suchen musste.

Je südlicher wir nun kommen, umso abenteuerlicher wird es. Die Wege sind entweder völlig verlassene Schotterstraßen oder führen durch einsame Felder mit gigantischem Bergpanorama in der Ferne. Hin und wieder stoßen wir dann ganz plötzlich auf sehr touristische

Orte mit überfüllten, teuren Campingplätzen und riesigen Poollandschaften. Es ist ein ständiger Wechsel der Welten. Alles in allem versuche ich so nah wie möglich am Meer zu bleiben, auch wenn wir dafür einige Höhenmeter in Kauf nehmen müssen. Jorge gibt sein Bestes, uns bei dem Planen der Routen zu unterstützen. Mehrmals täglich schickt er mir neue Vorschläge und Screenshots von anderen Fahrradreisenden, die er in diversen Foren für uns findet.

Einmal gab es dann nur eine Serpentinenstraße, die steil, von Autos stark befahren und sehr schmal war. Deshalb entschieden wir uns das zweite Mal für die sichere Variante per Zug. Das war allerdings wieder ein enormer Aufwand mit all unserem Gepäck, dem Fahrrad und Anhänger, aber ich bereute es nicht. Denn als wir ankamen, trafen wir auf einen Radsportler aus Portugal, der für einen Triathlon in Spanien angereist war und uns berichtete, dass er auf dieser Serpentinenstraße zum ersten Mal Angst vor den Autos und um sein Leben gehabt hätte. Da wusste ich, dass wir alles richtig gemacht hatten. Ich bin zwar mutig, aber nicht übermütig, vor allem nicht mit Emil im Anhänger.

Wir befinden uns nun kurz vor Valencia. Noch 26 Kilometer liegen vor uns. Es ist heute zum ersten Mal, seit wir Deutschland verlassen haben, etwas frischer, so dass ich nun mit Pullover und kurzer Hose fahre. Ganz angenehm muss ich zugeben. Ich fahre bewusst noch etwas langsamer. Die Aussicht ist ohnehin zu grandios, um das nicht mit jeder Faser und aller Achtsamkeit aufzusaugen: Kilometerweit kann ich über grüne Felder schauen. In weiter Entfernung ragen die Berge in den Himmel. Diese Anmutung ist ganz anders als die Strandlandschaft der letzten Wochen. Ich atme tief durch und nehme die Weite in mir auf.

Es ist schon verrückt. Auf der einen Seite ist es das Natürlichste der Welt für uns geworden, täglich fünfzig Kilometer zu fahren. Auf der anderen Seite kann ich es, wenn ich an unseren Start vor bald drei Monaten denke, kaum fassen, dass wir es bis hierher geschafft haben. Inzwischen haben wir Mitte Oktober. Was unser Ziel angeht, ist nun klar, dass es nicht Marokko sein wird. Das Land hat die Einreise wegen Covid gestoppt. Weder mit der Fähre noch mit dem Flugzeug ist es uns möglich, dorthin zu kommen. Entgegen meiner Erwartung ist diese Tatsache mir völlig egal. Es geht mir nicht mehr um ein bestimmtes Ziel, nicht jetzt und hier auf dieser Reise. Wir werden einfach sehen, wie weit wir kommen. In ein paar Wochen sind wir wahrscheinlich im Süden Spaniens. Wenn dann keine Fähre fährt, um uns noch südlicher zu bringen, dann werden wir die Reise dort beenden. Wieder in den Norden zu fahren, macht keinen Sinn. Die Campingplätze in Nordspanien, Frankreich und Deutschland haben bereits Winterpause. Ohnehin würde das Wetter dann schlechter werden. Momentan fahren wir dem Herbst geradezu davon und dem ewigen Sommer hinterher. Aber schon jetzt schleichen sich mehr und mehr Regentage dazwischen. Außerdem muss ich schauen, wie lange uns mein Geld noch versorgen kann. Bald wird es zur Neige gehen, spätestens dann muss ich nach Hause und brauche einen neuen Plan. Bis Dezember sind wir noch sicher, aber was danach passiert, steht noch in den Sternen.

Ein Regentropfen landet auf meiner Wange, ein weiterer auf meinem Handrücken. Der Himmel über uns ist bedrohlich dunkel. Ich spüre einen Windzug, bleibe schnell stehen, ziehe Emils Regenschutz am Anhänger runter, krame meine gelbe Regenjacke aus der Seitentasche heraus und fahre im Regen weiter. Es ist angenehm. Nicht zu vergleichen mit dem Regen in Deutschland. Die Luft ist warm und der Regen eine gute Erfrischung während der Fahrt. Plötzlich verheddert sich meine Regenjacke in den Speichen. Ich bleibe stehen und beginne sie zu befreien. Da bleibt ein Mann auf dem Fahrrad abrupt stehen und fragt besorgt, ob alles in Ordnung sei. Ich lache und zeige auf den schwarzen Fleck der Regenjacke, die ich nun aus den Speichen reißen konnte. Er lacht mit, nickt beruhigt und fährt weiter. Die Hilfsbereitschaft der Menschen, denen wir begegnen, fasziniert mich immer wieder aufs Neue. Sobald ich kurz anhalte, und sei es nur, um etwas zu trinken, und jemand in dem Moment vorbeifährt, werden wir immerzu gefragt, ob alles in Ordnung sei. Es ist schön zu wissen, dass die Menschen auf uns aufpassen.

Mein Handy vibriert in meiner Bauchtasche, ein Mal, zwei Mal, drei Mal. Ich hole es mit einer Hand vorsichtig heraus. Schaue kurz aufs Display. Da poppt eine Nachricht nach der nächsten auf. Ob das etwas mit dem Artikel zu tun hat? Die örtliche Zeitung unserer Heimatstadt hat tatsächlich nach meinem Anruf über uns berichtet. Ein großer Beitrag mit Foto. Meine Oma, mein Papa und einige Bekannte haben ihn gelesen und mir begeistert geschrieben. Ob die nun gerade zu meiner »Zielgruppe« gehören und was das für eine Bewandtnis für meinen Traum vom Buch hat, weiß ich nicht. Es ist noch nicht dringlich, es wird sich schon noch zeigen. Jetzt will ich einfach nur die letzten Wochen unserer traumhaft schönen Reise genießen, egal, was danach passieren mag.

Ich wische die Nachrichten weg und packe das Handy wieder ein, weil ich meiner Regel folge, nur abends, wenn Emil schläft, länger am Smartphone zu sein. Außerdem ist es während der Fahrt eigentlich ohnehin tabu. Aber es hört nicht auf zu vibrieren. Was wollen denn meine Freunde alle von mir? Vielleicht ist irgendetwas Schlimmes passiert? Der Regen hat inzwischen aufgehört. Ich bleibe stehen und hole das Handy wieder heraus. In der Vorschau der Mitteilungen sehe ich, dass mir alle den gleichen Link geschickt haben. Ich öffne eine Nachricht und dann den Link: Der Artikel wurde jetzt auch im Internet veröffentlicht. Oh Gott, wie peinlich, darüber hatte ich gar nicht nachgedacht! Ich war sicher, das Ganze beschränkt sich auf die gedruckte Zeitung. Ich entdecke, dass unsere Story sogar auf der Facebookseite der Zeitung promotet wurde – und die hat weitaus mehr Follower:innen, als es mir gerade lieb ist. Mir wird schlecht.

Ich öffne die Nachricht von Sandra. Sie hat mir einen Screenshot von Facebook-Kommentaren geschickt. Ich scanne nur ein paar Worte: »Furchtbar«, »Verantwortungslos«, »Das arme Kind«.

Bricht da gerade etwa ein Shitstorm los? Wahrscheinlich sollte ich gar nicht weiterlesen, aber die Neugier siegt. »Der arme Junge«, »Da sollte man mal das Jugendamt anrufen«, »Die Mutter will nur ins Fernsehen!« Spinnen die? Warum sind die so gehässig zu uns? Die kennen uns doch gar nicht! Mein Puls wird schneller. Oh Gott, was habe ich nur getan? Ich will gar nicht, dass diese Menschen über uns urteilen und so einen Mist über uns schreiben. »Was für ein Egotrip«, »Muss die alte Schrulle nicht arbeiten?«, »Blond und naiv«, »An Dummheit nicht zu überbieten«, »Der arme Vater. Ihm wird das Kind einfach entrissen.« Ja, genau. Der arme Vater. Wieso haben die alle eine Meinung, ohne irgendetwas zu wissen? Das schockiert mich wirklich, aber ich lese trotzdem weiter. Ich muss verstehen, was hier los ist. »Ich hätte auch was mit meinem Kind aufzuholen, wenn ich es Vollzeit in den Kindergarten abgeschoben hätte – und so jemand wird Mutter.« Als ob ich eine Wahl gehabt hätte! Meinen die, jemand hat aus Spaß so viel Arbeit und so wenig Zeit mit Kind? Die können das doch nicht ernst meinen? »Das Kind ist den ganzen Tag in dem Anhänger eingesperrt.« »Ein Kind muss in den Kindergarten. Es braucht Freunde und nicht nur seine Mutter.« Als ob Emil eingesperrt wäre! Wir halten gefühlt alle zehn Meter an, weil er irgendeinen Spielplatz entdeckt. Es steht doch auch genau im Artikel, wie lange wir fahren und dass er maximal zwei Stunden am Stück im Anhänger sitzt. Hat den Artikel überhaupt irgendjemand komplett gelesen, oder wollen die einfach nur verletzend sein? Warum spricht so ein Hass aus diesen Menschen?

In einigen Kommentaren nehmen mich dann zum Glück auch Menschen in Schutz, sprechen von Mut und wie toll das Ganze für die Mutter-Kind-Bindung sei. Doch darüber kann ich mich gerade kaum freuen, zu sehr treffen mich die von Hass erfüllten Sätze. Ich stecke das Handy weg, setze mich wieder aufs Fahrrad und fahre weiter. Zu unserer Linken kommt ein Stall, davor stehen zwei Esel. Ein großer schwarzer mit weißem Bauch und ein kleinerer brauner mit weißem Bauch. Sie schütteln ihre Köpfe, wodurch ihre großen

Ohren lustig zu wackeln beginnen. Dann streckt der große Esel sein Maul zum Kleinen hinunter, als würde er ihm einen Kuss geben wollen. Kurz bin ich gerührt, weiß, ich sollte im Hier und Jetzt bleiben und mich von den Kommentaren fremder Menschen nicht so irritieren lassen.

Aber ich kann mich nicht von diesen erschreckenden News ablenken. Ich spüre, wie mein Herz klopft. Mir ist immer noch übel. Am liebsten würde ich jedem Einzelnen antworten und ihm sagen, was wirklich Sache ist, aber ich lasse es. Was sind das für Menschen, die so schreiben, die auf solche Art und Weise über andere Menschen herziehen, nur weil deren Lebensstil nicht in ihr Weltbild passt? Würde ich das tun, was die Mehrheit von ihnen wohl als richtig empfindet, also zuhause sein, arbeiten, aber nicht zu viel, das Kind im Kindergarten haben, aber nicht zu lange, einmal im Jahr in den Urlaub gehen, aber nur mit dem Flugzeug ins All-inclusive-Hotel und bloß nicht zu weit weg, dann wären sie wahrscheinlich zufrieden – aber ich wäre todunglücklich. Dem einen arbeite ich zu viel, dem anderen zu wenig. Es ist unmöglich, es allen recht zu machen, weil alle etwas anderes von einem erwarten. Daher gibt es nur eine Möglichkeit: es niemandem außer mir selbst und meinem Emil recht zu machen. Denn nur uns betrifft diese Reise schließlich. Warum interessiert es mich überhaupt, was diese fremden Menschen denken, die uns nicht kennen, die nichts über unsere Geschichte und unsere Gründe wissen? Die ganz bestimmt nicht tauschen wollten, wenn sie Bescheid wüssten!

Ich schaue durch meinen Rückspiegel nach hinten in den Hänger zu Emil. Er singt wieder Maikes Lied »Ich schaff das schon, ich schaff das schon, ich schaff das ganz alleine. Ich komm bestimmt, ich komm bestimmt auch wieder auf die Beine. Ich brauch dazu, ich brauch dazu vielleicht 'ne Menge Kraft, doch ich hab immerhin schon ganz was anderes geschafft.« Ich muss lachen, wenn ich ihn da hinten so singen höre und sehe, wie er dabei seine kleinen Ärmchen auf und ab bewegt und laut die letzten Worte jedes Satzes betont. Er kann hier so laut sein, wie er möchte. Zuhause sage ich ständig: »Emil, unter uns wohnen auch andere Menschen. Versuche mal ein bisschen leiser zu sein.« Im Kindergarten sieht es nicht anders aus. Hier draußen mitten in der Natur stört es keinen, und er kann schreien, lachen, rufen, pfeifen, singen und alles machen, nach was auch immer ihm sonst gerade ist. Noch nie waren wir auf so vielen Spielplätzen wie während dieser Reise. Noch nie hat er so viele Kinder kennengelernt wie täglich auf den Campingplätzen. Noch nie habe ich so viel mit ihm gespielt. Noch nie hat er so viele neue Pflanzen, neue Tiere, neue Sprachen, so viele neue Dinge auf ganz natürliche Art und Weise gelernt. Er hat sich so enorm weiterentwickelt, ist dermaßen zufrieden und ausgeglichen. Offenbar tut ihm das alles sehr gut und ist gesund für seine Entwicklung. Wenn ich darüber nachdenke, was uns diese Reise alles gelehrt hat, wie gut es uns beiden hier zusammen geht, wie viele bereichernde Erfahrungen wir gemacht und wie viele wertvolle gemeinsame Erinnerungen wir gesammelt haben, spüre ich, dass diese fiesen Kommentare mich immer weniger tangieren. Wahrscheinlich sind das vor allem Menschen, die so einen Mut nicht haben und selbst mit ihrem Leben unglücklich sind. Vielleicht beneiden sie uns sogar. Im Grunde merke ich, dass ich über all diese falschen Urteile auch nur lachen kann, die Leute haben keine Ahnung. Einer hat doch tatsächlich gesagt, dass wir auf dem Fahrrad nur Fast Food essen könnten, was schlecht fürs Kind wäre. Darüber kann ich natürlich nur lachen. Ich lebe mein Leben, und sie leben ihres. Wer wirklich zufrieden ist im Leben, der hat keinen Grund, andere fertigzumachen und über sie zu urteilen. Denn wenn man die meiste Zeit mit einem freudigen Grinsen im Gesicht durch das Leben geht, wenn alles super läuft, so wie bei uns in den letzten Wochen, dann möchte man eigentlich alle nur umarmen und ihnen sagen, wie lieb man sie hat. Man käme im eigenen Glücksrausch nie auf die Idee, andere Menschen anzugreifen für ihre Art zu leben. Wenn ich an all die vielen hilfsbereiten Menschen denke, die wir unterwegs getroffen haben. Alle, die mich zum Strahlen gebracht haben. Mir gezeigt haben, dass die Welt weit weniger gefährlich ist, als so viele zuhause glauben. Dann merke ich, dass mir diese Menschen, die sich online unzufrieden hinter ihrem Bildschirm verstecken, im Grunde nur leidtun. Es hat mich kurz geärgert und etwas schockiert, aber eigentlich sind sie bemitleidenswert. Ich wünsche ihnen von ganzem Herzen, dass sie irgendwann auch einmal solches Glück wie wir empfinden können.

11. Oktober 2021, El Puig de Santa Maria

Das Kind in mir

Inzwischen ist die Sonne endlich, nach 40 Kilometern, wieder hinter den dunklen Wolken hervorgekommen. Ich bleibe stehen, um meine Regenjacke zu verstauen und das Regenverdeck des Anhängers wieder hochzurollen. Die Wärme der Sonne tut mir gut. Es sind nur noch 20 Kilometer bis nach Valencia, und ich befinde mich auf einem richtigen Fahrradweg, der bis in die Stadt führt. Welch ein Luxus. So was erlebt man in Spanien auch nicht alle Tage. Voller Energie trete ich kräftig in die Pedale. Ich habe inzwischen das Gefühl, dass mich nichts mehr dauerhaft aus der Ruhe bringen oder gar aus der Bahn werfen kann. Zwar habe ich absolut keine Ahnung, wie meine Zukunft aussehen wird, aber ich fühle, dass sich schon alles zum Guten wendet. Ja, ich weiß es einfach. Wenn mir jetzt sogar die Meinungen anderer so dermaßen egal geworden sind, dann habe ich wirklich einiges während dieser Reise gelernt. Denn das, was andere über mich dachten oder denken könnten, hielt mich viele Jahre von all dem ab, was ich mir wirklich wünschte. Skateboard fahren zum Beispiel war für mich fast zehn Jahre lang ein großer Traum, den ich mich einfach nie traute in die Realität umzusetzen. Jetzt, Anfang des Jahres, kam dann endlich der Mut, es durchzuziehen, denn wenn nicht jetzt mit dreißig, dann wohl nie. Also ging ich in den Skatepark zu all den talentierten Skater:innen, die bereits seit Jahren und Jahrzehnten fuhren, übte tagein, tagaus und stellte fest, dass es gar keinen Grund zur Sorge gab. Nicht die Skater:innen machten blöde Sprüche, im Gegenteil, sie waren absolut hilfsbereit, nein, die Menschen, die vorüberliefen, die selbst nicht Skateboard fahren, kommentierten das Ganze oder lachten. Aber eben weil es die Kommentare von Menschen waren, die nicht dabei waren, die gar keinen Schimmer hatten, worum es ging und wie sich das anfühlt, waren sie mir egal. Und so ging es mir jetzt auch bei diesen Hass-Kommentaren auf Facebook. Für diese Menschen ist das hier fremd, sie kennen unsere Art zu reisen und zu leben nicht, haben das selbst nie probiert. Und genau dieses Unbekannte macht ihnen wohl Angst, und daher urteilen sie negativ darüber. Für mich, die jahrelang Leistungssport gemacht hat und genauso lange erst allein und dann mit Emil mit Rucksack durch die Welt gereist ist, ist solch eine Reise eben nicht so verrückt, und deshalb habe ich sie auch gewagt.

Welch ein befreiendes Gefühl, wirklich nur der eigenen inneren Stimme zu folgen – unabhängig vom Urteil anderer. Wie oft habe ich es aus Angst nicht getan! Wie viele Dinge habe ich jahrelang verpasst! Das ist endgültig vorbei. Es ist mein Leben, das jederzeit zu Ende sein könnte, und niemand wird mich mehr davon abhalten, dass ich alles mir Mögliche dafür tue, dass ich und die Menschen, die ich liebe, glücklich werden.

Vor mir fährt eine Familie mit ihren beiden Kindern. Der Weg wird belebter, ein typisches Zeichen dafür, dass wir uns einer größeren Stadt nähern. Ich bremse leicht, drücke den Hebel meiner Fahrradklingel und fahre vorsichtig in großem Bogen um die Familie herum. Sie schauen mich ungläubig von der Seite an. Ich greife mit meiner Hand zu meinem Rückspiegel und biege ihn mir so zurecht, dass ich mein Gesicht erkennen kann. Heute sehe ich besonders fertig aus. Meine Haare sind vom Regen feucht. Das Öl der Fahrradkette hat beim Versuch, meine Regenjacke zu befreien, nicht nur meine Hände komplett eingeschwärzt, die schwarze Schmiere ist zum Teil auch in meinem Gesicht gelandet, das vom Staub der heutigen Strecke ohnehin schon ganz verdreckt war. Ich muss lachen. Es ist immer das gleiche Gefühl, in eine Großstadt zu fahren, wenn man Wochen in der Natur verbracht hat, und es wird nie weniger aufregend und amüsant sein. Ich bin voller Vorfreude auf die mir noch unbekannte Stadt.

Leider ist da nur ein Wermutstropfen, denn es gibt einen Menschen, der mir sehr am Herzen liegt und dem es gerade gar nicht gut geht, mit dem es wirklich schwierig ist: mein Vater. Und obwohl alles andere momentan perfekt ist, ich völlig gelöst durch Spanien reise, kommen meine Gedanken doch immer wieder zu ihm zurück. So auch jetzt, in diesem wunderbaren Augenblick. Es macht mich wütend, weil ich so sehr gehofft hatte, wir hätten damals, nach Mamas Tod, schon die Kurve gekriegt. Und doch wusste ich tief in meinem Herzen, diese Nähe, die danach erstmal entstanden war, war noch kein Beweis dafür, dass alles für immer so harmonisch bleiben würde. Das ist es nicht. Es nervt mich, weil ich meine Probleme jetzt wirklich ausnahmslos angehen und am liebsten lösen möchte.

Seit Wochen ist mein Vater sauer auf mich, weil ich ihn auf Instagram blockiert habe. Das habe ich natürlich nicht aus einer Laune heraus getan. Der Grund war, dass er jede Story zum Anlass nahm, mir genau das zu sagen, was all diese Menschen in den Kommentaren schrieben. Die Botschaft war immer dieselbe: Ich sei verantwortungslos. Ich weiß, dass ich es nicht bin. Verantwortungslos wäre es gewesen, wenn ich im Hamsterrad geblieben wäre und mich kaputtgemacht hätte. Was hätte Emil dann von einer kranken Mutter mit Burnout gehabt? Kinder brauchen glückliche Eltern. Das ist das Fundament für ihre glückliche Kindheit. Davon bin ich vollends überzeugt.

Ich weiß, dass aus meinem Vater nur die Sorge spricht, wenn er mir so begegnet. Ich weiß aber auch, dass meine Oma oder mein Bruder diese Sorgen anders verpacken, und so war es auch bei meiner Mutter. Denn es ist eine Sache, seine Sorge kundzutun und um Vorsicht zu bitten, aber eine andere, jemanden als verantwortungslos gegenüber dem eigenen Kind zu bezeichnen. Ich lebe meinen Traum, und ich bin bereit, diesen Traum zu beschützen, und wenn das heißt, dass ich meinen Vater blockieren muss, damit er sich wegen der Bilder, die er sieht, nicht mehr so große Sorgen macht, dann ist das die richtige Entscheidung. Denn es ist mein Leben und meine Reise, und ich möchte das alles ohne Anschuldigungen genießen.

Und wegen dieses Schrittes ignoriert er mich nun seit Wochen, was dafür sorgt, dass ich, obwohl ich im Glücksrausch durch die Gegend fahre, immer wieder darüber nachdenke. Das war und ist leider immer wieder seine Reaktion: kompletter Rückzug. Wir hatten das Problem bei Emils Geburt, als ich ihn nicht gleich zu mir in den Kreißsaal gelassen habe, und wir hatten das Problem auf etlichen Reisen und zu anderen Anlässen. Wenn er sich nicht wahrgenommen, nicht genügend für seine Angebote und seine große Hilfe wertgeschätzt fühlt, dann reagiert er mit vollkommener Abweisung und wochen-, zum Teil monatelangem Rückzug. Das, was er möchte, die Anerkennung, erhält er dadurch jedoch noch weniger. Es ist ein Teufelskreis. Würde er es schaffen, ihn zu unterbrechen, würde er warten lernen, dann würde er die Anerkennung und Wertschätzung von allen Seiten erhalten, denn er hat sie ja tatsächlich verdient. Er macht wahrhaftig so viel für die Menschen in seiner Umgebung. Allein für mich hat er bereits so viele großartige Taten vollbracht. Er hat so oft mit Pedro telefoniert, wenn er wieder in seiner Eifersucht gefangen war, mein Auto und mein Hab und Gut aus Portugal abgeholt, hat Pedro nach allem, was passiert war, vom Flughafen eingesammelt und ins Krankenhaus gefahren, hat sich um meine Wohnung gekümmert, während ich nicht da war, und bei jedem Umzug geholfen. Er war immer da, wenn ich ihn brauchte. Das Problem war nur, dass er mir oft vorhielt, was er alles tue, noch ehe ich mich bedanken konnte. Dieser Umstand ist so traurig. Und seine Vorwürfe unglaublich schmerzhaft.

Seit der Trennung meiner Eltern in meinen Teenagerjahren war unser Verhältnis sehr beschwert. Auch wenn ich weiß, er war damals selbst völlig durch den Wind, gewisse Sätze konnte ich ihm nie verzeihen. Wir stritten uns bis zu meinem Studium ums Geld, das er für meine Bildung angeblich nicht hatte, aber für seine Luxusgüter ausgab. So viele Anläufe ich auch versuchte, unser Verhältnis kam nie wieder vollends ins Reine. Der Fakt, dass Emil ihn abgöttisch liebt und er ihn mindestens genauso gernhat, machte es zwar besser, aber nicht wie früher.

Wieder muss ich bremsen, vor uns ist ein Schlagloch auf dem Fahrradweg zu sehen. Ich warte, bis die beiden Jogger vorbei sind, und fahre dann einen großen Bogen um das Loch herum. Wirklich schnell können wir momentan nicht mehr fahren. Aktuell sind es gerade mal 15 km/h, aber das stört mich nicht im Geringsten. Je näher wir Valencia kommen, umso voller wird der Fahrradweg. Noch dazu gibt es alle paar Meter eine große Pfütze, durch die ich mit nach oben gezogenen Beinen hindurchfahre. Emil jubelt jedes Mal vergnügt und ruft »Nochmal!«.

In meiner Kindheit war mein Vater ebenso für jeden Spaß zu haben und für mich der Größte. Er sorgte für die größten Lacher, während meine Mutter sich beschämt auf die Suche nach einem Versteck machte. Ihm war schon immer egal, was alle dachten. Damals empfand ich meine Mutter als Spaßbremse, heute verstehe ich sie. Mein Vater nahm das Leben oft nicht so ernst. Er war tatsächlich früher viel eher unbedacht als überängstlich. Zwar kann ich heute oft nur noch den Kopf schütteln, wenn ich an so manche Geschichte von früher denke, aber langweilig war es mit ihm definitiv nie. Wir erlebten mit ihm ständig die absurdesten Abenteuer.

Einmal bot er mir als kleines Mädchen beim Wandern fünf Mark, wenn ich mich auf eine Kuh setze. Allein durch das Hochheben löste er eine Wut der gesamten Kuhherde aus, die uns dann schnellen Schrittes unter den Blicken anderer Wanderer auf der Weide hinterherjagte. In einem Urlaub am Atlantik ließ mein Vater sich auf eine Wette ein und schwamm mit seinem Kumpel so weit aufs Meer hinaus, bis sie die Häuser hinter den hohen Dünen sehen konnten. Es dauerte Stunden, bis sie es mit der Strömung wieder zurück an Land schafften. Bei einem Ruder-Event in Venedig sprang mein Vater aus dem Ruderboot und schwamm an Land, weil er so dringend auf die Toilette musste. Auf Mallorca verpassten wir den Bustransfer zum Flughafen, weil er noch einmal im Hotel essen wollte. Ein anderer Bus fuhr dann hinter unserem Bus her, versuchte ihn zu überholen, hupte, was das Zeug hielt, um ihn zum Stoppen zu bringen, so dass wir vor den Augen aller Gäste schließlich mit all unserem Gepäck die Busse wechseln konnten. Meine Mutter wäre am liebsten im Erdboden versunken. In Thailand verpasste er fast den Shuttle zum Flughafen, weil er noch bei der Thaimassage lag.

Bei uns war absolut gar nichts normal. Nie. Mein Vater hatte nur Blödsinn im Kopf und lebte, so wie es ihm gefiel. Wenn sich Nachbarn aus seiner Sicht spießig verhielten und über irgendetwas Kleinliches beschwerten, dann legte er so richtig einen drauf. Ihnen war mein Klavierspiel zu laut. Mein Vater stellte die Rockmusik bei geöffneten Fenstern auf volle Lautstärke. Sie sagten, unsere Mülltonne stehe zwei Zentimeter zu weit auf ihrem Grundstück, obwohl wir nur Mieter seien. Mein Vater beklebte unser gesamtes Haus mit Plakaten, auf denen »Nur Mieter« stand. In gewisser Weise verhielt sich mein Vater über Jahre hinweg wie ein pubertärer Teenager, der ständig in Schwierigkeiten geriet, nicht vernünftig kommunizieren konnte und einfach nur sein Ding machen wollte, ohne dass ihn irgendjemand dabei mit seiner Spießigkeit nerven sollte. Während der Rest der Familie nicht wusste, ob wir nun darüber lachen, weinen oder lieber beschämt das Weite suchen sollten. Natürlich war das nicht gerade ein vorbildliches Verhalten. Und für Außenstehende klingt das alles zu Recht bedenklich. Im Nachhinein, ein paar Jahrzehnte später, war dennoch alles köstlich amüsant. So sehr, dass meine Mutter und ich bis zu ihrem Tod regelmäßig in Tränen ausbrachen, wenn eine der Geschichten mal wieder ausgekramt wurde.

Inzwischen bin ich in Valencia angekommen und fahre nun zu einem Hotel, da ich keinen Campingplatz in der Nähe finden konnte. Amanda, die Navi-Stimme, dirigiert mich nach rechts einen

Hügel hoch. Natürlich, wohin auch sonst, denke ich mir innerlich und mache mich daran, den Berg zu erklimmen. Obwohl ich heute schon fast 60 Kilometer in meinen Beinen habe, sind sie noch immer erstaunlich fit. Ein als Clown verkleideter Mann steht am Seitenrand und imitiert meinen Versuch, den Berg zu erklimmen, pantomimisch und wischt sich dabei den Schweiß aus dem Gesicht. Emil und ich müssen laut lachen. Als ich oben ankomme, schaue ich stolz auf den steilen Anstieg zurück. »Jetzt umkehren«, sagt Amanda plötzlich, und ich bilde mir ein, dass ihre Stimme wesentlich heiterer als für gewöhnlich klingt. Wohin denn? Ich schaue mir die Anweisungen auf meinem kleinen Handybildschirm genauer an und sehe, dass ich völlig umsonst den Berg hochgefahren bin und der Weg unten weiterging. Ich lache laut los. »Achtung, Emil, wir fahren wieder runter!«, rufe ich vergnügt zu ihm nach hinten. Und schon kurze Zeit später rollen wir wieder an dem Clown vorbei die Straße herab, der nun ebenfalls laut lacht. Momentan sind die 60 Kilometer zwar immer noch anstrengend, aber mit innerer Leichtigkeit lassen sie sich ganz einfach bewältigen. Auch die Gedanken an meinen Vater können mich dabei nicht aus der Ruhe bringen.

Das Alter hat ihn in vielen Fällen viel vernünftiger und vorsichtiger, vor allem gegenüber Emil, werden lassen. So sehr, dass ich jetzt oft lachen und ihn an sein damaliges Verhalten als Vater erinnern muss. Doch um die Beziehung aufrechtzuerhalten, muss ich viele Grenzüberschreitungen dulden. Denn die als Kind so cool empfundene »Mir-ist-alles-egal«-Lebenseinstellung bekommt man als Erwachsener auf ganz andere Art und Weise zu spüren. In den meisten Fällen scheinen ihm nämlich auch meine Sorgen, meine Ängste, Träume und Gefühle egal, solange sie sich nicht mit seinen eigenen decken. Ich bin nie nachtragend, aber brauche dafür auch eine gewisse Art und Weise der Entschuldigung. Zumindest das Bemühen, einen Schritt auf mich zuzugehen. Mein Vater hingegen wählt die komplette Isolierung und wird dann irgendwann ein paar Wochen später ankommen, als wäre nie etwas gewesen.

Es schmerzt mich immer wieder, dass er dieses Verhalten bis heute noch nicht ablegen konnte. Doch letztendlich liegt es an mir, wie ich darauf schaue. Ich bin traurig und enttäuscht. Aber das liegt an meiner Interpretation des Ganzen. Es ist meine Trauer, die ich als Kind oft spürte, die dann wieder in mir hochkommt, und die hat im Grunde nichts mit der Situation heute zu tun. Die objektive Situation gerade ist die, dass er sich nicht meldet. Das ist nichts, was mich verletzten sollte. Meine Tour ist weiterhin genauso schön. Nichts wäre anders, wenn er sich melden würde. Er ist nicht für immer weg. Mein eigener Glaubenssatz, dass er mich nicht liebt, ist es, der mich verletzt, und die Angst, dass er plötzlich sterben könnte und wir uns vorher nicht versöhnen konnten, lässt mich jedes Mal aufs Neue bangen.

Doch: Ich habe mich bewusst dafür entschieden, ihn Teil meines Lebens sein zu lassen, weil ich ihn von ganzem Herzen liebe, weil Emil ihn liebt und weil wir ihn beide in unserem Leben brauchen. Sein Verhalten werde ich nicht ändern können. Ich weiß, woher es kommt. Aus seiner eigenen Kindheit. Und alles, was er sagt und was er tut, macht aus seiner Sicht vollkommen Sinn. Es ist seine Art und Weise zu vermeiden, nicht in die Fußstapfen seines eigenen Vaters zu treten. Im Vergleich zu ihm hat er mir eine wirklich tolle Kindheit geschenkt – und alles vollkommen anders gemacht als sein Vater. Er hat mit mir gespielt, mir bis heute immer wieder gesagt, wie stolz er auf mich ist, und würde jederzeit bis ans Ende der Welt fahren, wenn mir oder Emil etwas geschehen würde. Er wird – wenn es darauf ankommt – immer für uns da sein, und das können nur wenige von ihrem Vater behaupten.

Seine Eigenarten werde ich nicht mehr ändern können. Und heute ist mir bewusst: Kein Elternteil wird je alles richtig machen können. Wer weiß, was Emil mir später alles vorhalten wird, vielleicht sogar diese Reise. Wenn ich möchte, dass mein Vater Teil meines Lebens ist, dann muss ich selbst dafür sorgen, dass das Kind, das ich war, getröstet wird. Dann muss ich der kleinen Jasmin von damals all das geben, was sie damals gebraucht hätte, und dann muss ich meinem Vater als erwachsene Jasmin vergeben. Ich kann an der Situation unserer aktuellen Distanz und Disharmonie, und es wird sie noch oft geben, nichts ändern, aber ich kann meine eigenen Gedanken und meine eigenen Gefühle steuern. Ich, und niemand sonst auf dieser Welt, ist für mein eigenes Glück verantwortlich.

Mein Vater meldet sich gerade nicht, aber er liebt mich und ist immer für mich da. Ich habe solch ein Glück mit den Menschen in meinem Leben. Ich habe eine tolle Familie an meiner Seite, so wunderbare Freunde, Emils Patentanten. Alle, die mir seit Jahren zur Seite stehen und von denen ich weiß, dass sie für immer da sein werden. Wie gut es mir doch geht. Ich kann selbst entscheiden, wie ich die Dinge sehe. Selten wird es wohl den Moment geben, an dem wir wirklich keinerlei Probleme mehr haben, in denen alles ausschließlich positiv ist. Und trotzdem bin ich momentan überaus glücklich, auch mit der Situation, denn ich weiß, sie ist temporär. Es geht gar nicht darum, dass im Leben alles positiv verläuft. Auf vieles haben wir ja gar keinen Einfluss. Es geht viel eher darum, wie wir mit den Situationen umgehen. Ob wir uns trotzdem dazu entscheiden, glücklich zu sein. Und das tue ich jetzt: Die letzten Wochen der Reise sind angebrochen, und ich werde sie in vollen Zügen genießen!

11. Oktober 2021, Valencia

Ein Geschenk des Himmels

Das Hotelzimmer ist riesig. Wir haben vier Betten ganz für uns allein. Ich weiß gar nicht, was wir mit so vielen Betten anfangen sollen. Sollen wir rotieren, um alle einmal genutzt zu haben? Ich lasse mich auf die weiche Matratze des großen Doppelbetts fallen, und obwohl es gemütlicher als die Luftmatratze ist, vermisse ich im gleichen Moment bereits mein Zelt. Es ist einfach nicht das Gleiche, in einem Zimmer zu sein. Inzwischen brauche ich die Natur wie den Sauerstoff zum Leben. Ich habe das ständige Bedürfnis danach, draußen zu sein, und fühle mich in Gebäuden eher gefangen. Auch Stühle und Tische sind für mich überflüssig geworden, zwar werden sie uns ständig von anderen Campern angeboten, aber am liebsten esse ich trotzdem auf dem Boden sitzend. Lange Zeit wollte ich wieder einen Van besitzen, so wie damals mit zwanzig in Neuseeland, aber momentan wäre mir auch das zu viel unnötiger Luxus, zu viel trennende Wand zur Natur. Im Zelt kann ich die frische Luft atmen, höre die Geräusche der Tiere und bin gefühlt Teil des Ganzen. Ich weiß gar nicht, wieso heute nur noch so wenig Menschen zelten und der Großteil nur noch im Van oder, noch luxuriöser, im Wohnmobil auf den Campingplätzen unterwegs ist. Natürlich ist es ein ebenso tolles Abenteuer und toll, sein Zuhause auf Rädern dabei zu haben, aber mit dem ursprünglichen Campen hat es nicht mehr viel gemein. Irgendwann habe ich bestimmt auch mal wieder Lust auf mehr Luxus, aber momentan geht für mich rein gar nichts über unser Zelt, wo wir völlig eins mit der Natur sind.

Ich setze mich auf, laufe zum Badezimmer hinüber und schaue mich im Spiegel an. Ich muss schmunzeln. Wer ist dieses blond-zottelige, tief gebräunte Wesen, mit den hell leuchtenden Augen, das mich da anlächelt? Seit fast drei Monaten habe ich mich nun nicht mehr geschminkt oder meine Beine rasiert und trage nichts als stinknormale Sportkleidung. Zuhause wäre das undenkbar. Dort machen Kleider Leute, und es macht auch irgendwie Spaß, sich kreativ mit Klamotten, Make-up und der Frisur zu befassen. Das, was man trägt, steht symbolisch für den gesamten Lebensstil. Trägt man das eine, ist man das eine, trägt man etwas anderes, ist man jemand anderes. So kann man sich Tag für Tag neu erfinden, so wie es einem gerade passt. Das geht allerdings, auch wenn man nur Secondhand-Kleidung kauft, stark in den Geldbeutel. Doch seit ich unterwegs bin, ist mir das alles egal geworden, und ich wechsele zwischen zwei Fahrradoutfits, die alles andere als cool oder stylish aussehen. Es fühlt sich befreiend an, keinen Wert mehr auf das Aussehen zu legen. Hier bin ich einfach ich.

Ich weiß noch, als ich damals, nach über einem Jahr Reisen, nach Hause kam, meine Freunde eine Party für mich schmissen, ich mich freute, endlich wieder etwas Schönes anziehen zu können, nur um dann alles blöd zu finden und in jenem Hippiekleid zu gehen, das ich bereits das ganze Jahr über auf Reisen getragen hatte. Ich wünschte, ich könnte diese Simplizität auch zuhause dauerhaft für mich entdecken. Hier geht es nur ums Leben, nein, ums Überleben. Ich muss mir einen Schlafplatz suchen, Essen besorgen und auf das Wetter und sonstige Gefahren Acht geben. Das steht im Fokus, alles andere ist zweitrangig geworden.

Ich drehe den Wasserhahn auf, stelle ihn ganz nach rechts, forme eine Kuhle mit meinen beiden Händen und klatsche mir das kalte Wasser ins Gesicht. Braun gefärbt rinnt es in den Abfluss zurück. Da ist er, der Staub der heutigen Strecke! Ich greife zu einem der weißen Handtücher und trockne mein Gesicht ab. Emil hat inzwischen den Fernseher für sich entdeckt. Noch so eine Sache, die es draußen einfach nicht gibt und die er drei Monate lang nicht vermisst hat. Zwar haben wir auch zuhause keinen, doch bei seinen Großeltern hat er ihn bereits lieben gelernt. Mein Handy leuchtet auf. Ich nehme es in die Hand und öffne die Instagram-App, die mir ungewöhnlich viele Benachrichtigungen anzeigt. Achthundert neue Menschen folgen mir? Bitte was? Wo kommen die denn plötzlich her? Bisher habe ich die ganze Reise über für meine Freunde und Bekannte unseren Alltag dokumentiert. Es kamen mal hier und da ein paar Bikepacker:innen hinzu, aber insgesamt war ich weit von der Tausend entfernt. Wer sind diese Menschen, und was wollen sie von mir sehen? Geschätzt mehrere Hundert neue Nachrichten in meinem Postfach! Was zur Hölle ist hier los?

»Hi Jasmin, ich habe dich in der *Offenbach Post* entdeckt und wollte dir einfach mal sagen, wie bewundernswert ich deine Reise finde. Ich bin auch alleinerziehend, und du machst mir solchen Mut. Mach weiter so und viele Grüße aus der Heimat, Nora.«

»Hallo Jasmin, bestimmt erhältst du gerade Hunderte von Nachrichten, aber ich habe eben den Artikel der *Offenbach Post* gelesen und wollte Danke sagen! Ich will seit Jahren mit meinen zwei Kindern in den Urlaub, aber traue mich allein ohne Mann einfach nicht. Dass du da ganz allein mit deinem Sohn auf dem Fahrrad durch Europa fährst, hat mir die Sprache verschlagen. Danke! Du bist großartig!«

»Wow, endlich mal eine Abenteuermama! Deine Geschichte hat mich zu Tränen gerührt, ich habe das Thema Kinderkriegen eigentlich schon aufgegeben und wollte gerade meine Eizellen einfrieren. Mein Mann reist nicht so gerne – aber ich umso lieber. Daher reise ich immer ohne ihn, aber ich dachte, sobald wir ein Kind haben, würde das nicht mehr gehen. Ich bin nicht so die typische Clubhotel-Urlauberin, ich mag Abenteuerreisen, ich schätze, so wie du. Dass du das mit Kind einfach so machst, zeigt mir, dass ich auch mit Kind noch reisen könnte! Du hast gerade wirklich mein Leben verändert. Danke!«

Was ist hier los? Ich kann nicht aufhören, die Nachrichten zu lesen. Es ist unglaublich, was mir die Menschen schreiben. Eine erzählt mir von ihren Depressionen und dass sie wegen meiner Geschichte heute zum ersten Mal seit Wochen wieder vor die Tür gegangen ist. Viele berichten mir von ihren eigenen Träumen und all den Ängsten, die sie davon abhalten. Die Mehrheit ist ebenfalls alleinerziehend. Es sind auch Männer dabei. Manche der Schreiber mussten Schicksalsschläge verkraften, haben eine schwere Krankheit überstanden oder kämpfen noch immer gegen Krebs. Was sie alle verbindet, ist ihr Dank für meine Botschaft, die Träume nicht auf später zu verschieben. Ich habe Gänsehaut am ganzen Körper und lese Nachricht um Nachricht durch, ohne auch nur eine einzige zu beantworten. Es sind einfach viel zu viele, und ich bin vollkommen überfordert. Ich kann es nicht glauben, dass diese Menschen tatsächlich von mir sprechen. Ich bin doch nur Fahrrad gefahren, wie kann das so viel in ihnen auslösen?

»Hallo Jasmin Böhm, ich bin Reporter bei RTL Hessen. Ich habe heute einen Beitrag über Sie gelesen. Wir würden gerne über Ihre Geschichte berichten. Wäre Ihnen das recht? Es wäre toll, wenn wir einmal telefonieren könnten. Liebe Grüße.« Das kann doch nur ein Scherz sein! Ich kann das alles nicht fassen. Was ist nur über Nacht passiert.

»Liebe Jasmin, wir haben den Artikel über Dich und Deine Reise in der Zeitung gelesen und sind sehr an dem Thema interessiert. Würdest Du uns auch ein Interview geben? Wenn Du uns Deine Nummer gibst, könnten wir mal telefonieren. 1000 Dank, Deine *Hessenschau*- und *Maintower*-Redaktion.«

Ich lege das Handy weg und drücke mir vor Scham das Kissen vors Gesicht. Ahhhh, Gott, es ist so peinlich! Das kann doch nicht wahr sein. Ich weiß nicht, was ich machen soll. Was wollen all diese Menschen von uns sehen oder hören? Wir sind doch nur auf einer Fahrrad-Reise? Was soll ich denn jetzt tun? Ich hole mein Handy wieder unter der Decke hervor und schicke Kari eine Voicemail, in der ich ihr schildere, wie ich gerade voller Panik bin, weil plötzlich etwas passiert und ich nicht weiß, wieso, weshalb, warum, und vor allem, wie ich damit umgehen soll.

Und nun? Ich schreibe meinem Bruder, Sandra, Xenia und Maria. An sie wende ich mich bei jeglichen Problemen. Dann lege ich das Handy weg und gehe mit Emil in das Hotelrestaurant zum Abendbuffet. All you can eat. Braucht man uns heute nicht zwei Mal zu sagen. Wir sind fast 60 Kilometer gefahren, und ich würde am liebsten direkt mit der Gabel vom Buffet essen, so einen Hunger habe ich. Was für ein Luxus! Erst einmal eine Gemüsesuppe als Vorspeise. Dann geht es weiter mit einem Teller von allem, was irgendwie angeboten wird. Fisch, gebratenes Gemüse, Lasagne. Nichts passt zusammen, aber es ist mir völlig egal. Dazu noch einen großen Salatteller. Ich habe mir noch nie an einem Buffet solche Portionen aufgeladen, aber die Teller werden leer. Meine Kalorienzufuhr ist während der Reise mindestens doppelt so hoch wie zuhause. Emil ist nicht ganz so ausgehungert wie ich, aber genießt den Salatteller und dann eine riesige Portion Nachtisch. Als wir zurück im Hotelzimmer sind und Emil bereits schläft, öffne ich wieder Instagram, sehe erneut 150 neue Follower:innen und unzählig neue Nachrichten, die in den letzten Stunden reinkamen.

»Hallo ich bin Auslands- und Reisereporter bei n-tv/RTL. Darf ich fragen, wo ihr gerade seid und ob wir einen Bericht machen und euch vor Ort filmen dürfen?« Das ist doch alles total absurd! Es nimmt ja gar kein Ende mehr. Ich komme weder bei den Nachrichten noch bei den Anfragen noch emotional hinterher, bei all dem, was da gerade passiert. Kari hat mir geantwortet. Sie ist begeistert von allem und lobt das Universum, meinen Wunsch erhört zu haben. Sie erinnert mich an unser Gespräch vor meiner Reise und meinem Bedürfnis, anderen Mut zu machen, und sagt begeistert, dass genau dies doch gerade passiert sei. Ich erreiche die Menschen, und vielleicht erreiche ich auch bald einen Verlag und kann meine Botschaft noch mehr in die Welt hinaustragen und muss nicht zurück ins Hamsterrad, sondern kann weiter wertvolle Zeit mit Emil verbringen. Alles so, wie ich es wollte.

Ich weiß, dass sie recht hat, aber kann das gerade alles nicht verarbeiten. Gestern hatte ich mit einem Shitstorm zu tun und verarbeitete noch die Absage des Verlags, und heute kann ich mich vor positiver Rückmeldung kaum noch retten.

12. Oktober 2021, Valencia

Next level!

Als ich am nächsten Morgen mein Handy zur Hand nehme, wird mir erst bewusst, dass dies kein Traum, sondern die Realität ist. In ein paar Stunden schon werde ich der *Hessenschau* ein Interview geben. Sie werden es live filmen, per Skype! Irgendwo während der Fahrt! Ich weiß nicht mal, wo wir um zwölf Uhr sein werden. Wird es dort schön sein? Und was werden die Journalist:innen mich fragen? Was ist, wenn ich mich verspreche oder schlimmer noch irgendeine Vorlage für den nächsten Shitstorm biete? Wird Emil meine Nervosität spüren und völlig außer Rand und Band sein, womöglich ständig reinrufen und mich gar nicht zu Wort kommen lassen? Unser Artikel ist nun auch in der *Frankfurter Neuen Presse* und anderen Zeitungen erschienen. Außerdem habe ich über Nacht noch Anfragen von Youfm, hr1, Radio Frankfurt, Femotion, Radiofunk Berlin und einer Agentur aus Köln, die einen Beitrag fürs ZDF über uns drehen möchten, erhalten. Ich traue mich kaum noch Instagram zu öffnen, geschweige denn irgendetwas mit diesen Tausenden von neuen Follower:innen zu teilen.

Das erste Mal denke ich ganz bewusst über Influencer:innen nach: Wie machen die das eigentlich alle, haben die tatsächlich gar keine Hemmungen, ihr Leben für vollkommen fremde Menschen so offenzulegen? Oder haben sie sich die Scham einfach abgewöhnt? Was ist, wenn ich irgendetwas zeige, das jemand als einen Beleg dafür sieht, dass diese Tour eben doch vollkommen verantwortungslos ist? Aber das ist sie ja nicht. Ich weiß das, und die Leute, die mir folgen und so viele positive Nachrichten geschrieben haben, wissen das mit Sicherheit auch. Egal, was kann schon passieren. Ich bin für all diese Menschen nur eine von vielen, meine Storys gehen in einer Vielzahl von anderen Stories unter und sind schneller vergessen, als ich denken kann. Niemand erwartet irgendetwas von mir, ich zeige einfach das, was ich auch bisher gezeigt habe, und mache alles so wie immer, entweder ihnen gefällt es oder eben nicht.

Früh am Morgen checken wir aus dem Hotel aus. Ich habe ganz vergessen, dass ich gestern noch ganz kurz vor der Ankunft einen Platten hatte und wir den Rest schieben mussten. Also verzögert sich unsere Abreise, weil ich mich erst einmal vor den Eingang setzen und den Reifen flicken muss. Die Frau an der Rezeption will mir unbedingt die Adresse von einem Fahrradladen aushändigen. Und als ich ihr sage, dass dies kein Problem sei, antwortet sie, dass sie keine Frau kenne, die so etwas kann. Ich muss daran denken, dass ich vor der Reise auch keinen blassen Schimmer hatte, wie das funktioniert. Doch jetzt, da sehe ich, wie einfach es ist, und frage mich, warum wir Frauen solche Aufgaben so gerne Männern überlassen. Manchmal stecken wir uns wohl unbewusst selbst in diese klischeebehafteten Geschlechterschubladen.

Mit geflicktem Reifen fahre ich schließlich eine große Tour durch Valencia. Kaum zu glauben, wie vielfältig diese Stadt ist. Auf der einen Seite die historische Altstadt, die mich an Girona und Barcelona erinnert, dann die imposanten Gebäude, die so auch in Lyon stehen könnten, und dann wiederum der völlig abgefahrene futuristische Teil, Ciudad de las Artes e las Ciencias. Sowohl Emil als auch ich kommen aus dem Staunen gar nicht mehr heraus. Was für ein Ort der Kontraste!

Als es kurz vor zwölf ist und wir bereits zehn Kilometer von der Stadt entfernt am Meer ankommen, halte ich am Wegrand an, hole Emil aus dem Anhänger und setze ihn neben mich, unter einen Orangenbaum. Ich zücke mein Handy, und da klingelt es auch bereits. Ich beginne das Interview über Skype. Ungeschminkt, durchgeschwitzt und mit zerzaustem Haar. Voller Aufregung beantworte ich nach und nach die Fragen, bis Emil plötzlich flüstert, dass er Pipi muss. Natürlich ausgerechnet in den fünf Minuten, in denen uns das Fernsehen aufzeichnet! Wann auch sonst. Ich versuche mir nichts anmerken zu lassen, drehe mich, so dass Emil nicht im Bild ist, helfe ihm möglichst unauffällig beim Ausziehen und halte dabei die Kamera mit der anderen Hand weiter auf mein Gesicht gerichtet, das nun mitten im Gebüsch hängt. Genau so habe ich mir meinen ersten Fernsehauftritt vorgestellt! Ich muss innerlich laut lachen. Natürlich merkt Emil, wie erwartet, meine Nervosität und ist völlig aufgedreht. Die Redakteure nehmen es allerdings mit Humor, und ehe ich mich versehe, ist das Interview auch schon vorbei, und wir können wieder weiter den Weg am Meer entlangfahren. Das nenne ich mal *Muttitasking*.

Einen Tag später nehme ich einige Videos für die »One Mom Show« vom Radiofunk Berlin auf. Kein großes Ding, sollte man meinen. Doch mein Handy-Akku ist durch die ständige Filmerei bereits nach maximal zwei Stunden wieder leer, so dass ich andauernd irgendwo Pause machen muss. Meine Powerbank ist leider irgendwo aus Emils Anhänger herausgefallen. Am liebsten würde ich alle Termine auf die Zeit legen, wenn wir wieder zuhause sind. Doch was würde das für einen Sinn ergeben? Die Leute wollen doch live mitverfolgen, was wir machen.

Morgen möchte sich der Redakteur von RTL nochmal bei mir melden, um zu besprechen, wann sie herfliegen könnten. Allzu viel Zeit bleibt dafür jedoch nicht mehr, denn wir sind nur noch knapp zwei Wochen unterwegs, und ich nehme diese Chance zwar dankend an, aber unsere Route werde ich dafür nicht ändern. Ich habe wirklich große Angst vor dem Kamerateam, das uns begleiten möchte. Was ist, wenn wir an dem Tag einen Platten haben, Emil wegen der komischen Situation, dass jemand mit der Kamera neben uns herfährt, nur schreit und das Ganze unsere letzten schönen Tage komplett versaut? Kommt meine Message dann überhaupt rüber? Auch *Galileo* möchte nun vorbeikommen. Es ist so abgefahren, das Ganze. Dann hat sich sogar *Stern-TV* noch gemeldet. Es fühlt sich alles unwirklich an. Als würde mir das alles nicht tatsächlich passieren. Ich wünschte, ich hätte Support, in dieser für mich unbekannten Situation und mit all den vielen Fragen: Wird es mich bei der Suche nach einem Verlag wirklich voranbringen? Muss ich wirklich jede Anfrage annehmen, oder bin ich schon in der Situation, aussortieren zu können? Schließlich erfordert alles ganz schön viel Zeit. Und Geld springt dabei nicht heraus. Trotzdem spüre ich, dass es eine riesige Chance ist, und ich will mir einfach nicht später darüber Gedanken machen müssen, was gewesen wäre, wenn ich die Gelegenheit nicht genutzt hätte. Und wieder einmal merke ich, wie meine Gedanken zu der alten Frage wandern, was andere darüber denken könnten. Klar, das hier ist next level. Wenn ich fast zehn Jahre gebraucht habe, um mich endlich in einem Skatepark auf ein Board zu stellen, aus Angst, wie andere das beurteilen könnten, dann ist es nur logisch, dass ich nicht gerade die Person bin, die laut »Hier« schreit, wenn eine Fernsehkamera sie filmen möchte. Millionen von Menschen können mich sehen.

Aber: Es ist egal, was andere von mir denken! Es ist egal, ob sie über mich urteilen, weil ich plötzlich in der Öffentlichkeit stehe. Es reicht, dass ich weiß, warum ich das tue. Und dass es mir nicht um Ruhm geht. Ich mache es, weil ich das Gefühl habe, dass mir das Leben genau das schenkt, wonach ich gefragt habe, und es gerade einfach stimmig ist, das anzunehmen. Ich hatte fast drei Monate Zeit, um mit meinem Sohn idyllisch und in völliger Ruhe durch Europa zu fahren. Wir haben diese Reise fern von jedem Medienrummel und nur für uns gemacht. Diese paar Interviews am Ende unserer Reise werden wir verkraften.

Wenn ich hier über meine Scham hinweggehen, zu meinem Traum stehen kann und mich lösen kann von dem Wunsch, zu gefallen, dann bin ich wirklich vollkommen frei.

13. Oktober 2021, Cullera

Ich vertraue meinem Bauch

Am Abend kommen wir im Wellness-Paradies an. Jedenfalls ist es das für uns. Ein wunderbarer Campingplatz mit einem Whirlpool! Wir sind gefühlte Stunden darin. Jeder meiner Muskeln genießt die Entspannung. Und danach bekomme ich auch noch Kuchen und Emil ein Eis von unseren Zeltnachbarn geschenkt. Diese Freundlichkeit wird mich wohl nie aufhören zu faszinieren. Es macht die Tage nur umso schöner. Ich fühle mich wie im Luxusurlaub.

Zu unserer Linken ist am nächsten Tag wieder das glitzernde türkisblaue Meer, zu unserer Rechten die Berge, die wie riesige Sandhügel aussehen. Der Boden ist beige und oft sandig, die Landschaft verändert sich mehr und mehr in Richtung Wüste und erinnert mich gleichzeitig an das Outback in Australien, nur dass hier statt in Rot alles in hellen Tönen strahlt. Wir haben heute noch keine große Strecke zurückgelegt, ich habe noch genügend Energie und trete kräftig in die Pedale. Ein Windzug bläst mir die Haare aus dem Gesicht und trocknet mir angenehm den Schweiß auf der Stirn. Ich lehne mich weit nach vorne Richtung Lenker, umklammere ihn fest und trete weiter kräftig in die Pedale. 20 km/h. Kein Gegenwind. Keine Steigung. Ich versuche die Geschwindigkeit zu halten. Emil trällert laut ein Lied in seinem Anhänger.

Weil ich auf Instagram immer wieder angeschrieben werde und mir gesagt wird, wie mutig ich sei, habe ich eine Umfrage gestartet. Ich habe meine Follower:innen nach ihren Ängsten befragt. Und die Ergebnisse haben mich wirklich umgehauen: Erstaunlicherweise ist für sie nicht meine Kündigung und der Schritt ins Ungewisse das Mutige an unserer Geschichte, sondern die Fahrradreise an sich. Tausende von Menschen haben teilgenommen, und ihre Ängste bezüglich der Reise könnten nicht schauriger und furchteinflößender sein. Man mag fast meinen, Emil und ich wären die Hauptdarsteller eines Horrorfilms und umgeben von Psychopathen, die hinter jedem Baum stehen und nur darauf warten, dass wir endlich mit dem Fahrrad um die Ecke kommen. Entführungen und sexuelle Überfälle waren die meistgenannten Ängste. Dicht gefolgt von Krankheiten. Was nicht ein einziges Mal genannt wurde, war die real existierende Gefahr: Autos.

Die Gefahr einer Erkrankung kann ich nicht wirklich nachvollziehen, da es überall auf der Welt Apotheken, Ärzt:innen und Krankenhäuser gibt. Ich musste auf meinen Reisen bisher schon so oft behandelt werden und habe ausschließlich gute Erfahrungen machen können, ob in Indien, Panama, Kambodscha oder nun bei meinem Bänderriss in Frankreich. Es gab überall auf der Welt Hilfe, und auch meine Auslandskrankenversicherung stand mir jederzeit unterstützend zur Seite und hat mir alle Kosten später erstattet. Dadurch, dass man bei diesen Versicherungen privat versichert ist, kam ich immer in Luxuskrankenhäuser, wie ich sie zuhause nicht kenne. Die Angst vor Entführungen und Überfällen finde ich hingegen noch viel bizarrer. Zunächst musste ich beim Lesen lachen, weil es für mich so absurd klingt und die Wahrscheinlichkeit so dermaßen gering ist, dass es keinerlei Sinn ergibt, deshalb nicht zu reisen. Gleichzeitig überkommt mich tiefe Trauer, weil Frauen täglich in Angst vor gefährlichen Männern leben und sich deshalb von ihren Träumen abhalten lassen. Nach dem Motto: better safe than sorry. Ich kann es nachvollziehen, ich teile die Ängste genauso, wenn ich im Winter am frühen Abend joggen gehe, wenn ich im Dunkeln nach Hause laufe, die Haare unter der Kapuze versteckt, den Schlüssel fest in der einen Hand, das Handy am Ohr, während ich vortäusche mit irgendjemandem zu telefonieren. Der Moment, wenn jemand hinter einem läuft und man immer schneller und schneller wird, das Herz rast und man sich innerlich schon für den Angriff wappnet, ich kenne ihn gut. Ja, das ist eine reale Gefahr. Das Ding ist doch aber, dass sie uns zuhause auch nicht davon abhält, unser Leben zu leben und wir auch im Winter nach Einbruch der Dunkelheit um halb fünf noch vor die Tür gehen. Ich gehe auch zuhause mit Emil im Wald und über Felder spazieren. Wir fahren auch zuhause mit dem Fahrrad. Wieso also dann nicht hier, mitten am hellen Tag? Wieso fühlen sich zuhause und in Nordeuropa alle so sicher? Es ist schließlich nicht so, dass dort nichts passiert. Im Gegenteil. Jedes Jahr gibt es auch dort so viele Anschläge. Man denke nur an den rassistischen Anschlag in Hanau. An Halle. Die Messerattacke in Hamburg. Den Anschlag in München. Den Anschlag auf den Berliner Weihnachtsmarkt. Die Vergewaltigung durch einen Polizisten in London. An Paris. Wien. Die Liste ist doch endlos lang. Gerade gab es in Norwegen einen Anschlag, bei dem ein Mann fünf Menschen mit Pfeil und Bogen erschoss. Fakt ist doch, dass wir nirgends auf der Welt zu 100 Prozent sicher sind. Die Wahrscheinlichkeit, dass wir Opfer eines solchen Anschlags werden, ist nicht hoch, aber können wir es sicher vermeiden? Das geht doch nirgends.

Eine krasse Tatsache ist: Die meisten sexuellen Verbrechen finden zuhause statt. Die Täter:innen sind meist unsere eigenen Partner oder Ex-Partner, ja leider fast ausschließlich Männer. Dort, wo wir uns am sichersten fühlen, besteht die real größte Gefahr für uns. Ich weiß, dass mein Ex-Partner auch heute noch meine größte Gefahr darstellt. Letztes Jahr rief er mich an, in der vollen Überzeugung, ich hätte jemanden auf ihn gehetzt, um ihn zu töten. Er würde verfolgt werden, da sei er sicher. So weit reicht inzwischen sein Wahn. Was ist, wenn er irgendwann wirklich glaubt, dass ich dahinterstecke, und sich dafür an mir rächen möchte – so wie sein Vater sich an seiner Mutter rächen wollte. Es wäre kein Einzelfall. Ich bin überaus dankbar für den Gerichtsbeschluss, der ihm die Nähe zu uns verbot und es mir ermöglichte, wieder vollends zu mir selbst zu finden und alles Geschehene aufzuarbeiten.

Ich versuche heute wieder die großen Straßen zu vermeiden, um gemütlich am Meer entlangzufahren. Doch der Weg an den Gleisen ist gesperrt, also muss ich wieder ins Landesinnere. Es ist kein Mensch weit und breit zu sehen. Der Weg ist durchsetzt mit Schlaglöchern. Es ist ein irrsinniger Kraftakt, hier mit Fahrrad und Anhänger vorwärtszukommen. Und irgendwie fühlt sich heute alles anders an. Herausfordernd. Die Angst der Menschen in meiner Umfrage, die mich vor all den Gefahren warnen, färbt wohl auf mich ab, und ich schaue immer wieder um mich. »Hör auf, Jasmin«, sage ich mir dann, »du bist fast drei Monate ohne Sorgen gefahren, hier besteht keinerlei Gefahr und viel weniger, als du sie in der Stadt hättest.«

Der Weg führt nun steil bergab. So steil, dass ich die Bremsen mit aller Kraft durchdrücken muss und nur im Slalom nach unten fahren kann. Das hier ist tatsächlich gefährlich. Als wir unten ankommen, stehe ich vor einem Anstieg, wie ich ihn noch nie auf der gesamten Reise gesehen habe. Selbst wandernd, ohne jedes Gepäck, wäre es schwer, da hochzukommen. Verdammt. Zurück ist es ebenso steil, da bin ich ja gerade heruntergefahren. Links von mir erscheint ein stockdunkler Tunnel. Mein Navi zeigt mir an, dass ich dort durchfahren könnte – und was habe ich schon für eine Wahl? Außer ein paar Ratten wird da niemand drin sein. »Vertrau einfach aufs Leben, Jasmin«, sagt meine innere Stimme. »Du bist nicht Teil eines Horrorfilms. Lass diese Gedanken der anderen nicht deine sein.«

Ich schalte das Licht meines Fahrrads ein und fahre mit hohem Puls durch den finsteren Tunnel. Das Ende kann ich noch nicht sehen, dafür ist er viel zu lang. Er führt wohl unter der Autobahn entlang. Meine Augen können sich, aus der grellen Sonne kommend, so schnell gar nicht an die Dunkelheit gewöhnen. Ich fahre, so schnell ich kann. Dann endlich kann ich ihn sehen: den Ausgang und einen völlig überraschenden Anblick. Der Tunnel endet an einem einsamen weißen Sandstrand, ungefähr sechs Meter vom türkisblauen Wasser entfernt. Wow. Ich bin im Paradies gestrandet. Eine Wanderin läuft an mir vorbei und grüßt mich gut gelaunt. Ich bin völlig perplex. Damit hatte ich absolut nicht gerechnet. Welch andere Szenerie auf der einen Seite des Tunnels war. Aber jetzt bin ich in Sicherheit. Ich bin nicht allein. Und ich bin an einem der schönsten Plätze unserer Reise, und das nur, weil ich auf meinen Bauch gehört habe, der mir Mut zusprach – und nicht auf meinen Kopf, in dem die Angst regierte.

Emil und ich genießen für eine Weile den paradiesischen Ort. Wir laufen barfuß den weißen Sandstrand vor zum klaren, leicht kühlen Wasser, in dem wir unsere Beine erfrischen. Was für eine Belohnung! Wir planschen noch eine Weile, bevor wir unsere Schuhe wieder anziehen und wieder starten. Auch hier gibt es einen steilen Anstieg, aber ein Mann, der gerade vorbeikommt, hilft mir beim Hochschieben. Ein Kinderspiel für ihn. Es ist wieder einmal so gut zu spüren, wie es laufen kann, wenn man vertraut.

Galileo und RTL haben mir vorerst abgesagt, es ist für beide Redaktionen zu kurzfristig, um jetzt noch zu uns zu fliegen. Dann soll es so sein. So können wir immerhin unsere letzten Tage in vollen Zügen genießen.

16. Oktober 2021, Gata de Gorgos

Bei mir bleiben – egal, was kommt

Es warten noch viele abenteuerliche und herausfordernde Strecken in Spanien auf uns. Oft ist es steil, manchmal muss ich Emil, das Fahrrad und den Anhänger einzeln hoch- und runtertragen. Einmal gehe ich sogar zur Polizei, um nach Hilfe für unsere Route zu fragen. Ich wollte eigentlich zehn Kilometer einen Zug nehmen, weil die Serpentinenstraße mir wegen der Autos zu gefährlich erschien. Das wäre nun das dritte Mal in Spanien gewesen, was mir aber völlig egal war. Es geht schließlich nicht darum, alle Gefahren naiv auszublenden, sondern realistisch und bedacht an die Sache heranzutreten, um reale Gefahren überhaupt erst erkennen zu können.

Der Polizist erklärt mir, dass der Zug seit Jahrzehnten nicht mehr in Betrieb sei. Aber er versichert mir auch, dass die Serpentinenstraße absolut sicher sei. Es sei schließlich werktags, alle wären bei der Arbeit, und die wenigen Menschen, die mit dem Auto unterwegs seien, würden die Autobahn nutzen und nicht die lästige Bergstraße. Ich frage ihn mehrmals, ob er sich wirklich sicher sei, bis er mir mit einem Strahlen entgegnet, er würde niemals das Leben einer Frau mit ihrem kleinen Kind aufs Spiel setzen. Ich vertraue ihm. Und er soll recht behalten. Über die gesamte Strecke sehen wir kein einziges Auto! Und es ist gigantisch, durch die riesigen Berge zu fahren. Emil schreit die ganze Zeit vergnügt: »Boahh Mamaaaa! Ein Rieeeeeesenberg. Sowas hab ich ja noch nie erlebt.« Ich muss so lachen. Es ist eine grandiose Abfahrt. Der Himmel ist strahlend blau. Seitlich der Straße stehen grüne Sträucher. Dahinter die steinigen Bergspitzen. Und mitten hindurch führt der Asphalt der gespenstischen Schnellstraße. Ich fahre in Schrittgeschwindigkeit, um gleichzeitig mit der GoPro das Panorama festzuhalten. Das glaubt mir doch sonst kein Mensch. Ich fühle mich wie in einer fremden Galaxie. Alles erscheint vollkommen verlassen. Am Himmel gleitet ein einzelner Vogel durch die Lüfte.

Obwohl ich nicht geahnt hätte, dass dies auf unserer Reise hier überhaupt noch möglich ist: Wenn man weiß, dass es bald zu Ende geht, dann genießt man die Zeit tatsächlich noch mehr als zuvor. Egal, was kommt, seien es Wegabsperrungen, Anstiege oder heftige Regenfälle, welche die Straßen in einen reißenden Fluss verwandeln und mich knietief im Wasser stehen lassen: Wir nehmen alles mit Humor und tiefer Gelassenheit. Die Menschen, auf die wir treffen, sind so zuvorkommend, schenken uns jede Menge Essen, kühle Getränke und unzählige andere Dinge. Emil hat inzwischen so viel Spielzeug in seinem Anhänger, dass wir bald einen zweiten bräuchten. Meine Follower:innen fragen mich täglich, ob sie uns irgendwie finanziell unterstützen können. Und uns wird sogar für einige Nächte eine großartige Ferienwohnung mit eigenem Bad und eigener Küche kostenfrei zur Verfügung gestellt. Inzwischen habe ich das Gefühl, dass auf dieser Welt irgendwie doch sehr, sehr vieles möglich ist, wenn man Vertrauen hat.

Heute mögen dir zwanzig Leute deinen Traum ausreden, doch schon morgen können Tausende hinter dir stehen. Die Frage ist nur, hörst du schon auf, wenn erstmal alle gegen dich sind?

10.

Was bleibt am Ende einer Reise übrig?

23. Oktober 2021, Cartagena

Wir sind am Ziel!

2821,81 Kilometer später erreichen wir nach drei Monaten, drei platten Reifen, einem Zeckenbiss, einem Bänderriss, vielen anstrengenden Tagen, zum Teil nervenaufreibenden Momenten, aber noch viel mehr atemberaubend schönen Augenblicken und unzähligen, unvergesslichen Begegnungen mit hilfsbereiten Menschen das neue Ziel dieser Reise, die wunderschöne Hafenstadt Cartagena. Ich habe erst vor vier Tagen beschlossen, die Reise hier zu beenden. Südlicher von hier erwarten uns noch mehr gefährliche Serpentinenstraßen, und da die Fähren nach Marokko noch immer stillstehen, sehe ich keinen Sinn darin, mir mühevoll einen Weg dorthin zu suchen. Wir sind bereits im Süden angekommen. Wir haben fast November. Es fühlt sich einfach danach an, diese Reise nun hier in der wunderschönen Stadt Cartagena zu beenden. Da ist es, das Ortsschild! Das letzte dieser Reise. »JAAAAAAA! WUUUUHUUUUU!«, rufe ich laut, als wir daran vorbeifahren. Ich kann es nicht glauben!

»Wir sind angekommen! EMIIIIL! WIR SIND DA! KANNST DU DAS GLAUBEN?!«, rufe ich völlig in Ekstase. Es ist geschafft. Unsere Reise ist beendet. Gänsehaut macht sich auf meinem Körper breit. Am liebsten würde ich einen Freudentanz noch am Schild einlegen, aber wir rollen bereits daran vorbei den Berg hinab, hinunter zu den Schiffen. Ich will schneller und zugleich langsamer in die Pedale treten. Will ankommen und zugleich, dass es nie endet. Die Sonne geht hinter den Bergen unter und hinterlässt magische Farben am Himmel über uns. Ich kann es einfach nicht fassen. Ich umklammere meinen Lenker, so stark ich kann. Der Schmerz in meinen Beinen von den 62 Kilometern dieses Tages ist vollkommen vergessen. Meine Augen füllen sich mit Tränen, während ich nicht aufhören kann, übers ganze Gesicht zu strahlen. Ich muss an die Zeit vor unserem Aufbruch denken. An meine Angst zu kündigen. An die wundervollen Wochen dann in Frankreich. Die Sorge um den Bänderriss. Die Begegnung mit Lena und Alexander auf dem Campingplatz. Die atemberaubende Landschaft in Spanien. All die warmherzigen Menschen, die wir unterwegs trafen. Ich hätte mir vieles wünschen können, hatte großartige Vorstellungen, aber das, was letztendlich passiert ist, übertrifft meine Fantasien bei Weitem. Noch nie in meinem ganzen Leben war ich dermaßen glücklich. Emil jubelt den Menschen zu, die auf den Terrassen der Cafés sitzen: »Wir sind da!«, ruft er. Sie lachen, ach, wenn sie wüssten, welchen Moment sie da gerade miterleben. Ich atme tief ein, schließe kurz die Augen, atme laut und lange aus und lasse mich jetzt nur noch rollen.

Dann kommen wir am Hafen an. Ich drücke beide Bremsen. Was für ein Anblick. Der Sonnenuntergang. Die Berge. Die Stadt. Die großen Schiffe. Es ist unglaublich. Hier machen wir ein letztes Foto. Ich stelle das Stativ auf, hole Emil, der heute passend in seinem Superman-T-Shirt gekleidet ist, aus dem Anhänger heraus und halte ihn hoch in die Lüfte. Mein kleiner Superman, wie großartig er das alles gemeistert hat. Was für ein besonderes Kind. Was für ein Geschenk. Was für ein wunderbares Abenteuer!

29. Oktober 2021, Mülhausen

Muss ich zurück ins Hamsterrad?

Der Heimweg ist eine einzige Achterbahnfahrt der Gefühle und wird durch den Fakt, dass ich im ICE mit dem Anhänger nicht mitgenommen werde und fast eine Woche mit der Regionalbahn fahren muss, noch mehr in die Länge gezogen. Ich bin zutiefst dankbar, gleichzeitig traurig, aber vor allem habe ich Angst vor zuhause und der Zukunft. Ich weiß nicht, wovon wir leben sollen. Unser Geld reicht nur noch für den November. Den Job als Dozentin könnte ich weitermachen, das wären aber viel zu wenige Stunden, und somit würde es weder für das Essen und die Miete, geschweige denn die Krankenkasse oder den Kindergarten reichen. Aber jetzt muss ich erst einmal überhaupt nach Hause kommen. Immerhin haben wir es schon mal nach Frankreich geschafft. Wir haben heute schon vier verschiedene Regionalbahnen bis zu ihrer Endstation genommen. Es ist die reinste Tortur, erst das Fahrrad und dann den Anhänger jeweils einzeln die Aufzüge runter und wieder auf dem nächsten Gleis nach oben zu bugsieren. Und ich bin jedes Mal heilfroh, wenn wir es tatsächlich in den Zug geschafft haben und sitzen. Vor allem aber war mir nicht bewusst, wie anstrengend Zug fahren mit Kleinkind sein kann. Emil ist so dermaßen langweilig, und alle Beschäftigungsmaßnahmen halten ihn höchstens ein paar Minuten bei Laune.

Wir waren heute bereits in Lyon, danach hielten wir in Dijon, dann in Besançon. Jetzt sind wir in Richtung Straßburg unterwegs. Wir fahren die gleiche Route mit dem Zug, die wir vor ein paar Monaten mit dem Fahrrad in die andere Richtung gefahren sind. Es ist verrückt, die Landschaft an dem Fenster vorüberziehen zu sehen. So viele Wochen, Monate, sind wir in den Süden gefahren. Stück für Stück. Tag für Tag. Südlicher und südlicher. Und jetzt fahren wir diese vielen, vielen Kilometer einfach wieder zurück in den Norden. In rasender Geschwindigkeit. Eine andere Bahn fährt an uns vorbei, unser Abteil ruckelt. Emil blättert in seinem neuen Paw-Petrol-Heft. Die Sonne geht langsam unter und wirft einen warmen Ton auf die bunte Herbstlandschaft. Von dieser Jahreszeit hatten wir noch gar nichts mitbekommen. Der Süden Spaniens war die reinste Wüste. Und als wir zuletzt hier in der Gegend in Frankreich waren, war es noch mitten im Sommer, die Bäume grün, die Wiesen voller Blumen. Erst jetzt, wenn ich die Herbstfarben der Wälder und Wiesen betrachte, wird mir so richtig bewusst, wie lange wir tatsächlich unterwegs waren.

»Emil, noch 45 Minuten, dann sind wir da. Freust du dich?«, frage ich Emil aufgeregt.

»JAAAAA! MEIN OPAAAA! ICH SEHE MEINEN OPA!«, ruft Emil vor Freude und strahlt über das ganze Gesicht.

Ich wuschle ihm durch seine blonden Haare und lehne mich dann mit dem Kopf gegen die kühle Scheibe. Ich will gar nicht wissen, wie kalt es in Deutschland ist. Es war schon in den französischen Städten heute kaum in Pullover, langer Sporthose und Regenjacke zu ertragen, so kühl war es. Ich schließe die Augen und versuche zu schlafen. Dann wird der letzte Halt, Straßburg, durchgesagt. Die Menschen stehen auf, wir laufen zu unserem Fahrrad, und ich halte es vor Nervosität kaum aus. Das war nun unsere letzte Zugfahrt dieser Reise. Wenn wir jetzt aussteigen, holt uns mein Vater mit dem Auto ab und fährt uns zurück nach Hause.

Wie zu erwarten, hat er sich eines Tages einfach wieder bei uns gemeldet, als sei nie etwas gewesen. Und jetzt hilft er uns bei der Heimreise. Ich bin froh und erleichtert, dass wir es tatsächlich geschafft haben, uns mit den Regionalbahnen nach oben zu hangeln. Gleichzeitig spüre ich eine große Aufregung, wieder zuhause anzukommen, unsere Wohnung zu sehen, in unserem Bett zu schlafen, unsere Dusche zu benutzen. Es wird schön, und doch fühlt es sich absurd an. Nach all den Monaten in der Wildnis. Es ist verrückt, dass es jetzt einfach vorbei ist und wir in unser früheres Leben zurückkehren. Aber existiert das überhaupt noch?

Der Zug bremst. Ich stehe mit dem Fahrrad in den Startlöchern, bereit, es gleich nach draußen zu tragen. Zwei Männer bieten mir ihre Hilfe für den Anhänger an. Emil hält sich an meinem Bein fest. Der Zug steht. Wir steigen aus. Laufen aus dem Bahnhof raus und Emil geradewegs in die Arme seines Opas. Darauf hat er so lange gewartet.

Zuhause angekommen, entscheide ich mich nach ein paar Tagen, erstmal wieder als Dozentin zu arbeiten – und finde tatsächlich einen weiteren Job als Guide im Jungen Museum, welches Teil des Historischen Museums in Frankfurt ist. Das reicht gerade so fürs Essen. Ich durchforste also bereits das Internet nach weiteren Stellenausschreibungen. Dabei kann ich mir ein Leben, in dem Emil wieder den ganzen Tag über weg ist, einfach nicht mehr vorstellen. Und ich will schreiben. Ich will diese Geschichte erzählen.

In den folgenden Wochen nehme ich weiter fleißig Anfragen von Medienhäusern an, bin live im Fernsehen, spreche im Radio und gebe Interviews. Rachel, eine gute Freundin von mir, richtet eine Gofundme-Seite für mich ein, wo schließlich 1500 Euro gesammelt werden. Genug, um einen weiteren Monat zu überleben und an meinem Buch zu arbeiten. Und ich denke einmal mehr: Wie gut es das Leben mit mir meint! Es wird sich etwas ergeben, da bin ich mir sicher. Jetzt bin ich dank der Spenden schon bis zum Januar sicher. Es gibt für mich keine andere Wahl, als zu vertrauen. Ich weigere mich, in die Realität von vorher zurückzukehren. Auch wenn mir alle dazu raten und sagen, dass es doch nur vorübergehend sei: Ich will das nicht mehr, weder für einen Monat noch für einen Tag. Es gibt nur dieses eine Leben, entweder ich arbeite jetzt für meinen Traum, oder ich werde es für immer bereuen. Und es lohnt sich: Denn mal wieder öffnen sich Türen, die ich zuvor gar nicht im Blick gehabt hatte.

Die letzten Jahre hatte ich mir mit Fotografieren ab und zu etwas dazuverdient. Ein paar Schwangerschafts-Shootings für Freundinnen und manchmal Bilder von der ganzen Familie. Aber da war nie wirklich etwas ins Rollen gekommen. Doch jetzt plötzlich meldet sich eine Familie nach der nächsten, um vor meine Linse zu kommen. Es ist wie ein Wunder. Die Arbeit ist zwar sehr stressig, aber ich bin selbstbestimmt. Und dann an einem Nachmittag lese ich beiläufig vom *Magic Monday Club*, ein von Lars Amend gegründetes soziales Netzwerk. In der Rubrik »Zeige dein Licht« berichten Menschen von ihren mutigen Schritten. Ich zögere nicht, schreibe einfach direkt drauflos. In dem Augenblick, in dem ich meinen Text auf der Plattform veröffentliche, überkommen mich doch wieder Zweifel. Aber zu spät, er ist bereits draußen, und es gibt kein Zurück mehr. Es war schon alles stimmig, denke ich. Und siehe da, im Handumdrehen nehmen viele faszinierende und positive Menschen Kontakt mit mir auf. Dort bin ich gut aufgehoben. Und als ich am Abend gerade meine neuen Nachrichten durchforste, stoße ich auf eine Nachricht von Lars Amend persönlich. Damit hatte ich nun wirklich nicht gerechnet. Er lädt mich zu seinem Podcast ein, um über meine Reise und den Traum vom Buch zu sprechen. Was für eine Wertschätzung – von diesem Autor, dessen Werke alle nacheinander zum Bestseller und dann auch noch verfilmt wurden. Ich kann es kaum glauben. Als wäre mit meiner Kündigung ein Stein ins Rollen gekommen, der nun nicht mehr zu bremsen ist.

»Jassy, du hast echt immer so ein Glück, bei dir läuft einfach alles«, schreibt mir kurz darauf eine Freundin auf WhatsApp. Ich muss lächeln über ihre Perspektive. Ich habe sie erst nach meiner Reise kennengelernt. Meine Freunde, die mich seit Jahren kennen, sagen mir sonst immer genau das Gegenteil. Doch jetzt, jetzt ist mein Leben offenbar ein anderes. Ich habe Glück. Ich habe Glück, weil ich etwas für mein Glück getan habe. Und es weiterhin tue.

Immer und immer wieder. Egal, wie oft ich auf dem Weg zu Boden gehe.

Dann, kurz vor Weihnachten, ich bin gerade auf dem Weg nach München, um mit Emil einen Ausflug in den Schnee zu machen, erhalte ich den Anruf, der nochmal alles übertrifft. Es ist Lars. »Jassy, du wirst ein Buch schreiben. Wir haben einen Verlag für dich«, verkündet er mir mit guter Laune. Mir wird schwindelig und bleibt die Sprache weg. Mein Traum, mein jahrzehntelanger Traum wird endlich wahr. Ich habe vertraut. Ich habe gekündigt, um meiner Bestimmung zu folgen. Ich bin so gereist, wie es für mich und meinen Sohn das einzig Richtige war, egal, was alle sagten. Ich bin wiedergekommen, ohne Geld, und habe trotzdem keinen Vollzeit-Job gesucht, weil ich Vertrauen hatte, dass sich alles fügen würde. Und das tut es. Das tut es jetzt tatsächlich. Der Verlag, bei dem Lars selbst schon einige seiner Bücher veröffentlichte, hat großes Interesse und will mich schon nächste Woche kennenlernen. Der pure Wahnsinn.

03. Juli 2022, Frankfurt

Das kleine große Glück: ich selbst sein

Maria übt seit gut zwanzig Minuten ununterbrochen ihren Kickflip und hält sich dabei an der kleinen Rampe, die mittig im Park steht, fest. Manchmal dreht sich das Board perfekt unter ihren Füßen, aber draufzuspringen traut sie sich noch immer nicht. Unsere Blicke treffen sich, während ich gerade auf die Rampe, an der sie sich festhält, zufahre. Und weil ich Maria nun seit über zehn Jahren kenne, weiß ich natürlich sofort, dass hier gleich die Stimmung zu kippen droht.

»Komm, wir üben mal wieder Manuals«, rufe ich ihr zu. Sie willigt direkt ein, kommt zu mir gefahren, und wir nehmen nebeneinander Anlauf. Dann versuchen wir, unser Board vorne beim Fahren in die Luft zu bekommen und möglichst lange nur auf den hinteren Rollen zu fahren. Darin bin ich wirklich nicht gut. Maria schafft es für eine Weile, was ihre Laune sofort hebt.

Ich muss daran denken, wie ich vor der Reise mit Maria nach der Kündigung hier war. Es ist ein Jahr her, ungefähr um die gleiche Zeit im Sommer war es. Im Prinzip hat sich nicht viel verändert, wir sind immer noch Anfänger im Skateboardfahren und üben die gleichen Tricks wie damals. Und doch scheint alles anders zu sein. Ich habe ein Buch geschrieben. Ein emotionaler Kraftakt und dabei therapeutisch und befreiend. Danach war ich mit Emil drei Monate mit einem gemieteten Van auf den Kanaren unterwegs. Wir sind gewandert, Emil hat schwimmen gelernt, wir haben Wale gesichtet, viele neue Freunde kennengelernt, Emil ist zum ersten Mal allein eine Skaterampe heruntergefahren, und ich stand seit Jahren endlich wieder auf einem Surfboard. Es tat so gut und fühlte sich richtig nach Urlaub an. Jetzt zuhause begann dann auch endlich der Sommer. Die Tage sind nun heiß und lang. Genau so, wie es Emil und ich am liebsten haben. Emil geht wieder in den Kindergarten. Die Kinder haben sich nun daran gewöhnt, dass Emil zwar immer wieder auf Reisen sein wird, aber auch immer wieder zu ihnen zurückkommt. Sie haben ihn trotzdem in ihr Herz geschlossen, verabreden sich mit ihm, laden ihn zum Geburtstag ein und freuen sich morgens, wenn er ankommt. Auch für die Leitung ist es kein Problem, dass wir so viel unterwegs sind. Mir ist ein riesiger Stein vom Herzen gefallen, als ich mit ihnen darüber sprach. Nun muss ich mir darüber keine Gedanken mehr machen. Mal sind wir hier, Emil geht in den Kindergarten, und mal sind wir eben unterwegs. Unsere Nachmittage verbringen wir meist mit anderen Kindern auf dem Spielplatz oder eben im Skatepark. Mittlerweile hat Emil großen Gefallen an seinem eigenen Skateboard gefunden und eifert den großen Skatern nach. Es ist echt rührend mitanzusehen, wie sie sich alle um ihn kümmern, ihm helfen und ihm coole Tricks zeigen. Emil ist aktuell ohnehin stark auf Männer fixiert, so dass Maria und ich dann kaum noch von ihm beachtet werden, wenn er mit ihnen spielt. Darüber müssen wir jedes Mal lachen. So uncool sind wir doch auch wieder nicht!?

»Der war richtig gut!«, sagt Maria stolz und lächelt mich an. Einer der anderen Skater im Park hat es auch mitbekommen und ruft uns von der Seite aus freudig zu. Es ist so cool, wie sich alle unterstützen und sich selbst über die kleinsten Erfolge mit einem freuen. Kaum zu glauben, dass ich mich damals für so viele Jahre nicht zu ihnen in den Park getraut habe. Völlig unbegründete Ängste.

Ich bin fast ein bisschen traurig, dass wir in zwei Wochen wieder die nächste Fahrradtour starten. Die letzten Monate haben echt Spaß gemacht. Ich war ständig mit Freunden draußen unterwegs. Am Wochenende war Emil oft bei seinem Opa, so dass ich auch abends mit meinen Leuten ausgehen konnte. Und wenn Emil am Wochenende bei mir war, dann schlief er irgendwann abends in seinem Anhänger ein, während wir den Sommerabend genossen. Es war alles super entspannt. Jetzt, wo ich so viel qualitativ wertvolle Zeit mit Emil verbringen kann, kann ich ganz ohne schlechtes Gewissen auch mal wieder etwas allein und für mich machen. Überhaupt vermisse ich gerade gar nichts im Leben.

Es ist Ewigkeiten her, dass ich das letzte Mal über Pedro oder das Alleinerziehendsein nachgedacht habe. Mittlerweile habe ich damit überhaupt kein Problem mehr. Im Gegenteil, ich finde es sogar ziemlich cool und rede ganz offen darüber. Ich hege aber auch keine inneren Sehnsüchte mehr nach einer Veränderung. Es fällt mir sogar schwer, mir diese lang ersehnten Träume heute noch vorzustellen. Mein Leben ist genau so, wie es aktuell ist, für mich absolut bereichernd. Dafür brauche ich nicht täglich die schönsten Strände oder Sonnenuntergänge zu sehen. Ich muss auch nicht ständig die größten Abenteuer erleben oder für immer auf Reisen sein. Ich brauche auch keine feste Beziehung. Was mich momentan so glücklich macht, ist, dass ich jeden Tag das machen kann, was ich möchte. Und was ich möchte, das darf sich auch jederzeit verändern. Dieses Mal führt mich unsere Reise in den Osten zum Schwarzen Meer. Vielleicht nach Rumänien oder in die Türkei. Ich weiß es noch nicht, das entscheiden wir spontan. Wir lassen uns wieder einfach treiben. Ich fühle mich frei und vollkommen unabhängig, und das ist für mich momentan das Entscheidende.

Ich nehme all meinen Mut zusammen, setze meinen Fuß vorne aufs Board, stoße mich mit dem anderen ein paar Mal kräftig vom Boden ab und fahre mit aller Entschlossenheit, ohne zu zögern, auf die steile Rampe, die oben in eine vertikale Wand übergeht, zu. Das ist das erste Mal, dass ich mich das traue, aber ich fühle es heute einfach. Dort angekommen gehe ich in die Knie, drehe das Board an der steilen Wand und rolle zu meiner Überraschung immer noch auf dem Board wieder nach unten. Ja, Mann, ich hab's geschafft, denke ich mir. War doch gar nicht so schlimm, wie ich dachte.

Was wäre, wenn du morgen nicht mehr hier wärst? Was würdest du verpasst haben? Jetzt hast du noch die Wahl: Was möchtest du noch erreichen, noch erleben, noch sein? Du wirst es nie bereuen, alles dir Mögliche für deinen Traum getan zu haben. Jetzt los: Lebe dein Abenteuer!

Route

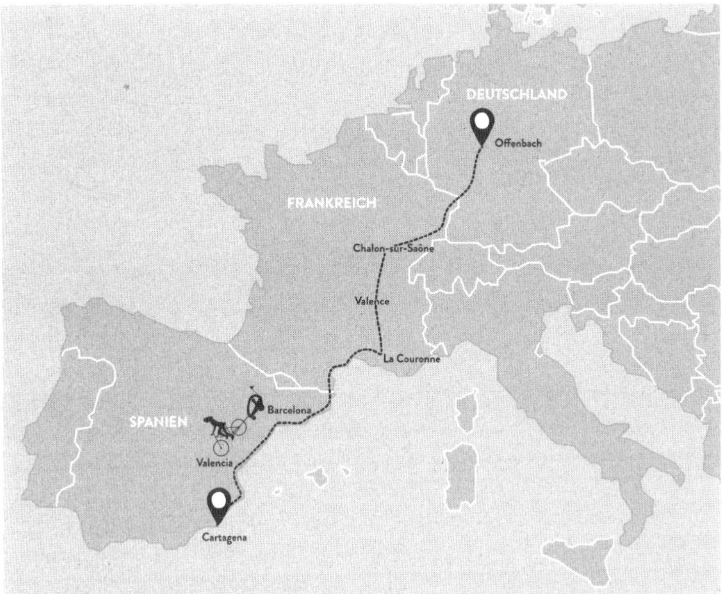
DEUTSCHLAND
Offenbach
FRANKREICH
Chalon-sur-Saône
Valence
La Couronne
SPANIEN
Barcelona
Valencia
Cartagena

Danksagung

Danke kleiner Emil für das Glück im Leben.
Danke Mama für die Schmetterlinge.
Danke Papa, Oma und Jonas für die Fürsorglichkeit.
Danke Lars Amend für die Hoffnung.
Und danke an meine Freunde für ihre Liebe.